高等院校新文科"数字经济应用型人才培养工程"系列教材

港口业务与操作
（第2版）

陈长英　主编

电子工业出版社
Publishing House of Electronics Industry
北京·BEIJING

内 容 简 介

本书主要讲述了 5 个项目内容：港口生产操作基础、集装箱码头业务与操作、件杂货码头业务与操作、散货码头业务与操作、石油码头业务与操作。本书内容丰富、特色鲜明，对 4 个不同货类的专业化码头的业务与操作分别进行了讲述，每个项目都设有任务导入和相关基础知识的概述，内容分析深入浅出。各项目均包含经典案例和训练习题，有助于学生对项目知识的巩固和理解。

本书可作为高等院校港口与航运管理、港口物流、交通运输、国际航运管理、远洋运输、物流管理、物流工程等相关专业的教材，也可供港口码头、船务公司、物流公司、外贸企业等单位的管理、技术和业务人员学习使用，还可作为港口航运综合物流管理方面研究人员的参考用书。

未经许可，不得以任何方式复制或抄袭本书之部分或全部内容。
版权所有，侵权必究。

图书在版编目（CIP）数据

港口业务与操作 / 陈长英主编. —2 版. —北京：电子工业出版社，2024.3
ISBN 978-7-121-47007-3

Ⅰ．①港⋯　Ⅱ．①陈⋯　Ⅲ．①港口　Ⅳ．①U691

中国国家版本馆 CIP 数据核字（2024）第 008930 号

责任编辑：袁桂春
印　　刷：大厂回族自治县聚鑫印刷有限责任公司
装　　订：大厂回族自治县聚鑫印刷有限责任公司
出版发行：电子工业出版社
　　　　　北京市海淀区万寿路 173 信箱　邮编：100036
开　　本：787×1092　1/16　印张：13.25　字数：337 千字
版　　次：2017 年 7 月第 1 版
　　　　　2024 年 3 月第 2 版
印　　次：2024 年 7 月第 2 次印刷
定　　价：49.00 元

凡所购买电子工业出版社图书有缺损问题，请向购买书店调换。若书店售缺，请与本社发行部联系，联系及邮购电话：（010）88254888，88258888。
质量投诉请发邮件至 zlts@phei.com.cn，盗版侵权举报请发邮件至 dbqq@phei.com.cn。
本书咨询联系方式：（010）88254199，sjb@phei.com.cn。

PREFACE 前言

党的二十大报告指出："加快发展物联网，建设高效顺畅的流通体系，降低物流成本。"这为推动当下与未来一段时间内我国物流业发展指明了方向，也明确了高校高质量物流人才培养模式的指南。

21世纪以来，随着我国社会经济发展进入新的阶段，作为全球综合运输系统节点的港口对国民经济的发展做出了重要贡献。港口业务与操作不断向着专业化、高效化、智能化和绿色化方向发展，港口企业的经营观念和管理体制也发生了变化。因此，编者结合当前高等职业教育发展和港口运输行业发展的新特征、新趋势，对教材第1版的内容进行了更新、补充和完善，旨在进一步提高教材质量，加快培育一支掌握现代化港口业务操作技能的人才队伍，以适应港口对人才的需求。

本书在内容选材上力求突出职业岗位的针对性、实用性，按技术应用型人才培养目标的要求重组课程体系：以港口实际业务流程为主线，以计划、组织、控制、协调等管理要素为核心；力求处理好知识、能力和素质间的结构关系；教材内容项目化，包括集装箱码头业务与操作、件杂货码头业务与操作、散货码头业务与操作、石油码头业务与操作，既充分体现了码头按货种操作的专业化趋势，又突出了港口的现代化，具有实用性强的特点。

本书的内容由5个项目构成。

项目一：港口生产操作基础，目标是了解港口生产的含义，理解港口生产过程，掌握港口编更方法、吞吐量计算方法及装卸工作量相关指标的计算方法，培养从业人员吃苦耐劳、爱岗敬业的从业精神。

项目二：集装箱码头业务与操作，目标是了解集装箱与集装箱码头基础知识，掌握泊位分配图的内容、集装箱码头堆场策划规则、闸口业务程序、集装箱船舶配积载的原则和方法、集装箱码头装卸船作业，培养从业人员在作业中集中精神、专心操作、不得麻痹大意的意识。

项目三：件杂货码头业务与操作，目标是了解件杂货相关基础知识，理解换装作业的含义及换装作业系统的组织，掌握件杂货码头操作系统各环节作业和注意事项及典型的件杂货物装卸工艺，培养从业人员忠于职守、乐于奉献的职业风格。

项目四：散货码头的业务与操作，目标是了解散货的性质，理解散货装卸作业系统的特点，掌握散粮和煤炭码头装卸船作业、散货堆场作业、散货库场防尘防自燃措施及散货装卸车作业，培养从业人员按照码头装卸作业安全操作规程操作的意识，规范操作。

项目五：石油码头业务与操作，目标是了解石油的种类、特性及石油码头的平面布局，掌握石油及其产品的装卸船和装卸车的方法、油港污水的处理方法及油库防火防爆措施，培养从业人员按照码头危险品装卸作业安全操作规程操作的意识，规范操作。

为了使读者更好地学习港口业务与操作的相关知识，本书以掌握港口业务与操作的知识和技能为目标，通过"任务驱动，行动导向""强化实训，突出技能"的形式，由浅入深地讲解了集装箱码头、件杂货码头、散货码头、石油码头的业务与操作。本书的特色具体介绍如下。

（1）简化理论，实用为主。根据实用的原则，简化原有的理论体系，多用案例、问题导课、图表形式阐明抽象的理论。

（2）任务驱动，行动导向。每个项目都设计了学习目标、任务导入，使学生带着任务去学习相关知识与技能，有效地融教、学、做为一体。

（3）坚持企业参与、校企合作的教材开发机制。聘请港口企业专家参与本书的编写工作，切实反映职业岗位能力标准和岗位要求，丰富实践教学内容，对接企业用人需求。

（4）每个项目后都附有经典案例和项目训练，使学生加深理解和掌握所学知识与技能。

（5）加强课程资源建设。本书积极开发课程资源，补充了教学课件、课标、电子教案等教学资料，有助于教师教学。

本书由广西交通职业技术学院经济管理学院港口与航运管理专业教师、高级经济师陈长英担任主编，负责项目一和项目三～五的编写，由钦州港集装箱码头操作部经理赖纪元负责项目二的编写。

本书在编写过程中参考了大量相关资料，均以参考文献形式列出。在此，对这些参考文献的作者表示衷心的感谢。同时，衷心感谢电子工业出版社对本书的出版给予的支持。

由于作者学术水平有限，书中难免存在表达欠妥之处，因此，编者由衷地希望广大读者朋友和专家学者能够拨冗提出宝贵的修改建议，修改建议可直接反馈至编者的电子邮箱：1059733538@qq.com。

编　者

目录

项目一 港口生产操作基础 …… 1

  任务一 港口生产相关知识认知 …… 1
    子任务一 港口生产过程 …… 2
    子任务二 港口生产的主要特征 …… 3
    子任务三 港口编更方法 …… 5
  任务二 港口主要指标 …… 9
    子任务一 吞吐量 …… 9
    子任务二 装卸工作量 …… 12
  经典案例 …… 14
  项目训练 …… 15

项目二 集装箱码头业务与操作 …… 17

  任务一 集装箱及集装箱码头相关知识认知 …… 17
    子任务一 集装箱认知 …… 18
    子任务二 集装箱码头基础知识 …… 19
  任务二 泊位策划 …… 20
    子任务一 泊位分配图 …… 21
    子任务二 泊位策划的日常工作 …… 26
  任务三 堆场业务 …… 28
    子任务一 集装箱码头堆场策划 …… 28
    子任务二 堆场日常业务 …… 32
  任务四 闸口业务 …… 35
    子任务一 闸口认知 …… 36
    子任务二 闸口业务程序 …… 38
    子任务三 智能闸口 …… 44
  任务五 集装箱船舶业务 …… 45
    子任务一 集装箱船舶基础 …… 46
    子任务二 船舶策划 …… 48
  任务六 集装箱码头装卸船操作 …… 60
    子任务一 集装箱码头装卸船作业机械及装卸工艺系统 …… 60
    子任务二 集装箱码头装卸船作业 …… 63
  经典案例 …… 67
  项目训练 …… 69

项目三 件杂货码头业务与操作 …… 74

  任务一 件杂货相关知识认知 …… 74
    子任务一 件杂货概述 …… 75
    子任务二 件杂货主要吊货工夹具 …… 76
    子任务三 件杂货船舶作业机械 …… 81
  任务二 件杂货码头换装作业系统 …… 86
    子任务一 换装作业 …… 86
    子任务二 合理组织换装作业系统 …… 87
  任务三 件杂货码头操作系统各环节作业 …… 94
    子任务一 舱底作业 …… 94
    子任务二 起落舱作业 …… 96
    子任务三 水平搬运作业 …… 97
    子任务四 库场内、车内作业 …… 98
  任务四 件杂货码头装卸工艺及装卸作业组织 …… 103

子任务一　件杂货码头装卸
　　　　　　工艺……………… 103
　　子任务二　件杂货码头装卸
　　　　　　作业组织………… 105
　经典案例………………………… 112
　项目训练………………………… 114

项目四　散货码头业务与操作……… 117
　任务一　散货相关知识认知……… 117
　　子任务一　散货概述………… 118
　　子任务二　散货装卸作业
　　　　　　系统认知………… 119
　任务二　散货装卸船作业………… 121
　　子任务一　散粮码头装卸船
　　　　　　作业……………… 121
　　子任务二　煤炭码头装卸船
　　　　　　作业……………… 130
　任务三　散货堆场作业…………… 137
　　子任务一　散货堆场作业机械
　　　　　　系统……………… 137
　　子任务二　散货库场管理…… 140
　任务四　散货装卸车作业………… 143
　　子任务一　散货卸车作业…… 143
　　子任务二　散货装车作业…… 147
　　子任务三　散货装卸车作业
　　　　　　注意事项………… 148
　经典案例………………………… 149

　项目训练………………………… 151

项目五　石油码头业务与操作……… 153
　任务一　石油及码头相关知识
　　　　认知…………………… 153
　　子任务一　石油概述………… 154
　　子任务二　石油码头平面
　　　　　　布局……………… 158
　任务二　石油装卸作业…………… 161
　　子任务一　石油装卸设备…… 162
　　子任务二　石油装卸方式…… 164
　　子任务三　石油装卸操作…… 166
　任务三　油港管理………………… 175
　　子任务一　油港污水处理…… 176
　　子任务二　油库防火防爆
　　　　　　措施……………… 177
　经典案例………………………… 180
　项目训练………………………… 182

附录A　集装箱货物托运单………… 184

附录B　装箱单样本………………… 194

**附录C　集装箱发放/设备交接单
　　　样本**…………………… 195

**附录D　《海港总平面设计规范》
　　　（节选）**………………… 198

参考文献……………………………… 206

项目一

港口生产操作基础

 学习目标

知识目标
- ◆ 了解港口生产的含义。
- ◆ 理解港口生产过程。
- ◆ 掌握港口编更方法。
- ◆ 掌握吞吐量的计算方法。
- ◆ 掌握装卸工作量相关指标的计算方法。

能力目标
- ◆ 会对港口人员的上班时间进行更次的编排。
- ◆ 会计算港口吞吐量。
- ◆ 会计算装卸自然吨、港口操作量、操作系数。

素养目标
- ◆ 培养吃苦耐劳、爱岗敬业的从业精神。
- ◆ 培养服务意识。

任务一 港口生产相关知识认知

 任务导入

港口是各种运输方式的汇合点,是水路运输、铁路运输、公路运输、管道运输以及航空运输的枢纽。在国民经济中,港口的作用如同人体的心脏,各种运输方式如同布满机体的血管,心脏通过血管沟通整个机体内部的供需关系,港口通过自身的生产活动,沟通着工业、农业、商业、对外贸易等之间的联系。那么,什么是港口生产,它包含哪些过程呢?

子任务一　港口生产过程

一、港口生产的含义

港口生产是指港口使用装卸搬运机械系统，遵循一定的操作工艺，从事货物装卸、搬运、储存等工作的生产活动。

港口生产是交通运输业的一个组成部分，属于物质生产部门，但是其产品有别于一般的工业企业。它并不提供实物形态的产品，而只提供完成货物空间位置的转移，使货物从一种运输工具转移到另一种运输工具，或者在运输工具与库场之间转移。这种特殊"产品"在其生产过程中即被消费。

二、港口生产过程的构成

运输业的生产不改变生产对象的自然性质和物质形态，也不创造实体产品。它的产品是客、货的位移，港口生产则仅完成货物在不同运输方式之间的换装和临时堆存保管。因此，港口生产过程包括以下几个部分。

1. 货物的装卸、储存和港内运输的基本生产过程

这是港口的主要生产任务。货物以车、船运到港口，为了实现货物在车、船之间的换装中转，必须首先完成装卸作业。但是，由于车、船的载货能力、运行规律各不相同，因此换装作业不可能直接在车、船之间进行，在港口必然产生货物的集散过程，于是货物在港口往往需要储存一段时间。在装卸、储存的过程中，由于泊区、库场的专业化分工和布局上的特点，货物在港内的运输是不可避免的。这不只是一般装卸工艺过程中的水平搬运，也包括前方与后方库场之间的倒载运输或港区范围内的驳船运输。

2. 以船舶为主要服务对象的服务性生产过程

服务性生产主要是指为船舶提供代理服务、理货服务、技术服务（如引航、移泊、航修及污水处理等）、供应服务（如燃料、电力、淡水、食品、船用备品等）等。这类服务性生产虽然不反映港口能力的大小，但是港口生产不可缺少的重要组成部分。一方面，它对港口的主要生产活动起支持和辅助作用；另一方面，它所创造的产值和就业机会是相当可观的。甚至在某些港口，港口的主要任务并不是提高货物吞吐量，而是以向船舶提供各种服务为主。

3. 为装卸生产服务的辅助性生产过程

这类生产是指港口装卸机械设备的修理，库场、码头道路等工程建筑设施的维护、修理，装卸工属具的加工、制造、保养、维修等。辅助性生产在港口占有十分重要的地位，虽然它既不产生吞吐量、操作吨，也不直接创造产值，但是它以维持和恢复港口的生产能力为主要任务。它是保证装卸生产正常进行的技术准备，也是服务性生产的技术准备。如果没有辅助性生产，或者忽视了它的重要地位和作用，港口的主要生产任务既不可能持久，也不可能全面完成。

三、港口生产过程各部分之间的关系

港口装卸生产是港口的主要生产，但不是唯一的生产。装卸生产与服务性生产、辅助性生产构成港口生产的整体，三者互为依存。一般情况下，装卸生产是港口的主要生产任务，也是确定服务性生产和辅助性生产规模的依据。服务性生产和辅助性生产是保证装卸

生产连续进行的技术基础和物质保证。在实践中，由于服务性生产或辅助性生产没有组织好而影响装卸生产正常进行的事实时有发生。因此，在组织装卸生产的同时，有计划地安排好其他两类生产也是相当重要的。不能只重视装卸生产的主导作用，而忽视其他生产的辅助作用。主导与辅助在一定的条件下可以互相转化。当辅助性生产影响主要生产使其无法进行时，辅助便上升到主导的地位，主导也就自然地退居于次要地位了。

因此，港口的生产计划安排、生产组织、各作业环节的衔接与平衡、生产进度的控制与调整不仅包括装卸生产一个方面，还应该包括服务性生产和辅助性生产的各项内容。当一个泊位的岸壁维修、道路翻新、机械大修理、库场改造分别安排在不同时期进行时，那么，泊位将在各项维修工程实施期间都处于停止营运状态而不能进行生产。如果注重各项维修任务，在时序、人力、物力和财力方面统筹安排、协调计划、控制进度，尽可能地组织平行作业符合时序经济原则，就可以大幅缩短各项维修工程的工期，提高泊位的利用率，提升泊位通过能力。

要让港口生产有节奏地连续进行，除了计划准确、调度指挥得当、严密组织生产过程，辅助性生产、服务性生产的协调与配合也是不可缺少的重要因素，故应该统一把各项生产任务纳入全港口的整体生产计划之内，重视各项生产任务之间的关系、发展比例、能力配置等。

装卸生产过程与服务性生产过程、辅助性生产过程之间的关系如图 1-1 所示。在装卸生产过程中，除了产生必要的产品，还将产生服务性生产和辅助性生产的需要，它们分别以生产要素的形式输入服务性生产过程或辅助性生产过程，同时服务性生产和辅助性生产过程中的部分产品也以生产要素的形式输入装卸生产过程。

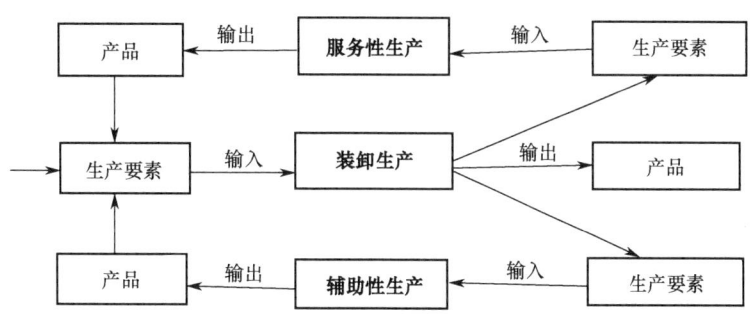

图 1-1　港口生产过程各部分之间的关系图

子任务二　港口生产的主要特征

港口生产的主要特征表现在以下几个方面。

一、港口生产能力的超前性

港口生产的产品不是通过物质对象的加工，改变其自然性质和物质形态而获得的具有实体的新产品，只是客、货的换装位移，其计量单位为吞吐量或货物自然吨。这一产品既不能储存，也不能调拨，产品本身不能离开生产过程而独立存在。堆存在库场的货物并不是港口的产品，也不能计算其吞吐量或装卸量，只有当货物被装上车或船之后才计算其产量。货物在不同运输方式之间中转换装是流通过程的继续，而不是终结。因此，缩短货物在港口的中转过程是缩短货物流通过程的一个重要方面。

基于产品的这一特征，港口要扩大再生产和通过能力，必须超前建设码头、仓库或堆场，购置装卸机械设备，扩大疏运能力，使港口具备足够的通过能力和相当规模的储备能力。当然，这些能力在一定时期内可能处于闲置状态。

二、港口生产的不平衡性与储备性

不平衡性是港口生产的显著特征。造成这种不平衡性的因素有多个。

首先，由于货流在空间和时间上分布的不均衡性，两种不均衡的特征在货物到达港口的时间上得到集中反映，即使是稳定的货流，由于车、船的运行、到达规律不同，实际的货流并不以稳定的连续流到达，而是以变化的间断流到达。

其次，由于车、船类型的不同，尤其是相差悬殊的承载能力，再加上不同的运行规律，这就造成了车、船衔接的不平衡。港口之所以设置一定规模、容量的库场，主要是为了解决车、船等不同运输方式之间在衔接和承载能力上的矛盾，缓冲货流在集疏过程中的不均衡状态，减少车、船互相等待的脱节现象。这种不平衡的规律是影响库场容量的重要因素。

最后，气象因素对港口生产不平衡性的影响是不能忽视的。风、雨、雪等往往迫使港口停止装卸，台风将造成船舶不得不改变航行或到达时间，这些因素都加剧了不平衡状态。因此，在短时间内所造成的生产不平衡性，往往需要投入很大的努力和相当长的时间才能使其恢复正常。由于车流、船流、货流的不均衡到达，港口的生产会出现忙、闲不均的状态。当车、船、货流密集到达时，港口生产就出现紧张状态，产生大量车、船排队现象，造成运输工具积聚在港口，浪费运力；当车、船、货流稀疏到达时，港口生产又会出现清闲状态，港口生产能力不能得到充分利用，机械设备、装卸工人、司机待时损失增加。

为了保持港口生产的连续性、节奏性、均衡性，必须掌握它的不平衡规律。通过计划、组织、指挥、协调和控制等手段解决能力与任务不平衡的矛盾是港口生产中的经常性工作。尽管人们做出了各种努力来调整港口生产的不平衡状态，但是，港口的生产过程是运输系统中的一个子系统，它受环境因素的影响非常大。在生产输入中，除了生产劳动和生产手段，生产对象、生产信息都受控于环境，而且劳动和劳动手段也因生产对象、生产信息的经常变化需要改变结构、变换组合。因此，港口生产的不平衡性是绝对的，平衡只是相对的和暂时的。从整个运输系统或运输网络的整体出发，维持系统或网络的生产平衡，显然比维持港口生产这个局部环节的平衡更重要，这就是港口应具备足够的储备能力的理论根据。

港口储备能力的提升，有利于加速车、船的装卸作业，使车、船、货物在港时间缩短。为使整个系统获得最佳效益，为港口确定一定规模的储备能力是合理的。从理论上讲，储备能力只是在车、船、货密集到达时才被使用，在正常生产情况下处于闲置状态。无疑，储备能力的增加将提高港口的装卸成本，但是，车、船、货在港时间缩短使运输能力和货物的运送速度得到提高，从而使装卸成本得到补偿。这就是从系统的整体出发，以完成货物的位移所投入的总成本最小的观点。

三、港口生产的复杂性

港口生产的复杂性主要表现在如下几个方面。

1. 输入信息量大，构成复杂

港口企业为使生产顺利进行，需要掌握和处理大量的信息。例如，作为港口生产基本要素之一的货物，其本身就包含大量的信息：货物的类别，如品名、包装、件重等；流向的区分，如起运港、目的港、发货人、收货人等；货物性质与特点、货流量的波动性等，这就使装卸工艺过程复杂化。货流是以车流、船流的形式输入的，于是输入增加了车型、船型及其运行规律等新的层次。不仅如此，对于一般外贸出口货物，一艘船装 300~400 票货物，这些货物来自经济腹地分属的各个公司、分公司。铁路系统装车、配车涉及沿线 1 000 多个站、点。每票货物若只计算其品名、重量、件数、容积、包装 5 项信息，货物信息量就达 1 500~2 000 项之多，若加上铁路站点、各个公司、分公司及收货人、货物运输、装卸的要求等，信息量会成倍增加。如此广泛的腹地范围，星罗棋布的站、点，每个地方哪怕只产生一个干扰因素，都会使整个系统的受干扰频率大大增加。可见，港口生产是在大量信息输入、多层次的干扰状态下进行的。

2. 多重约束条件

外贸进口货物一般由外轮代理公司承担船方或货方的一切业务活动。但是，在船舶入港前必须进行联检，即由海事、卫生防疫、食品检验、商品检验、海关等部门进行联合检查，执行国家的各种法规。经联检后才能组织铁路、外贸、港口、代理公司等部门参加、安排作业计划，履行其职责。货物卸下后组织装车作业，一方面要考虑每昼夜提供的车辆情况，另一方面要考虑站、点的接卸能力。此外，自然因素对港口生产的影响也构成一层约束，如潮汐对船舶吃水的限制，风、雨、雪对装卸作业的限制等。总之，港口生产是在多重约束条件下进行的。

3. 多环节的复杂作业过程

进行装卸作业时，需要把车、船、货（包括机车、拖船、汽车、人力、装卸机械、工属具等）组织成一个完整的、有节奏性动作的系统，而且这一系统与相关的许多装卸作业子系统、辅助性生产系统、服务性生产系统相互交叉、相互关联，形成纵横交错的网络，每个工艺过程还由若干操作过程组成。这就使港口的生产过程比一般工业产品的生产过程复杂得多，而且工艺过程、操作过程随着车船类型、作业场所、货物类别的变化而变化。

4. 生产过程的随机性

港口生产在许多方面都表现为依赖时间参数的一组随机变量的动态过程，这一过程既能揭示生产的某些规律性，又能反映生产过程的复杂性。例如，船舶到达规律（除班轮外的不定期船的到达特征）、火车车流的密度、每班次船舶作业舱口数的变化、机械的出机动态及临时故障频率等都具有规律性和随机性。随机性的特征既影响计划的精确性，又增加了生产组织与指挥的难度。因此，对港口生产中随机过程的研究，将对揭示港口生产过程的规律性有重要的价值。

子任务三　港口编更方法

一、编更的定义

集装箱码头的生产作业是 24 小时不间断进行的，为了充分利用现有的人力和装卸机械设备，必须对现有资源进行合理的、科学的管理，以挖掘码头作业的潜力，保证码头作业的高效率。

编更就是对每班作业人员的具体安排，即安排多少人和安排什么人。码头的作业人员很多，要想使码头生产有组织地进行，保证没有因人员调动混乱而造成过多的加班，同时考虑员工的休息、工作量的平均分配等问题，就必须认真合理地做好编更工作。

二、港口编更方法

下面介绍一种较为科学的港口编更方法。

1. C、A、B三班制

码头作业一般采用C、A、B三班制，具体工作时间如下。

C班：00:00—08:30

A班：08:00—16:30

B班：16:00—00:30

从以上各班的工作时间规定可知，班与班的交接时间有半小时的重叠，即 08:00—08:30、16:00—16:30、00:00—00:30。这半小时的重叠时间是必要的，因为两个班的工作人员可以在这半小时内一起工作，同时进行交接，办理一些手续，下一班工作人员需要对上一班的工作内容有一个了解，以保证作业的连贯性。如果没有这半小时的重叠，则在两个班交接时，势必会中断码头运作。按照每班8小时工作制，多出来的半小时按加班处理。

2. 小组划分

将现有员工（主要是指操作装卸机械的司机）分为7个小组。划分的原则是尽量做到新老搭配、优势互补，使各小组之间的技术力量保持相对均等。例如，码头现有操作司机为128人，分成7个小组，其中5个小组的人数各为18人，2个小组的人数各为19人，每个小组选一名组长负责。

3. 上班人员安排

每天安排C、A、B三班，每班派两个小组的人员上班，C、A、B三班共需6个小组。因为总共有7个小组，所以每天均可安排一个小组人员休息。这样7个小组的人员在一周内均可休息一天，且每个小组的人员每隔7周均有一次连休2天的机会。具体编排如表1-1所示，其中X表示休息日。

4. 假期安排

如果员工由于加班造成累积假期，则可以在作业较少时安排休息，每7周安排1~2天员工自由请月假的时间，这样既能做到集中统一安排员工休息，又能照顾员工在某些特殊情况下的特殊要求。

5. 某些特殊问题的解决办法

1）A班员工吃午饭的问题

为解决A班员工的中午吃饭问题，可安排部分B班员工在12:00上班，接替A班员工，为其留出吃饭时间，这样可以保证不中断堆场作业和船边装卸作业。在12:00上班的B班员工数量，可根据A班员工数量按3∶1的比例配置，每3个A班员工安排1个B班员工接替，即所谓的"一接三"办法。

2）A班员工的上班时间与实际工作时间

A班员工8:00上班，中午装卸桥司机（塔司机）有2小时吃饭时间，龙门起重机司机有1小时20分钟吃饭时间，其他人员则有1小时吃饭时间，所以A班的装卸桥司机实际正常作业时间为6.5小时，其他机械操作司机的实际作业时间为7.5小时。

3）B班员工的安排

B班有一部分员工提前在12:00上班，其余员工16:00上班，然后这两部分员工一起上

B班，即提前在12:00上班的员工的工作时间要多4小时，作为加班计算。B班员工在16:00到公司签到，然后去吃饭，17:00接A班，17:00—17:30为交接时间，一般17:15—17:20即可完成。

4）C班员工的安排

C班员工因为也有中途吃饭的问题，所以通常会多安排几个人来上班，用于接替B班员工。例如，开6台装卸桥、21台龙门起重机，共需司机21名，但通常会安排33名司机上班，大致上为1:1.5的比例。C班员工从00:00工作到8:30，吃饭时间均有固定的安排，时间长短与A班相同。如果生产太繁忙，C班人手不够，可考虑让部分B班员工加班，即延长B班员工的工作时间。

6. 港口编更方法具体操作的技术要点

（1）不论员工多少，均划分为7个小组，这主要是由一周有7天，每天三班倒，每班安排2个小组上班这一特点来决定的，这样可以保证每个小组每周有一天休息时间。

（2）排更次表时，必须从周日开始排，班次顺序为X、C、A、B、C、A、B。每周的班次排列都是一样的，只需将"组别"一栏内的顺序调动一下即可，如第一周为1、2、3、4、5、6、7，第二周为7、1、2、3、4、5、6，第三周为6、7、1、2、3、4、5，依此类推（见表1-1）。这样做的好处是可使各个小组轮流上晚班（C班）。

表1-1 港口更次编排表

组别	日	一	二	三	四	五	六	日期
1	X	C	C	C	C	C	C	
2	C	X	A	A	A	A	A	
3	A	A	X	B	B	B	B	
4	B	B	B	X	C	C	C	
5	C	C	C	C	X	A	A	
6	A	A	A	A	A	X	B	
7	B	B	B	B	B	B	X	
7	X	C	C	C	C	C	C	
1	C	X	A	A	A	A	A	
2	A	A	X	B	B	B	B	
3	B	B	B	X	C	C	C	
4	C	C	C	C	X	A	A	
5	A	A	A	A	A	X	B	
6	B	B	B	B	B	B	X	
6	X	C	C	C	C	C	C	
7	C	X	A	A	A	A	A	
1	A	A	X	B	B	B	B	
2	B	B	B	X	C	C	C	
3	C	C	C	C	X	A	A	
4	A	A	A	A	A	X	B	
5	B	B	B	B	B	B	X	

(续表)

组别	日	一	二	三	四	五	六	日期
5	X	C	C	C	C	C	C	
6	C	X	A	A	A	A	A	
7	A	A	X	B	B	B	B	
1	B	B	B	X	C	C	C	
2	C	C	C	C	X	A	A	
3	A	A	A	A	A	X	B	
4	B	B	B	B	B	B	X	
4	X	C	C	C	C	C	C	
5	C	X	A	A	A	A	A	
6	A	A	X	B	B	B	B	
7	B	B	B	X	C	C	C	
1	C	C	C	C	X	A	A	
2	A	A	A	A	A	X	B	
3	B	B	B	B	B	B	X	
3	X	C	C	C	C	C	C	
4	C	X	A	A	A	A	A	
5	A	A	X	B	B	B	B	
6	B	B	B	X	C	C	C	
7	C	C	C	C	X	A	A	
1	A	A	A	A	A	X	B	
2	B	B	B	B	B	B	X	
2	X	C	C	C	C	C	C	
3	C	X	A	A	A	A	A	
4	A	A	X	B	B	B	B	
5	B	B	B	X	C	C	C	
6	C	C	C	C	X	A	A	
7	A	A	A	A	A	X	B	
1	B	B	B	B	B	B	X	

7. 港口编更方法的特点

（1）规律性强。员工可预知7周甚至一年内的上班和休息时间，便于预先安排工作与休息。

（2）具有永恒性和适应性。随着生产的扩大和机械用量的增加，此编更方法仍然适用，只要在每组增加适当的员工人数，就可以解决相应的问题。

（3）工作效率高。由于编排有序，交接次数减少，因而交接时间减少，使操作时间得到充分利用。

任务二 港口主要指标

任务导入

青岛港是中国山东省青岛市的一个港口，位于山东半岛胶州湾，是中国黄河流域和环太平洋西岸的国际贸易港口和过境枢纽。截至 2018 年年底，青岛港拥有 160 多条集装箱航线。2019 年，青岛港货物吞吐量超过 5.15 亿吨，同比增长 6.1%；集装箱吞吐量 2 101 万标准箱，同比增长 8.8%；营业收入 121.64 亿元，同比增长 3.6%；归属上市公司股东的净利润 37.90 亿元，同比增长 5.5%。那么，衡量港口生产、经营活动状态的指标有哪些呢？

港口指标是一组综合反映港口生产、经营活动状态、特征的信息。港口的生产、技术、经济活动的目标是通过指标体现出来的。港口指标由吞吐量、装卸工作量（如装卸自然吨、操作量等）组成。

子任务一 吞吐量

吞吐量是港口最重要的产量指标。它分为旅客吞吐量和货物吞吐量。

一、旅客吞吐量

旅客吞吐量是指由水运乘船进出港区范围的旅客人数，其计量单位为人次。

旅客吞吐量应包括乘游船进出港口的旅客人数，但不包括港区内轮渡和短途客运的旅客人数、免票儿童及各船舶的船员人数。

二、货物吞吐量

1. 货物吞吐量的定义

货物吞吐量是指经水运运进、运出港区范围并经装卸的货物数量，包括邮件，办理托运手续的行李、包裹，以及补给船舶的燃料、物料和淡水。

货物吞吐量由出口吞吐量和进口吞吐量两部分组成。出口吞吐量是指从本港装船运出港口的货物数量，包括在本港扎排运出的竹木排。进口吞吐量是指由水运运进港口卸下的货物数量，包括流放或由船舶拖带进港、在本港扎排的竹木排。

2. 货物吞吐量的计算方法

（1）自本港装船运出港口的货物，计算为出口吞吐量。

（2）由水运运进本港卸下的货物，计算为进口吞吐量。

（3）由水运运进港口，经卸下后又装船运出的转口货物，分别按进口和出口各计算一次吞吐量。

（4）货物吞吐量必须以该船需要在本港装卸的货物全部卸完或装妥并办完交接手续后进行一次性统计。

上述货物中包括邮件，办理托运手续的行李、包裹，以及补给运输船舶的燃料、物料和淡水。

3. 不能计算为货物吞吐量的情况

下列情况不能计算为货物吞吐量。

（1）由同一船舶运载进港、未经装卸又运载出港的货物（包括原驳换拖）。

（2）自同一船上卸下随后又装到同一船上的货物或装船后未出港又卸回本港的货物。

（3）本港港区范围内的轮渡、短途运输货物，以及为运输船舶提供装卸服务的驳运量和各码头之间的驳运量。

（4）港口进行疏浚运至港外抛弃的泥沙及其他废弃物。

（5）在同一市区港与港之间的货物运输。

（6）路过的竹、木排，在港进行原排加固、小排并大排或大排改小排等加工整理的。

（7）渔船或其他船舶直接自江、海、湖泊中捕捞进港口的水产品及挖掘的河泥。

4. 吞吐量的统计

（1）转口吞吐量的统计

在吞吐量统计中，对转口吞吐量和船过船转口吞吐量进行专门统计。转口吞吐量是指由水运运进港口，经装卸后又从水运运出港口的货物数量。它包括船—岸—船转口和船—船直接换装转口。

（2）吞吐量的统计范围和统计时间

吞吐量的统计范围包括港区范围内所有从事运输生产的码头、浮筒、锚地等泊位。不论隶属关系全部统计的吞吐量叫全港吞吐量，包括港务局码头、货主码头吞吐量。除此之外，还要统计本港吞吐量。所谓本港吞吐量，是指本港装卸完成的吞吐量，包括本港港务局工人、干部参加劳动及外付装卸费完成的吞吐量。

吞吐量统计的截止时间，一律为统计期末最后一天的18时，也就是在这以前全船装完或卸完货物的船舶计入本期完成的吞吐量，否则应列入下期完成的吞吐量。

（3）货物吞吐量统计的原始资料

根据交通运输部的规定，统计货物吞吐量的原始资料是货物交接清单或货物运单。在实际工作中，为了及时掌握生产动态或提供决策参考，港口建立了快速统计。它以装卸货日报或理货单作为原始记录，虽然与实际情况可能会有些出入，但是用来反映生产动态，准确度也够了。统计旅客吞吐量的原始资料是客运报告表。

（4）货物吞吐量统计种类

货物吞吐量统计除按进出口、全港本港等统计外，还要根据贸易性质、货物类别、船舶类型、货物流向等进行统计。

① 按货物的贸易性质可以分为内贸吞吐量和外贸吞吐量。

② 按货物的类别可以分为不同货类的吞吐量。

根据交通运输部标准《运输货物分类和代码》(JT/T 19—2001)，所有运输货物分为17大类。一般港口按照这17大类统计运输货物。

- 煤炭及制品。
- 石油、天然气及制品。
- 金属矿石。
- 钢铁。

- 矿物性建筑材料。
- 水泥。
- 木材。
- 非金属矿石。
- 肥料及农药。
- 盐。
- 粮食。
- 机械设备、电器。
- 化工原料及制品。
- 有色金属。
- 轻工、医药产品。
- 农、林、牧、渔业产品。
- 其他货类。

③ 按装运货物的船舶可以分为杂货船、散货船、滚装船、集装箱船、油船、客货船、其他。

④ 按货物流向可以分为不同国家和地区的吞吐量。

⑤ 按货物所通过的码头泊位，逐个泊位统计。

货物吞吐量的统计一律按重量吨为计量单位，集装箱的自重也计算在吞吐量中。

【例1-1】某万吨轮满载20 000吨货物抵达A港，在锚泊时卸1 000吨至驳船运往B港，卸1 000吨货至另一驳船运往A港区内的某货主码头，靠码头后卸下18 000吨货物，其中有3 000吨卸下后直接由汽车运出A港区，5 000吨卸下后堆在A港区的仓库中，4 000吨卸下后由火车运至A港区的港务局码头，余下的6 000吨货物卸下后又装回该轮。同时，该轮在A港装货7 000吨，补充燃油、淡水1 000吨，请计算吞吐量。

解：进口吞吐量 = 1 000 + 1 000 + 3 000 + 5 000 + 4 000 = 14 000（吨）

出口吞吐量 = 1 000 + 7 000 + 1 000 = 9 000（吨）

吞吐量 = 14 000 + 9 000 = 23 000（吨）

5. 统计吞吐量的意义

吞吐量是港口最重要的指标。一方面，吞吐量反映了港口在国民经济和社会发展中的地位（其中国际集装箱吞吐量反映了港口在国际上的地位）；另一方面，吞吐量是港口企业管理的目标之一，是港口设施和经营管理水平的综合反映。在港口的经营计划中，吞吐量计划是最基本的计划，其他计划的编制都以它为基础。在港口规划设计中，也是根据对吞吐量的预测来确定港口通过能力与规模的。但是，仅用吞吐量指标来确定港口的规模或生产力水平是不全面的。首先，在同一吞吐量水平的条件下，货种结构不同，换装工艺不同，不同货种装卸难易程度不同，劳动消耗也有很大的差别。其次，船舶类型流向不同，劳动消耗也大不一样。另外，同样是1t货物，在水—陆中转时计算为1t吞吐量，在水—水中转时则计算为2t，这就扩大了中转港的吞吐量。

为了使吞吐量有可比性，人们提出用换算吨作为货物吞吐量的计量单位。所谓换算吨就是以某一货种（如石油）为基数，即以装卸1t石油为1个换算吨，其他货种则依照其难易程度，按比例换算为相当于装卸石油的吨数，这个比例就是换算系数。换算吨是各货种的实际吨数与换算系数的乘积。但要制定合理可行的换算系数并非易事，因为货物吞吐量是港口的劳动者、技术设施和管理等因素综合作用的结果。因此，制定换算系数的工作成为研究吞吐量统计的关键。当前，对吞吐量指标的考核仍以分货种为准。

子任务二　装卸工作量

港口的主要生产活动是货物的换装。因此，反映装卸工作进行情况的装卸工作量指标可用来对港口生产活动进行全面的描述。通过这组指标，可以对港口装卸工作进行全面的考察，从而对港口进行评价分析和总结，发现存在的问题，改进和提高港口装卸工作的组织管理水平。这组指标包括装卸自然吨、操作量、操作系数等。在统计工作中，凡在港务局所管辖的码头、锚地、浮筒及库场进行的作业都要纳入统计的范围。

一、装卸自然吨

1. 装卸自然吨的定义

装卸自然吨是指进出港区并经过装卸的货物数量。1t 货物从进港到出港（包括进港后不再出港、在港内消耗的物资等），不论经过几次操作，均只计算为一个装卸自然吨。

装卸自然吨和吞吐量一样，都是衡量港口装卸工作量的主要指标。货物在港口的中转换装作业包括水—水换装作业和水—陆换装作业，水—水换装比重与水—陆换装比重的和是1。装卸自然吨与吞吐量之间的主要差别是水—水中转货物在港口进行换装作业时，每一装卸自然吨统计为两个吞吐吨，而水—陆中转则统计为一个吞吐吨。由于装卸自然吨不随货物装卸工艺过程的变化而变化，因此用它作为计算港口装卸成本和其他一些指标的基础比吞吐量确切。

2. 装卸自然吨的计算

在计算装卸自然吨时，除进港后不再出港（在港内消耗的建港物资）的货物在进港时统计外，其余的一律在装船或装车出港时统计。这样统计首先符合港口生产活动的特点，即当货物装运出港时才完成了港口的生产过程，才完成了一个完整的产品。其次可以促进港口不仅重视卸货，更重视装货，有利于提早实现商品的使用价值。最后有利于减少货物在库场的积压，保持港口的畅通。

装卸自然吨与吞吐量之间的关系可用下式表示。

$$Q_{自} = Q_{吞} \div (2 - \alpha)$$

或

$$Q_{吞} = Q_{自} \times (2 - \alpha)$$

式中：$Q_{吞}$——吞吐量；

$Q_{自}$——装卸自然吨；

α——货物水—陆换装比重。

【例1-2】某港口在某营运期内，货物经由水运运输，其中水—水换装比重为20%，在营运期内 $Q_{吞}$ = 600 万吨，求 $Q_{自}$。

解： 水—水换装比重为20%，则水—陆换装比重 α 为 1 - 20% = 80%。

$$Q_{自} = Q_{吞} \div (2 - \alpha) = 600 \div (2 - 80\%) = 500（万吨）$$

二、操作量

吞吐量或装卸自然吨只能反映港口装卸工作的社会效果，并不能完全反映港口的装卸工作量，因为货物通过港口有不同的操作过程。为了反映港口在完成上述产量时所消耗的实际工作量和港口生产的组织管理水平，在港口指标体系中设有操作量指标。

1. 操作量的定义

操作量是指通过一个完整的操作过程所装卸、搬运的货物数量，计量单位是操作吨。在一个既定的操作过程中，1t 货物无论经过几组工人或几台机械的操作，也无论搬运距离的远近，以及是否有辅助作业，均只计算为一个操作量。操作量是反映装卸工作量大小的数量指标。

2. 操作过程的定义

完整的操作过程是指货物由某一运输工具（船或车）到另一运输工具（车或船）或库场，即货物在船、车、库场之间每两个环节所完成的一个完整的装卸搬运过程。它是由舱内、起落舱、水平运输、库场（或车）内等若干道工序组成的。

操作过程一般划分为：船⇔船；船⇔车；船⇔库场；车⇔库场；库场⇔库场。

【例1-3】某港区某月完成的装卸作业情况如表1-2所示。求该港区该月完成的吞吐量、装卸自然吨、操作量。

表1-2 某港区某月完成的装卸作业情况　　　　　　　　　　单位：万吨

操作过程	船至堆场	船至仓库	船至船	船至火车	船至汽车	堆场至船	仓库至船	堆场至仓库	堆场至火车	火车至船
数量	20	6	20	2	1	12	8	5	10	2

解：吞吐量 = 20 + 6 + 20 × 2 + 2 + 1 + 12 + 8 + 2 = 91（万吨）

　　装卸自然吨 = 20 + 6 + 20 + 2 + 1 + 12 + 8 + 5 + 10 + 2 = 86（万吨）

　　操作量 = 20 + 6 + 20 + 2 + 1 + 12 + 8 + 5 + 10 + 2 = 86（万吨）

装卸自然吨、货物吞吐量和操作量之间的关系如表1-3所示。

表1-3 装卸自然吨、货物吞吐量和操作量之间的关系

操作过程	自然吨	吞吐量	操作量
船—船	1	2	1
船—库场—船	1	2	2
船—港内驳运（去货主码头）	1	1	1
船—港内驳运（去港务局码头）	1	1	1
船—库场—港内驳运（去货主码头）	1	1	2
船—库场—港内驳运（去港务局码头）	1	1	2
港内驳运（港务局码头来）—库场—船	1	1	2
车—船	1	1	1
车—库场—船	1	1	2
车—库场—港内某处（港口自用物资）	1	0	2
船—库场—港内某处（港口自用物资）	1	1	2
船—库场—库场—车	1	1	3

三、操作系数

货物通过港口时，由于其经过的工艺过程不同而产生了不同的操作量，操作量越多，劳动消耗就越多。管理工作应该力求采用简单的工艺过程，以最少的劳动消耗来取得最大的经济效益。为此，设置了操作系数这个指标。

操作系数是操作量和与之相应的货物装卸自然吨之比。它测定每吨货物在本港内的平均操作次数，是考核港口装卸工作组织的主要质量指标之一。其计算公式如下。

$$K_{操} = \frac{Q_{操}}{Q_{自}}$$

式中：$K_{操}$——操作系数；

——操作量；

$Q_{自}$——装卸自然吨。

由于每吨货物通过港口至少要经过一个操作过程，因此操作系数不会小于 1。如果港口全部货物都是以直接换装的形式进行的（如船—船或船—车），则操作系数等于 1。但实际上，由于不同运输工具之间的衔接及其他作业的需要等原因，总是会有相当一部分货物需要进入库场保管一段时间，然后运出港口，因此操作系数总是大于 1 的。

在一般情况下，操作系数低的港口，直接换装比重大，完成换装作业所消耗的劳动量少，成本低，货损少，对库场的需求也少，它是装卸组织管理工作的目标之一。但是，也不能仅根据操作系数的高低来评价港口工作的组织管理水平，而要进行综合分析。

降低操作系数就是提高直接换装比重，而提高直接换装比重的关键是不同运输工具之间良好的衔接，良好的衔接又有赖于运输工具的到港规律和港口组织工作的水平。另外，货物的批量大小也是影响直接换装比重的重要因素，批量越大，直接换装比重可能越高，批量较小的货物直接换装有一定的难度。

经典案例

上海港简介

上海港位于长江三角洲前沿，居中国 18 000 千米大陆海岸线的中部，扼长江入海口，地处长江东西运输通道与海上南北运输通道的交汇点，是中国沿海的主要枢纽港。

自古以来，上海港就是我国对外交通和贸易往来的重要港口。进入宋代后，青龙镇有"江南第一贸易港"的称号。1404 年开辟形成黄浦江后，上海港凭借黄浦江的优良航道而日益壮大。1853 年，上海超过广州成为全国最大的外贸口岸。19 世纪 70 年代，上海港成为全国的航运中心。20 世纪 30 年代，上海港成为远东航运中心，年货物吞吐量一度高达 1 400 万吨；船舶进口吨位居世界第七位，上海成为世界上重要的港口城市。

经过半个多世纪的建设和发展，目前上海港已成为一个综合性、多功能、现代化的大型主枢纽港，并跻身世界大港之列。

上海市外贸物资中有 99%经由上海港进出，上海港每年完成的外贸吞吐量占全国沿海主要港口的 20%左右。上海港主营业务板块包含集装箱码头业务、散杂货码头业务，目前已形成包括码头装卸、仓储堆存、航运、陆运、代理等服务在内的港口物流产业链。截至 2021 年 12 月 31 日，公司总资产 1 707.87 亿元标准箱，实现归母净利润 146.82 亿元。据快速统计，上海港 2022 年集装箱吞吐量突破 4 730 万标准箱，连续 13 年位居全球第一。上海港还是全国最大的卸煤港。

资料来源：上港集团官网。

项目训练

一、选择题

1. 港口生产包括（　　）。
   A. 基本生产　　　　　　　　B. 辅助性生产
   C. 服务性生产　　　　　　　D. 船舶建造
2. 港区道路修整属于（　　）。
   A. 基本生产　　　　　　　　B. 辅助性生产
   C. 服务性生产　　　　　　　D. 不属于港口生产
3. 移泊属于（　　）。
   A. 基本生产　　　　　　　　B. 辅助性生产
   C. 服务性生产　　　　　　　D. 不属于港口生产
4. 港口在生产过程中，需要掌握和处理大量的信息，如货种的类别、货物流向、货物性质特点等。这属于港口生产的（　　）。
   A. 超前性　　　　　　　　　B. 复杂性
   C. 不平衡性　　　　　　　　D. 储备性
5. 通过一个完整的操作过程所装卸、搬运的货物数量是（　　）。
   A. 吞吐量　　　　　　　　　B. 操作量
   C. 自然吨　　　　　　　　　D. 操作系数

二、判断题

1. 货物的装卸、储存和港内运输是港口基本生产。（　　）
2. 港口生产过程具有随机性。（　　）
3. 引航、补充燃料和淡水属于辅助性生产。（　　）
4. 对装卸机械的维修保养属于服务性生产。（　　）
5. 流放或由船舶拖带进港、在本港扎排的竹木排计算为进口吞吐量。（　　）
6. 吞吐量是衡量港口规模的重要指标。（　　）
7. 操作系数可以小于 1。（　　）

三、简答题

1. 简述港口生产过程。
2. 简述港口生产的特征。
3. 简述吞吐量的计算方法。
4. 简述吞吐量、装卸自然吨和操作量三个指标之间的关系。

四、实训题

1. 某港口码头某工作组现有工人 130 名,请排出该工作组 4 月 16 日(星期日)至 5 月 27 日的更次表,并预测第二组、第五组在 5 月 13 日和 5 月 21 日各上什么班。

2. 图 1-2 是某港口的货物进出港情况(单位:万吨),试计算该港的装卸自然吨、港口吞吐量、货物操作量和操作系数。

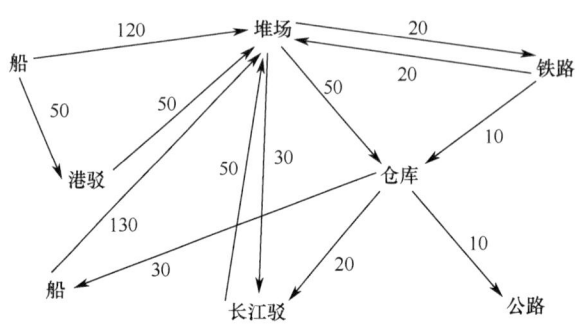

图 1-2 某港口的货物进出港情况

项目二

集装箱码头业务与操作

 学习目标

知识目标
- 了解集装箱与集装箱码头基础知识。
- 掌握泊位分配图的内容。
- 掌握集装箱码头堆场策划规则。
- 理解闸口业务程序。
- 掌握集装箱船舶配积载原则和方法。
- 掌握集装箱码头装卸船作业。

能力目标
- 会识读和制作泊位分配图。
- 会规划堆场箱位。
- 能绘制集装箱船舶配载图。

素养目标
- 培养忠于职守、乐于奉献的职业风格。
- 培养吃苦耐劳、爱岗敬业的从业精神。
- 培养现场从业人员在作业中集中精神、专心操作、不得麻痹大意的意识。

任务一 集装箱及集装箱码头相关知识认知

 任务导入

1956 年 4 月,美国航运商人麦宁第一次用 58 个大货柜开创了全球第一条箱装航线,揭开了全球海贸运输集装箱化的新一页。后来,人们设想了这样的改革方案:制造一批外形尺寸完全一样的大箱子,用专用卡车装运,在港口码头设立堆放这种箱子的堆场和起吊这种箱子的专用装置,设计和建造具有大舱口和大面积的甲板,适合这种箱子的吊装、码

放和运输。由于这种箱子被用来集中装入各种杂货,所以人们给它取名为"集装箱"。由 20 世纪 60 年代至今,成千上万的集装箱被制造出来并进入日益庞大的国际箱运系统中,全球许多重要港口都建设了集装箱专用装卸码头。那么,什么是集装箱和集装箱码头呢?

子任务一 集装箱认知

一、集装箱的定义及特点

1. 集装箱的定义

集装箱是指具有一定强度、刚度和规格,专供周转使用的大型装货容器。使用集装箱装运货物,可直接在发货人的仓库装货,运到收货人的仓库卸货,中途更换运输工具时,不需要将货物从箱内取出换装。

2. 集装箱的特点

集装箱具有以下几个特点。

(1) 具有足够的强度,能长期反复使用。

(2) 以箱为单位进行流通,适宜于一种或多种运输方式运送,途中转运时箱中货物无须倒装、换装。箱内货物只在起点和终点进行逐个处置。

(3) 具有快速搬运和装卸的装置,尤其便于物流过程中以集装箱为一体进行运输方式的转换。

(4) 对内装货物有较强的防护、保护能力。

(5) 便于货物装满和卸空。

(6) 箱内净空在 $1m^3$ 以上。

二、集装箱的外部标识

集装箱的外部标识主要有以下几种。

1. 箱号

箱号由箱主代号、顺序号和核对号组成,共 11 位字母和数字。

1) 箱主代号

箱主代号是集装箱所有者的代码,用 4 位大写的拉丁文字母表示,前 3 位由箱主自己规定,并向国际集装箱局登记,第 4 位为 U,表示海运集装箱代码,如中国远洋运输(集团)公司的箱主代码为 COSU。

2) 顺序号

顺序号是集装箱编号,用 6 位阿拉伯数字表示,不足 6 位的,以 0 补之。

3) 核对号

核对号用于计算机核对箱主号与顺序号记录的正确性。核对号一般位于顺序号之后,用 1 位阿拉伯数字表示,并加方框以醒目。核对号是由箱主代号的 4 位字母与顺序号的 6 位数字通过一定的方式换算而得的。

2. 最大总重量和箱体自重

最大总重量(Max Gross)又称额定重量,是集装箱的箱体自重与最大允许装货重量之和。箱体自重是指集装箱的空箱重量。集装箱最大重量和自重的标记要求用千克和磅两种单位同时标出。

3. 国家代号及尺寸类型代号

1）国家代号

国家代号用两位大写拉丁字母表示，说明集装箱的登记国。

2）尺寸类型代号

尺寸类型代号由4位数符组成。前两位为尺寸代号，由阿拉伯数字组成，用以表示集装箱的大小。后两位由2位数符组成，用以表示集装箱的类型，类型代码可从有关手册中查得。

子任务二 集装箱码头基础知识

一、集装箱码头的定义

码头是指海边、江河边专供乘客上下、货物装卸的建筑物。根据所装卸货物用途不同，码头可分为集装箱码头、件杂货码头、煤码头、散粮码头、油码头等。

集装箱码头是指包括港池、锚地、进港航道、泊位等水域，以及货运站、堆场、码头前沿、办公生活区域等陆域范围的，能够容纳完整的集装箱装卸操作过程的，具有明确界限的场所。集装箱码头是水陆联运枢纽站，是集装箱货物在转换运输方式时的缓冲地，也是货物的交接点。

二、集装箱码头必须满足的要求

集装箱码头必须满足下列基本要求。

（1）具备设计船型所需的泊位、岸线及前沿水深和足够的水域，保证船舶安全靠离。

（2）具备码头前沿所需要的宽度、码头纵深及堆场面积，具有可供目前发展所需的广阔的陆域，满足集装箱堆存和堆场作业及车辆通道的需要。

（3）具备适应集装箱装卸作业、水平运输作业及堆场作业需要的各种装卸机械及设施，以实现各项作业的高效化。

（4）具有足够的集疏运能力和多渠道的集疏运系统，以保证集装箱及时集中和疏散，快速装卸船舶，防止港口堵塞。

（5）具有维修保养的设施及相应的人员，以保证正常作业的需要。

（6）集装箱码头高科技及现代化的装卸作业和管理工作，要求具有较高素质的管理人员和机械司机。

（7）为满足作业和管理的需要，应具有现代管理和作业的必需手段，采用电子计算机和数据交换系统。

三、集装箱码头的构成

根据集装箱码头装卸作业、业务管理的需要，集装箱码头应由以下主要设施构成。

1. 靠泊设施

靠泊设施主要由码头岸线和码头岸壁组成。码头岸线供来港装卸的集装箱船舶停靠使用，长度根据所停靠船舶的主要技术参数及有关安全规定而定。码头岸壁一般是指集装箱船停靠时所需的系船设施，岸壁上设有系船柱，用于船靠码头时通过缆绳将船拴住。岸壁上还应设置预防碰撞装置，通常由橡胶材料制作而成。

2. 码头前沿

码头前沿是指沿码头岸壁到集装箱编排场（或称编组场）之间的码头面积，设有岸边集装箱起重机及其运行轨道。码头前沿的宽度可根据岸边集装箱起重机的跨距和使用的其他装卸机械种类而定，一般为40米左右。

3. 集装箱编排（组）场

集装箱编排（组）场又称前方堆场，是指把即将装船的集装箱排列待装及为即将卸下的集装箱准备好场地和堆放的位置，通常布置在码头前沿与集装箱堆场之间，主要作用是保证船舶装卸作业快速而不间断地进行。通常预先在集装箱编排（组）场按集装箱的尺寸用白线或黄线画好方格，即箱位，箱位上编有箱位号。当集装箱装船时，可按照船舶的配载图找到这些待装箱的箱位号，然后有次序地进行装船。

4. 集装箱堆场

集装箱堆场又称后方堆场，是进行集装箱交接、保管重箱和安全检查的场所，有的还包括存放底盘车的场地。集装箱在集装箱堆场上的排列形式一般有纵横排列法（将集装箱按纵向或横向排列，此方法应用较多）和人字形排列法（集装箱在堆场堆放成"人"字形，适用于底盘车装卸作业方式）。

5. 集装箱货运站

集装箱货运站有的设在码头之内，也有的设在码头之外。集装箱货运站是对拼箱货物进行拆箱和装箱，并对这些货物进行储存、防护和收发交接的作业场所，主要任务是出口拼箱货的接收、装箱，进口拼箱货的拆箱、交货等。集装箱货运站应配备拆装箱和场地堆码用的小型装卸机械及有关设备。集装箱货运站的规模应根据拆装箱量和不平衡性综合确定。

6. 控制塔

控制塔是集装箱码头作业的指挥中心，主要任务是监视和指挥船舶装卸作业和堆场作业。控制塔应设在码头的最高处，以便能清楚地看到码头所有集装箱的箱位和全部作业情况。

7. 闸口

闸口是集装箱码头的出入口，也是划分集装箱码头与其他部门责任的地方。所有进出集装箱码头的集装箱均在闸口进行检查，办理交接手续并制作有关单据。

8. 维修车间

维修车间是对集装箱及其专用机械进行检查、修理和保养的场所。维修车间的规模应根据集装箱的损坏率、修理的期限、码头内使用的车辆和装卸机械的种类与数量、检修内容等确定。维修车间应配备维修设备。

9. 集装箱清洗场

集装箱清洗场的主要任务是对集装箱污物进行清扫、冲洗，一般设在后方并配有多种清洗设施。

10. 码头办公楼

码头办公楼是集装箱码头行政、业务管理的大本营，目前已基本实现了电子化管理，最终将实现管理的自动化。

任务二　泊位策划

 **任务导入**

大连某集装箱码头公司收到马士基航运公司发来的关于"马士基-艾德里安"号的船舶

资料、预报信息、船图清单、舱单、船期信息、离港信息及危险货物申报单，预计 2023 年 7 月 21 日 10:23 抵达大连，10:35 靠泊。确报到港时间为 2023 年 7 月 21 日 12:10，12:30 抵锚，12:45 靠泊，计划 2023 年 7 月 23 日 7:10 离港。该集装箱码头的泊位策划员应如何进行泊位策划？

泊位策划是码头控制中心的一个重要组成部分，其首要任务是制订合理而有效的泊位分配计划，绘制码头每日作业用的泊位分配图，负责船舶靠泊、离泊等事项的安排。

子任务一　泊位分配图

一、泊位分配图的定义及意义

1. 泊位分配图的定义

泊位分配图是指预先为每天到港的船舶安排一个停泊的位置（泊位）而绘制的图，是码头控制中心的重要组成部分，是制订其他计划的前提。

2. 泊位分配图的意义

泊位分配图的意义有以下几个。

（1）泊位分配图可以利用现有资源制订合理有效的泊位分配计划，最大限度地提高泊位利用率，以满足船舶靠泊的需要。

（2）可以在船舶到港之前让有关部门知道船舶的确切到港时间、停泊位置，以便有关部门做好准备工作。例如，出口箱一般需提前进入场地，这就需要根据泊位分配图提供的靠泊计划来设定集装箱的进箱场地。

（3）可以预先为船舶提供一个靠泊的位置。船舶在码头的停泊位置受船舶本身及码头等客观条件的限制，并不是可以随意停靠的，它与船舶本身的长度、泊位的岸线长度、船上所装卸货物的装卸位置及需在本港装船的集装箱在码头堆场的堆放位置有关。

（4）绘制泊位分配图是一项非常重要的工作，泊位策划的好坏，直接影响船舶在港时间的长短和码头装卸作业的快慢，最终影响集装箱运输的生产效率。

二、泊位分配图的内容

一张完整的泊位分配图包括以下内容。

（1）标题，即标明"××码头泊位分配图"。

（2）需传送的单位和部门。

（3）制作日期与时间。

（4）码头现有泊位分布情况，按比例据实绘出，并标出装卸桥或龙门起重机的配置情况和位置限制情况，以及码头系缆桩的号码和位置。

（5）当日及未来 5 天的船舶到港情况（船期）。

按船舶到港日期先后整齐排列从当天起连续 5 天的船舶到港情况，包括船名、航次、靠泊的泊位、靠泊方向（左舷靠泊或右舷靠泊）、靠泊位置、预计到港时间（Estimated Time of Arrival，ETA）、预计靠港时间（Estimated Time of Berthing，ETB）、预计开船时间（Estimated Time of Departure，ETD）等相关靠离泊时间，以及预计使用的岸吊数量、大概装卸数量。

（6）还应专门列出泊位和装卸桥保养消息（Berth & QC Maintenance）及备注

（Remarks）这两项内容，分别注明每日有关泊位的装卸桥维修保养安排和靠离船舶需要特殊跟进的事项。

三、泊位分配图的图例

图 2-1 是盐田国际集装箱码头所用的泊位分配图，现按从上到下的顺序说明如下。

（1）Yantian International Container Terminals Berth Allocation Map：盐田国际集装箱码头泊位分配图。

（2）Date:22/11/07 15:41:31：表示此泊位分配图是 2022 年 11 月 7 日 15:41:31 制作的。

（3）Berth & QC Maintenance：此处注明泊位和装卸桥的维修保养安排。例如，"QC 047 09/0800 09/1800 511.0-509.0 BOOM DOWN；IMMOBILE；Project follow-up"代表 047 号装卸桥 9 日 8:00—18:00 要进行年度检查，这时装卸桥停在 509 号和 511 号缆桩之间，没有大车落泵状态，意思是这段时间这部装卸桥不能作业。

（4）Remarks：此处是对靠离船舶的特殊事项的说明。例如，"N-New Vessel"的意思是图中若有 N，则 N 代表新船。

（5）接下来就是泊位分配图的主要内容了。首先，泊位分配图中心位置的 B6、B7、B8、B9、B10、B11、B12、B13、B14，是指这个码头有 6~14 号共 9 个泊位，B6~B14 表明泊位的位置。与这些数字相连的是码头岸线，码头岸线以内的一行数字代表缆桩的号码和位置，这些缆桩是定位的主要参考依据。例如，301~393 是 6~9 号泊位岸线对应的缆桩的号码和位置。标注在方框内稍微大一些的数字代表装卸桥的号码。方框上方的数字是对应的装卸桥的位置限制，代表这部装卸桥左右移动所能达到的最远地方。例如，021 上方的数字 302.5-334.0，表明 021 号装卸桥移动的范围是缆桩 302.5~334.0。最后一行数字标在最外面。例如，R23-T 表示这台装卸桥最大能操作装有 23 列集装箱的船舶。

（6）分配在 B6（6 号泊位）的第一艘船的图例含义如下。

第一行：HTW EGLT/HATETH/049E D230/L2100。HTW EGLT/HATETH/049E 是这一航次在计算机内部的代号，HTW EGL 表示船公司联盟，HATETH 是船名的缩写，049E 表示航次，D230 表示卸箱 230 个，L2100 表示装箱 2 100 个。

第二行：HATSU ETHIC 303.9-317-323.6。HATSU ETHIC 是船名的全称，303.9-317-323.6 表明船舶停靠的缆桩位置。

第三行：09/1800 09/1900 10/1200 R17 HKHKG 09/1100。09/1800 09/1900 10/1200 分别表示 ETA、ETB 和 ETD，R17 表明船舶的宽度为 17 列集装箱，HKHKG 表明下一个港口和上一个港口均是香港港，09/1100 表明上一个港口 ETD。

在实际港口生产中，泊位分配图中的内容有多种形式，图 2-1 只是其中一种。一般来说，各个集装箱码头都有自己习惯的表达方式。图 2-2 是上海国际集装箱码头所用的泊位分配图，图中左侧内容表示每艘船舶的靠离泊时间：1 月 21 日（星期四）至 1 月 24 日（星期日），共 4 天，每天的时间又以 2 小时为间隔。每艘船舶用一个长方形表示，图中 1 号泊位安排有 3 艘船舶，2 号泊位安排有 4 艘船舶，长方形的宽度表示船舶的靠离泊时间间隔（上下两条长边分别对应左侧的日期和时间），对于尚未确定的时间用????/??表示。图 2-2 在内容上没有图 2-1 那么详细，但基本也能反映到港船舶的动态及泊位安排情况。

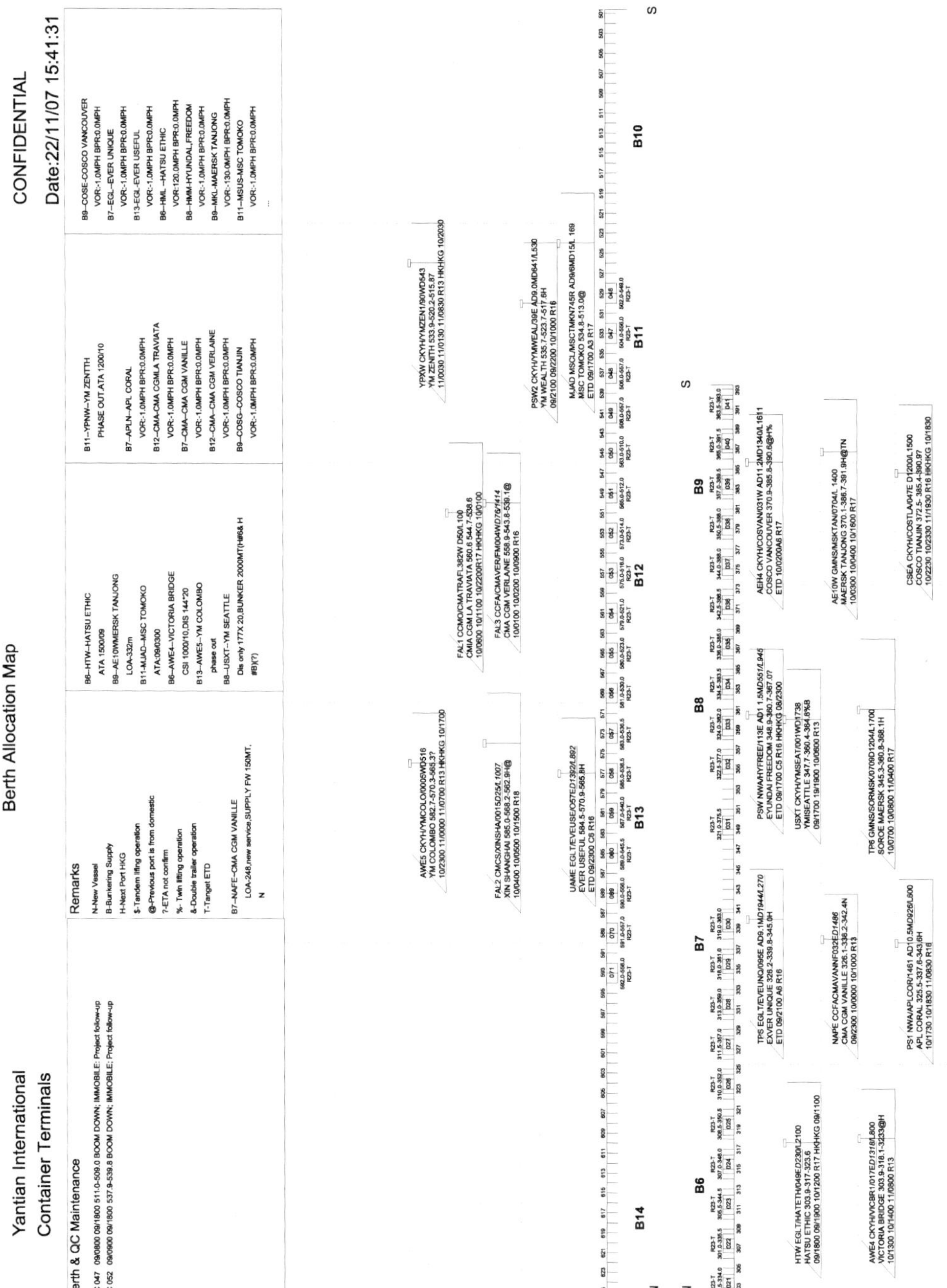

图 2-1 盐田国际集装箱码头所用的泊位分配图

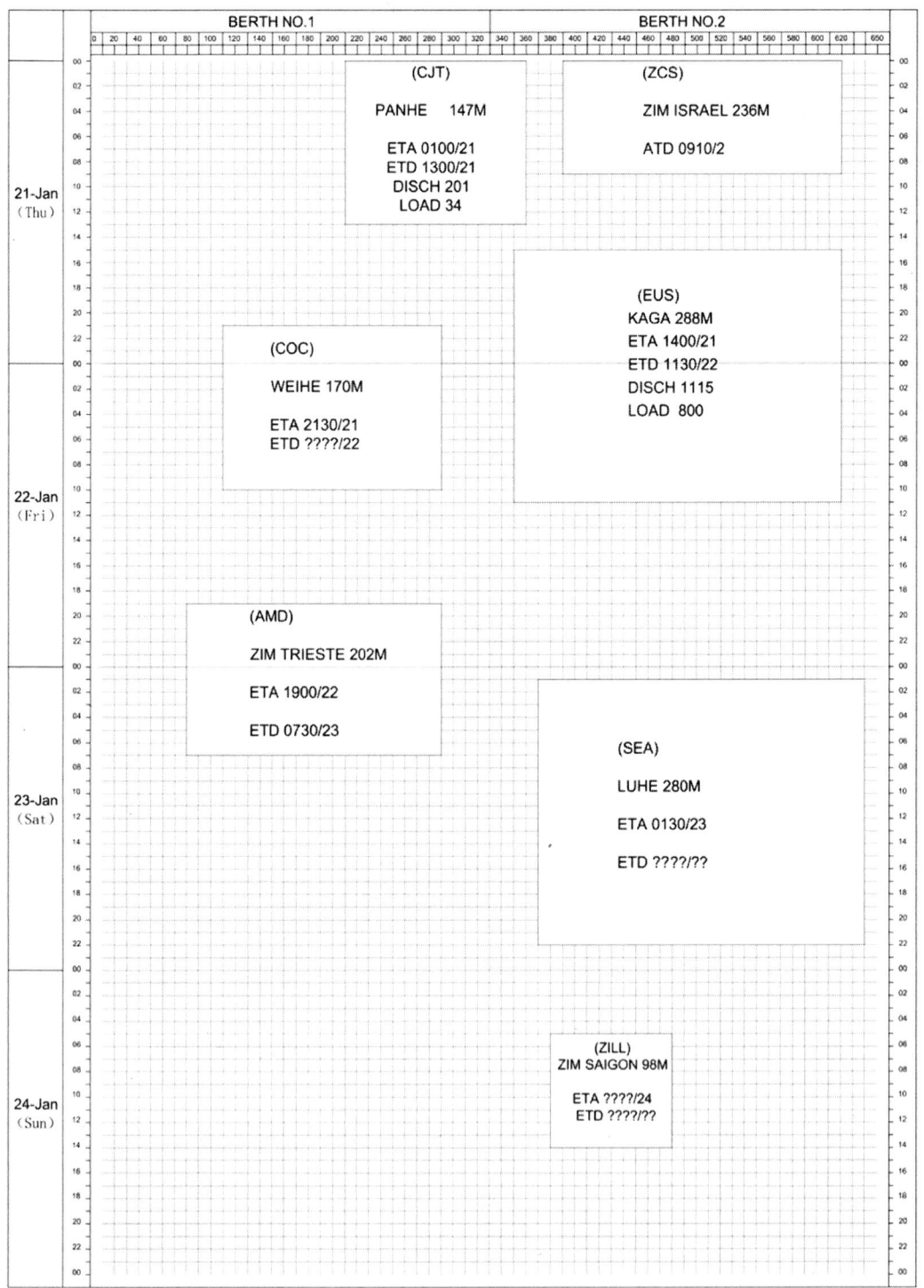

图 2-2 上海国际集装箱码头所用的泊位分配图

四、泊位分配图的制作

良好的泊位策划是码头顺利运作的前提，泊位策划员应具备良好的沟通、协调与应变能力，充分利用码头泊位及装卸桥资源，对码头可用泊位做出合理的安排，以满足不同的船舶作业需要。

1. 制作泊位分配图的依据

泊位分配图的制作通常根据以下信息来进行。

1）船公司的船期表

船公司一般会将近 3 个月内的船期表、一个月内的船期表及每艘船准确的船期提前传真给泊位策划部门，泊位策划部门根据船公司提供的信息，在计算机中建立船公司代号、船名、船期、船的总长、航次代号、航线靠泊港、目的港等资料，并输入截箱期、免费仓储期。

2）码头泊位分布图

每个码头均有自己的泊位配置，每个泊位的岸线长度和泊位水深决定了该泊位所能停靠的船舶大小。在制作泊位分配图时，必须清楚了解码头泊位的配置情况和每个泊位的特点。

3）收箱及出口箱情况

掌握每艘船、每个航次的收箱情况及出口箱在堆场内的摆放位置，以便合理安排泊位，配备适当的装卸机械数量。

4）装卸桥情况

掌握装卸桥最新使用和维修情况。

2. 泊位分配图的制作方法

现代国际集装箱码头均采用电子化管理，所以泊位分配图的制作通常也是用计算机进行的。具体步骤如下。

（1）绘制码头泊位分布图。码头泊位分布图以一定的比例反映码头泊位的布置和每个泊位的大小的真实情形（岸线长度），如码头现有多少个泊位、每个泊位所占岸线长度是多少、位置在哪里等。这些数据通常均已事先绘制好，存储在计算机中，使用时直接调用便可。

（2）根据计算机中已有的船期资料，找出从当天至未来 2 天的船舶到港情况，如船公司、船名、航次、到港时间、装卸数量等，并与船公司电话联系，对船期做进一步确定。

（3）对于装有危险品集装箱的船舶，要求外代提供经有关部门批准的"船舶载运危险货物申报单"。

（4）根据每艘船的长度和待装货物在堆场上的存放位置决定该船的泊位，同时应考虑装卸桥的情况是否良好。

（5）每艘大船在泊位分配图上的位置应准确无误，大船在桥位上的安全间隔应不小于 30 米。

（6）将已定好泊位的船舶在泊位分布图上相应泊位的上方按到港日期的先后从下到上图示出来，要求图形整齐美观，层次感强，方便阅读。

（7）在图形中的适当空位加注注意事项，如装卸桥的状况、哪些装卸桥正在维修、什么时候可维修好等。

（8）泊位分配图每天制作两次，通常 10:00 和 16:00 完成，并打印出来，传送给堆场、调度室、策划部、操作机械部、财务部、杂货组、海关、港监、外代、外理、轮驳、引航、理货组。

子任务二　泊位策划的日常工作

一、船舶靠泊和离泊

船舶靠泊与离泊是指运输集装箱货物的船舶停靠码头或离开码头。在船舶靠泊或离泊时，码头需做的工作有以下几项。

1．船舶靠泊时的准备

1）信号旗或信号灯的位置

信号旗适用于白天靠泊船舶，信号灯适用于晚间靠泊船舶。放置信号旗/灯的目的，是让领航员知道船舶即将靠泊的大致位置。当船舶靠泊后，领航员所站立的驾驶台位置应对正信号旗/灯，这样船舶靠泊位才算正确。

信号旗/灯的摆放位置为船首、船中驾驶台、船尾3处。从泊位分配图上可得知船的长度和驾驶台的位置，从而找出对应船首、船中驾驶台、船尾的码头岸线上的位置。船首和船尾摆放红旗/红灯，船中驾驶台摆放蓝白格子旗或蓝灯（也可采用蓝旗或绿旗，晚间仍采用蓝灯），摆放时位置一定要准确。码头班长在船到前1小时，根据泊位分配图上指定的泊船位置，摆放信号旗/灯，等候船只进港。

2）装卸桥或门座起重机的准备

从泊位分配图上可以了解所需装卸桥或门座起重机的数量，通常应该在船舶靠泊前1小时将所需的装卸桥或门座起重机摆放在适当位置。在码头岸线上，每个泊位均有固定的锚锭位，专门用于摆放装卸桥或门座起重机。当有船靠泊时，用于装卸作业的装卸桥或门座起重机一般放置在信号旗/灯之前3～4米处。

将岸边装卸机械提前准备好的目的，一是确认装卸机械是否操作正常，确保船舶靠泊后能迅速、安全、可靠地开始作业；二是腾出必要的岸线位置，确保不影响船舶靠泊作业。

2．缆绳的使用方法

船舶在码头岸边是靠缆绳来固定的，一艘船舶通常需要6种缆绳固定，分别是头缆、前横缆、前倒缆、后倒缆、后横缆和尾缆，如图2-3所示。其作用如下。

（1）头、尾缆：把船首、船尾拉紧靠向码头，防止船体向外移动。

（2）前、后横缆：帮助收紧船体靠向码头，并固定船身位置。

（3）前、后倒缆：防止船体向前或向后移动。

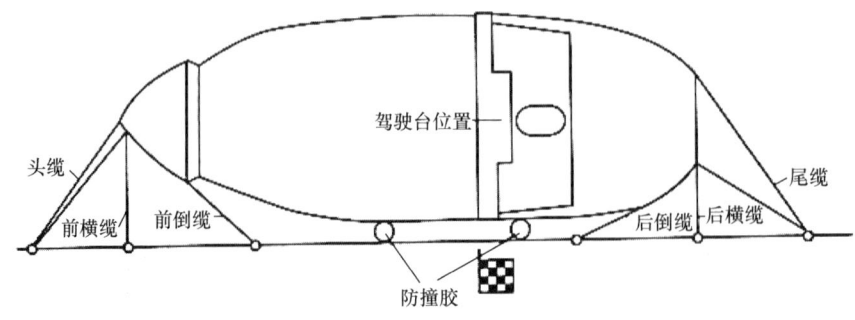

图2-3　船舶靠泊系缆所用缆绳

码头岸线上有许多缆桩,是用来挂缆绳的。当在一个缆桩上挂两条缆绳时,应注意正确的索绳方法,如图2-4所示,图中A、B表示缆绳。

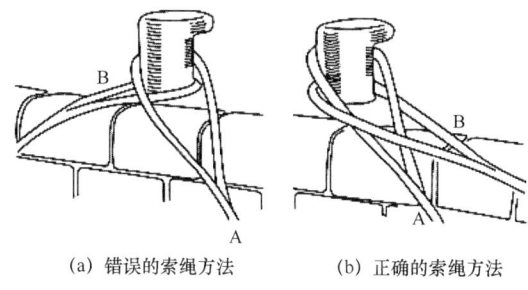

(a) 错误的索绳方法　　(b) 正确的索绳方法

图2-4　索绳方法对比

图2-4(b)所示的索绳方法是正确的,因为采用这种方法,可以随时解除任何一条缆绳,而用图2-4(a)所示的索绳方法,只有解除A缆绳后才可以解除B缆绳。

3. 船舶离泊时的注意事项

(1) 确认所有船员均已上船,所有该离船的人员均已离船(如船公司代表等)。

(2) 装卸桥吊杆应升妥至适当位置,方可开始松缆。

(3) 监视并确认所有船缆已收回船上。

(4) 确认舷梯已升回船上。

(5) 船舶离开码头200米远后,码头工人方可离开。

(6) 记录船舶离泊时的松缆时间和船舶的首尾吃水。

二、泊位策划的其他工作

在实际工作中,泊位策划还需注意和处理以下几个方面的工作。

(1) 经常与船公司及其代理沟通,与船公司及其代理保持紧密联系,了解船公司对码头服务的要求,不断提高码头为船公司服务的水平。

(2) 与政府各口岸管理机构及引水站、轮驳公司保持良好关系,以取得它们的积极配合与支持,保证船舶安全顺利地抵港。

(3) 协助船公司及其代理办理船舶进出口手续,保证到港船舶按期靠泊和离泊。

(4) 统筹管理船公司资料。除管理好船公司原有船舶资料外,船公司如有新的船舶挂靠本港,应将新船资料提前输入计算机,将船公司资料及时通报给码头各部门,以便码头各部门及时掌握船舶在港的动态,提高工作的主动性,保证各部门操作顺利进行。

(5) 随时掌握码头装卸桥的维修情况。

(6) 每周五向港监、边检、引航站、轮驳公司及代理预报下周抵港船舶动态,船到前一天还应传真"抵港船舶动态"给以上单位,确认第二天抵港船舶的确切时间。

(7) 在每艘船到港前,应分别致电外代、船公司、拖轮公司、边检、海关,务必使它们明白无误地知道船期,并在船舶靠泊前,准时派人在桥边待命,以便船舶靠泊后及时办理有关手续,尽早进行装卸作业。

(8) 如船舶靠离泊时间有变,应尽快通知各有关单位更改时间(尤其是在下班后、午饭时及周末),以免延误船期。

(9) 当需要海关在非办公时间或下班后继续办理货物和船舶进出口清关手续时,泊位策划人员应与船公司及其代理认真协商，将需要加班的时间及加班内容（如清关货物和转关货物的数量、船名及航次等）清楚地写在"海关加班申请表"上并报当地海关审核批准。

（10）对于每艘靠离泊的船舶，泊位策划人员均应编写"泊桥报告"。泊位报告是一份反映船舶从进入港口水域到离港整个过程的情况的文件，其中包括引水、边检检查、装卸货等具体操作的时间，从中可以看出船舶泊港时间和码头作业效率。

泊位策划工作涉及面广，要求员工工作时认真细致，考虑周详，同时具有较好的对外沟通能力，以保证泊位策划与政府有关部门及船公司关系融洽，各部门间配合默契，确保船舶按期靠离泊。

任务三 堆场业务

 任务导入

2023 年 2 月 23 日，某堆场计划员接到船舶配载员发出的一批集装箱进场堆存任务，具体情况如表 2-1 所示。请根据集装箱进场堆存的具体情况制订堆场计划，确定该批集装箱应分别存放在哪些区域，以及如何分配区位。

表 2-1 堆存任务信息

箱　　号	船名/航次	开　仓　日	截　关　日	预约进场日	备　　注	策划方案（堆场箱位号）
TGHU6234653	ESTAR/068	3-8,MAR	8,MAR	3,MAR	40′H 空	
COSU3656281	ESTAR/068	3-8,MAR	8,MAR	5,MAR	20′冷藏柜	
TGHU3514652	ESTAR/068	3-8,MAR	8,MAR	3,MAR	40′H 空	
COSU2316283	HANJIN/0236	1-6,MAR	6,MAR	5,MAR	20′冷藏柜	
HANU1326581	HANJIN/0236	1-6,MAR	6,MAR	2,MAR	40′重	
HANU1386257	HANJIN/0236	1-6,MAR	6,MAR	2,MAR	20′重	

子任务一 集装箱码头堆场策划

一、堆场策划的定义

堆场策划是操作部的一个分支机构，主要负责划分和确定集装箱在码头堆场内的摆放位置，指挥和控制集装箱在码头堆场内合理而有效地移动。

码头堆场是存放集装箱的场所，是集装箱码头最大的工作场所，堆场面积大，存放的集装箱数量和种类繁多。堆场策划的目的就是充分利用有限的堆场面积，合理划分堆场，给每个集装箱配置理想的位置，提高堆场的利用率和码头生产的作业效率。

二、集装箱码头堆场的布局

为提高码头作业效率，堆场可分为前方堆场和后方堆场两个部分。

（1）前方堆场：位于码头前沿和后方堆场之间，主要用于出口或进口集装箱的临时堆放。

（2）后方堆场：紧靠前方堆场，是码头堆放集装箱的主要部分，用于堆放和保管各种重箱和空箱。

三、堆场策划基础知识

作为堆场策划人员，要想做好堆场策划工作，首先应该掌握以下基本知识。

（1）了解码头现有堆场情况，对码头堆存集装箱的能力做到心中有数。

（2）对于新开设的集装箱堆场，能根据需要熟练地进行堆场区域的合理划分，并能准确计算堆场的堆存能力。

（3）了解码头对危险货物处理的有关规定，以便妥善处理危险货物。

（4）了解码头的泊位分布并掌握泊位分布图。

四、箱区的编码方式

箱区是指集装箱堆场堆放集装箱的区间位置。一般都用一组代码来表示集装箱在堆场内的物理位置，这个位置就是场箱位。

1. 整个堆场按区划分

根据码头堆场的位置，往往将整个港区堆场划分为若干区，如 A 区、B 区、C 区等，一般按照泊位顺序，每个泊位对应一个区。

例如，1 号泊位对应 A 区（或 01 区）；2 号泊位对应 B 区（或 02 区）；3 号泊位对应 C 区（或 03 区）。

2. 每区可划分为若干块（段）

将每个区划分为若干块（段），并用代号表示。通常的做法是用油漆在堆场地面上整齐画线并标上块（段）号。每个块（段）的形状相当于一条直的矩形街道，其宽度可允许同时并排摆放 6 个标准箱，即相当于龙门吊的跨距。

例如，A 区分为 10 块，即 01，02，…，10，一般按从海侧（码头）到陆侧（堆场）的顺序编号，宽度为 6 列加 1 车道，约 24 米。

3. 每块可划分为若干贝（Bay），与船箱位的 Bay 对应

用奇数表示 20ft，偶数表示 40ft。

示例如下。

物理贝：	1	2	3	4	5	6	7	8
逻辑贝：20ft:	01	03	05	07	09	11	13	15
40ft:	02	04	06	08	10	12	14	

在该示例中，低位数俗称"小号头"，高位数俗称"大号头"。

4. 每贝可划分为若干列（排）

（1）1 贝宽为 6 列。

（2）列的编号从 1 到 6，或者从 A 到 F。

（3）靠近车道的为 1 或 A，依次排列。

5. 每列可划分层（Tier）

（1）一般为 6 层，根据机械作业高度而定。

（2）编号：从下往上依次为 1、2、3、4、5、6。

综上所述，一个堆场箱位的表示方法为"[区][块][贝][列][层]"。

例如，"A010311"，表示 A01 区，03 贝（20ft），1 列（靠车道），1 层（底层）。又如"01A01E2"，表示该箱在 01 区，A 块，01 贝（20ft），E 列（排），2 层。

五、集装箱堆场箱区的划分

集装箱堆场箱区可按不同的分类方法分为不同的箱区。

（1）按进出口业务可分为进口箱区、出口箱区和中转箱区。

（2）按集装箱货种可分为普通箱区、危险品箱区、冷藏箱区、特种箱区和中转箱区。危险品箱区、冷藏箱区因有特殊设备，如危险品箱区有喷淋装置和隔离栏，冷藏箱区有电源插座，所以其位置是相对固定的。中转箱区虽无特殊设备，但由于海关部门有特殊要求，因此其位置也是固定的。

（3）按集装箱空、重箱可分为空箱区、重箱区

空箱的位置标示不同于重箱的位置标示，一般只规定区位和段位，而没有行位和间位。因为空箱很少有指定箱号的，如果船公司或代理人或客户要去堆场取空箱装货，只要取的是该船公司的空箱就可以，而不必非要领取某个号码的空箱。一般在码头堆场会划分出几个空箱区，专门用于存放空箱，每个区分为若干区段。空箱区要求根据集装箱尺码的不同和箱型的不同，按不同的持箱人分开堆放。

重箱区是堆存重箱的区域，重箱的位置是按照场箱位的编号方法来标示的。

六、堆场堆存能力的计算

对于每个堆场，其每个箱位的允许堆高层数均要根据具体的装卸机械来定，如有的铲车只能堆 4 层，有的可堆 5 层，龙门起重机也有堆 4 层和 5 层的区别。在计算堆场的堆存能力或给集装箱配位时，应注意这一点。如果只能堆 4 层，却按堆 5 层计算，结果会使实际操作无法进行；反过来，如果可堆 5 层，绝不要按 4 层考虑，否则会造成堆场空间的浪费。

在同一个间位，不能将所有行都堆高至 4 层或 5 层，必须在每个间位靠边的 1~2 行上留出足够的空位，将其作为装卸作业时（特别是取箱时）翻箱之用。例如，想取 1 行行底或 3 行行底的箱，必须先将压在那个箱上面的所有箱移开，才能取出。上面的箱移到哪里呢？移到翻箱位。一般堆放 4 层时，应留 3 个翻箱位；堆放 5 层时，应留 4 个翻箱位（见图 2-5），图中纵列表示层，横列表示行。

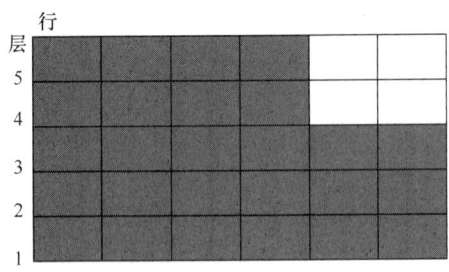

图 2-5　翻箱位示意

七、码头现有堆场规划情况

码头堆场是堆场策划人员的工作对象，堆场策划人员必须清楚堆场的划分与布置，如码头现有几个堆场、分几个区、堆场的大小、堆场的性质（是存放空箱还是重箱）。此外，堆场策划人员必须掌握每个堆场所能存放的箱的数量。

通常，应根据堆场的实际地理位置进行分工，有的作为空箱堆场，有的作为重箱堆场，有的则用来存放烂箱。对于每个堆场，都应在地面上清楚地画线标明该堆场的区域代号和具体的箱位。码头每扩建一个堆场，均应这样做。然后将堆场实际的箱位图按比例绘制成书面图纸，即堆场平面图。根据堆场平面图，工作人员不用到实地现场，就能给集装箱配位。因此，绘制堆场平面图是进行堆场策划时要做的第一件事。

八、集装箱进场策划的基本原则

1. 就近原则

尽量安排出口集装箱摆放在靠近桥位的龙门吊作业区，以避免远距离操作。

2. 提高装船效率原则

出口箱在配载装船时，应尽量减少翻箱。具体做法如下。

（1）按排堆放。同一排内，堆放同一港口、同一吨级的箱；但同一位内不同的排，可以堆放不同港口、不同吨级的箱。

（2）按位堆放。同一位内，堆放同一港口、同一吨级的箱。

（3）按位、排堆放。同一位内，堆放同一港口、同一吨级的箱，而该位的同一排内，堆放相同港口、相同吨级的箱。

3. 重量特性原则

放置重箱时，比较重的箱子放到下面。在同一位内，较重的箱堆放于靠近车道的第二排，较轻的箱堆放在最里面二排，中间等级的箱堆放于较中间的排。

4. 先入先出原则

先进入堆场的集装箱先出堆场。

5. 面对通道原则

应方便堆高机更有效地提取箱子。

6. 特性原则

将具有同一特征的箱放在一起，如退租箱、坏箱。

7. 平衡原则

根据空箱场和龙门吊作业区的密度及可以使用的机械，合理地调节操作，从而有效地使用有限的堆场位置，避免因操作量过于集中而造成生产效率低下。

8. 储位标记原则

将集装箱堆场分贝，每个贝存放箱属相同的箱子。

九、集装箱的堆存要求

1. 普通箱的堆存要求

（1）20ft 集装箱不能堆放在 40ft、45ft 集装箱顶部。

（2）重箱、空箱应分开场区堆放。

（3）进口箱、出口箱、中转箱应分场区堆放。

（4）普通箱、冷藏箱、危险品箱应分场区堆放。

（5）重箱的堆码高度应按堆场额定载荷测算推出，同一箱位上的箱子的总重量不能超过额定载荷。

（6）进出口重箱应尽量按船名、航次、提单号等集中堆放。

（7）出口重箱除按船名堆放外，还应考虑重量和目的港。

（8）空箱应分别按照不同箱属公司、不同箱型堆放，并且将完好箱和污损箱分开堆放。

（9）相同船公司的集装箱集中堆放；相同计划任务的集装箱集中堆放；相同箱型的集装箱集中堆放；相同高度的集装箱集中堆放。

2．特种箱的堆存要求

1）冷藏箱堆存要求

（1）一般堆放在配备有专用电力设备的专用冷藏箱场区。

（2）电力设备通常以 40ft 集装箱为单位设立，每单位可以堆放一排 40ft 冷藏箱或两排 20ft 冷藏箱，一般堆码两层。

（3）在堆放两排 20ft 冷藏箱时，应采用背靠背方式，便于使用场区的电力设备。

2）危险品箱堆存要求

危险品箱一般配备在配有喷淋装置的危险品箱区，按照危险品的等级隔离堆放，且只能堆放一层，并保证所有危险品箱都能使用喷淋设备。

3）超高、超宽等大型集装箱堆存要求

超高、超宽等大型集装箱一般只能堆放一层。

子任务二　堆场日常业务

一、堆场给位业务

1．堆场给位的定义

所谓堆场给位，是指给客户（拖车）送到码头的集装箱（出口箱）或从船上卸下来的集装箱（进口箱）安排一个堆场存放位置。这个位置的安排不是随意的，必须依据前述有关要求做出合理安排。

2．出口箱堆场给位

（1）对即将靠泊的船舶，检查需装在该船上的集装箱在堆场上的位置是否合理，如有需要，应做适当变动。

（2）根据未来出口箱的情况、泊位分配及装卸桥的使用数量，预先给即将卸到堆场的集装箱安排位置。

（3）根据客观实际随时更改集装箱位置。如果发生船期改变、船舶舱位不够、转船转港等情况，都需要对集装箱的堆放位置做出相应的变动。

3．进口箱堆场给位

（1）预先与船公司核对并确认即将靠泊船舶的卸箱数量，以便在堆场预先留出足够的卸箱位。

（2）对于特殊货物集装箱，如冷藏箱、危险货物箱等，应根据有关规定做出妥善安排。

4．其他

（1）密切监控拖车在堆场提箱、交箱的作业秩序，合理安排拖车提箱、交箱的先后顺序。在同一位置作业的拖车应错开作业时间，以免发生拖车同时到某一堆场位置提箱或交箱的情况，影响码头作业效率。

（2）调整堆场用途。例如，由于工程部的需要，某些地方需摆放龙门吊，或者需进行维修等，这样，原堆场的这一位置便不可以使用，需要及时做出修改，以免错误估计堆场的堆存能力。

二、后勤工作

后勤工作包括以下内容。

（1）每天准备空白的堆场平面图并交给堆场给位组，以用于每天的给位工作。

（2）控制拖车到堆场提箱、交箱的时间先后和位置，避免拖车作业互相干扰。

（3）检查码头堆场里的坏箱情况，并安排将坏箱送到修理厂维修。

（4）收发传真件，并分送有关部门，以便有关部门就有关事项做好安排。

（5）检查船公司或客户的集装箱在码头的堆存时间是否过长，如有过期箱，应安排尽早提出码头。

（6）按堆场给位组的要求安排转堆。转堆就是将集装箱从一个堆场位置移到另一个堆场位置。转堆工作在堆场管理中是不可避免的，造成转堆的原因有很多，常见的有以下一些。

- 集装箱需转船（改装在另一艘船上）或转港（改变卸货港）。
- 由于堆场策划失误，造成许多拖车在同一时间到同一地点取箱的情况（抢更现象）。如能提早发现这种情况，就能将部分箱转堆，以免出现抢更现象。
- 海关手续问题。例如，有的箱海关已放行，可以装船，有的箱海关未放行，不能装船，但能装船的箱又被不能装船的箱压着，此时就应该将不能装船的箱转堆到另一个地方，以保证装船作业的流畅。
- 散箱放位不准。这主要是由于龙门吊司机操作失误造成的。龙门吊司机在收箱时没有将箱堆放到堆场策划指定的位置，即放错位，经检查发现后，应做转堆处理。
- 在作业繁忙时，堆场策划来不及给出合适的位置，这时只好将运到堆场的大量集装箱先暂时收下，放在堆场缓冲区（一个用于周转箱的空位）。这样收下来的箱必然是杂乱无章的，等作业比较空闲时，再将这些箱转堆到合适的位置。
- 新造的空箱需装船运出码头时，需做相应的转堆。
- 冷藏箱做运前检查/预冷（P.T.I/P.C）、海关验箱等，也需转堆。

在实际操作中，要想完全避免上述情况的发生，几乎是不可能的，即便能完全避免，也同样需要转堆操作。例如，在3C段位上原来摆放有某船公司的5 000个空箱，现该船公司已逐步提走了4 800个，剩下200个在3C段位上。那么，对于这200个箱是转堆还是继续留在原位，等这家船公司来提好呢？显然应该将这200个箱转堆到其他地方。因为空箱场的堆放原则是同一箱主、同一尺寸的箱堆放在一起，如果让这200个箱继续放在3C段位上，显然太浪费，将之移走后，可以重新考虑放置另一船公司或另一尺寸的大批量箱。由此可见，转堆是不可避免的。

三、堆场交箱与收箱

1. 堆场交箱与收箱的定义

堆场交箱是指货主前来码头（堆场）提箱时，码头将箱交给货主（拖车）；堆场收箱则是指货主（拖车）送箱到码头，码头堆场收下集装箱。

2. 堆场交集装箱程序

（1）拖车驾驶员在闸口办好交箱手续后，持剩余的集装箱收发单和堆场作业纸驾驶空架拖车到堆场指定位置，然后等待龙门起重机或前置式铲车来装箱。在装箱前，堆场理货员向拖车驾驶员索取集装箱收发单，并应对集装箱收发单做以下几方面的审查。

- 核对拖车驾驶员所持集装箱收发单是否为提箱单。
- 核对拖车车牌号及堆场作业纸上的堆场位置，以防驾驶员走错地方。
- 留意备注栏中的提示。

（2）堆场理货员指示龙门起重机司机或铲车司机到指定位置取箱并装上拖车，注意核对集装箱号码与集装箱收发单上写明的集装箱号码是否相符。检查集装箱是否安全稳妥地放正在拖车车架上。

（3）交重箱时，如果因为交箱导致其他集装箱在堆场的存放位置有所改变，则龙门起重机司机应将箱位变动情况及时输入计算机，如果没有计算机，则由堆场管理员书面记录箱位变动情况，否则就会因箱的存放混乱而造成找箱困难。

（4）堆场管理员在堆场作业纸上签名确认后交给拖车驾驶员，拖车驾驶员载箱离开。

3. 堆场收集装箱程序

（1）拖车驾驶员在闸口办好收箱手续后，持剩余的集装箱收发单和堆场作业纸驾驶拖车将集装箱拖到堆场指定位置。然后等待龙门起重机或前置式铲车来卸货。在卸货前，堆场理货员向拖车驾驶员索要集装箱收发单，并应对集装箱收发单做以下几方面的检查。

- 核对拖车驾驶员所持集装箱收发单是否为收箱单。
- 核对拖车车牌号码及堆场作业纸上的堆场位置，以防驾驶员走错地方。
- 留意所交来的集装箱的状况及备注栏内容，若是冷藏箱和其他特别的集装箱，应做特别处理。
- 核对集装箱箱号及尺寸与集装箱收发单是否相符。

（2）检查集装箱上有无封条。

（3）打开旋锁，使集装箱与车架分离。

（4）指示龙门起重机司机或铲车司机将箱卸到堆场指定位置。

（5）龙门起重机司机或堆场理货员将正确的收箱位置（堆场箱位）输入计算机。

（6）堆场理货员在堆场作业纸上签字确认收箱后交给拖车驾驶员，责令其离开。

在以上交、收箱作业中，全部过程只有一名堆场理货员和一名重型机械司机在工作，似乎非常简单。实际上，由于堆场码头很大，有重箱堆场和空箱堆场之分，在重箱堆场，配有若干台龙门起重机和若干名堆场理货员，而在空箱堆场，配有若干台重型铲车和若干名堆场理货员。并且进出码头前来交箱或收箱的拖车数量很多，所以码头堆场内经常是车水马龙，一派繁忙的景象。有时候，拖车驾驶员驾驶拖车到达堆场指定位置后，却发现该位置处并没有重型机械作业，此时只能等到在其他地方作业的重型机械作业完毕后，由堆场理货员将重型机械调过来给拖车装箱或卸箱。为了保证堆场作业人员的安全和交通安全，重型机械不得擅自移动，必须由地面人员（堆场理货员）指挥带领，才能移位。所以，堆场理货员除了履行上述有关职责，还应负责以下工作。

- 负责指挥龙门起重机在堆场内的位置变动，即龙门起重机在一处作业完毕后转到另一处作业时，必须由堆场理货员指挥，以保证堆场作业人员的安全和交通安全。
- 监管堆场内交通，发现有拖车阻塞交通的现象时，应及时疏通。
- 由于堆场位置错误，造成龙门起重机司机找不到指定的箱时，堆场理货员应到堆场中寻找，找到后报告龙门起重机司机或控制中心。
- 当计算机系统出现故障时，堆场理货员应书面记录收箱位置及交箱时导致的其他箱的位置变动情况。

四、堆场对危险货物的处理

由于危险货物会对外部环境及人的生命造成危害，故每个码头均会根据自身情况制定一些危险货物处理规定。有的危险货物可以存放在堆场堆放，但必须指定专门区域；有的则不可以存放在堆场，存入堆场的危险货物通常有一定的时间限制，如限制几天内必须提走等。对所有这些事情，堆场策划人员在做具体安排时，都必须认真考虑。表2-2为某国际集装箱码头对危险货物处理的有关规定，可做参考。

表2-2 某国际集装箱码头对危险货物处理的有关规定

危险品等级	危险品种类	可否在码头内作业	允许存放在码头的时间
1.1～1.5	爆炸性物体	除少量军火或鞭炮外，一般情况下都不可在码头处理	不能存放在码头内
2.1～2.3	压缩气体	允许	3天
3.1～3.3	易燃液体	允许。但处理无水醋酸时，需要有海关签发的搬运证方可卸货及存放	3天
4.1	易燃固体	允许	一般为21天
4.2	高度易燃物体	允许	一般为21天
4.3	遇水后放出易燃气体	允许	一般为21天
5.1～5.2	助燃物体	允许	一般为21天
6.1～6.2	有毒或感染性物体	除抗震性汽车燃料混合物体外，一般允许	一般为21天
7	辐射性物质	需要经有关政府部门的批准	一般为21天，但只能摆放在码头岸边
8	腐蚀性物体	允许。但处理无水醋酸时，需要有海关签发的搬运证方可卸货及存放	一般为21天
9	其他	允许	一般为21天

任务四　闸口业务

任务导入

大连港湾集装箱码头检查桥（闸口）共设16个集装箱车道，其中8个进港集装箱车道，6个出港集装箱车道，2个特殊通道（1进1出）。通道通过效率为平均24秒/车，车辆在港停时平均仅有18分钟/车，达到同行业领先的操作水平。

闸口自动化系统采用先进的集成理念和技术，可实现集装箱道口管理与运输操作业务的有机整合。自动化车牌、箱号识别和远程验残技术贯穿整个业务流程，从而建立了智能化道口监控及管理系统。智能闸口系统通过减少人工干预，提高了数据的可靠性和准确性，加快了集装箱车辆通过闸口的速度。那么闸口的操作程序是什么呢？

子任务一　闸口认知

一、闸口的定义

闸口又称大门，是集装箱码头的门户，闸口的功能是办理所有进出集装箱码头的集装箱出入交接手续。

集装箱码头是水陆联运的枢纽，是集装箱运输中集装箱由陆运转水运或由水运转陆运的一个重要的不可缺少的中转站，所有集装箱都在这里转变运输方式。因此，集装箱码头的集装箱进出是相当频繁的，闸口的构成原则主要是为了使集装箱进出码头时方便快捷，具体来说就是交接手续办理方便，闸口处交通畅通，保证集装箱运输的安全高效。

二、闸口的构成与设施

1. 闸口的构成

图 2-6 为闸口的构成。由图可见，闸口是集装箱码头与外界的分界处，共有 2 个门户，一个负责载箱拖车进闸和空架拖车进闸，另一个负责空架拖车出闸和载箱拖车出闸。做这样的划分，主要是因为以下两点。

（1）各种情况出入码头时需办理的手续不一样。

（2）各拖车分别行驶自己的路线，可保证闸口处交通畅通。

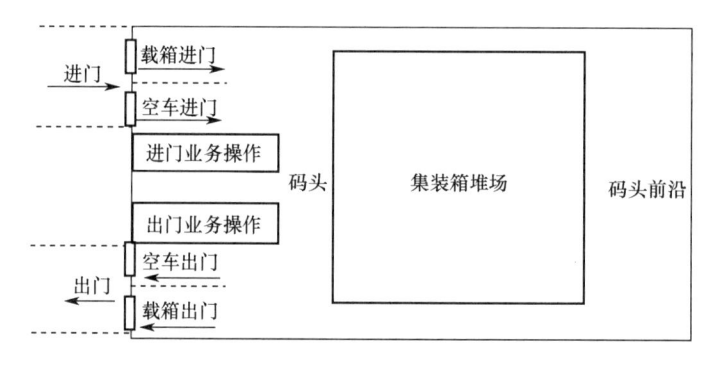

图 2-6　闸口的构成

2. 闸口设施

1）进闸车道

进闸车道是专供集装箱拖车进入码头的通道，其数量根据码头业务量、作业时间、作业效率而定。

2）进闸验箱区

进闸验箱区通常设立于进闸车道上，并且验箱区上方有验箱桥，以保证验箱员能在验箱桥上检验集装箱顶部的情况，验箱桥净空高度以 4.5～5.5 米为宜。

3）进闸办公室

进闸办公室是为司机的咨询提供服务，与船公司进行联系，以及对司机交付的船公司付运指示进行整理之后输入计算机的办公场所。

4）停车场

拖车进闸后，司机必须与进闸办公室办理交接手续等，为此目的而设定了拖车停车场。

5）堆场作业位置指示办公室

拖车在码头交接集装箱，码头会安排不同的码头位置进行交接或提箱。为方便司机在码头内的行动，闸口在办完进闸手续后，必须给予司机书面指示，指示司机在码头内具体的交箱或提箱位置。

6）收费处

集装箱在码头内的堆存或作业都可能需要费用，并且这部分费用可能由货主或司机直接在码头以现金交纳。因此，在这部分集装箱的交接手续完成前，货主或司机必须用现金结清费用。为方便司机或货主交费，故在进闸设立收费处。有的集装箱码头的此项费用由码头综合管理处与船公司或货运公司一并结算。

三、闸口的功能

（1）是货柜车辆进出码头的通道。

（2）是码头、拖车公司进行货柜交接的地点。

（3）向货主及各拖车公司提供咨询和支持服务。

（4）协助海关及其他政府机关完成行政管理和执法。

（5）实现对各类集装箱的有效管理和合理使用。

（6）按船公司有关货物付运指示在计算机内修改资料，并加以归类整理，以备装运。

四、闸口业务员的基本职责

1. 检验集装箱箱体

当集装箱卡车司机拖箱进入或驶出集装箱码头时，必须在闸口与业务人员共同检验集装箱箱体。对框架箱、平台箱等装载重大件的集装箱，还应检查货物包装及其固定是否良好。

闸口验箱员与集装箱卡车司机共同检验箱体和封志，如无异常，双方在集装箱设备交接单上无批注签字确认。如有异常，由闸口验箱员如实在集装箱设备交接单上批注，并由双方签字以明确责任。

2. 审核有关集装箱单证，磅出出口箱实际重量

无论是提箱还是进箱，都由闸口负责装箱单、危准单、提箱凭证、进箱凭证等集装箱单证的审核处理。集装箱卡车司机在闸口向业务人员递交集装箱装箱单和集装箱设备交接单，闸口应审核单证是否一致，包括船名、航次、箱号、箱型、尺寸、提单号等，并核对单证上的箱号与集装箱上的箱号是否一致。对冷藏箱还应检查箱的温度是否与装箱单上注明的温度一致；对危险品箱还应审核危险货物集装箱装箱证明书，并检查箱体四面的危险品标志是否完好无损。

同时，闸口业务员要将出口重箱的实际重量标注在集装箱卡车司机递交的出口集装箱装箱单上，以提供配载准确的数据。

3. 配合堆场作业，指定收箱或提箱堆场箱位

在使用计算机管理的码头，收箱进场或发箱出场的堆场箱位由计算机自动处理。对未使用计算机管理的码头或尚未实行自动化处理的码头，应由闸口业务人员以手工操作的方

式指定堆场箱位。

4. 进场、出场集装箱的信息汇总处理

在使用计算机管理的码头，每个进场或出场的集装箱均由闸口业务员在计算机中做出相应的记录，以供各部门实时查询和按需打印汇总表与分类报表。对尚未实行计算机管理的码头，应由闸口业务人员手工完成记录工作。

子任务二　闸口业务程序

闸口业务程序分为收箱程序和交箱程序。

一、闸口收箱与交箱的定义

闸口收箱是指客户将载有货物的集装箱（重箱）或空箱送交码头寄船或暂存，此时码头须与客户办理一个收到箱的手续。闸口交箱是指客户派拖车到码头来领取装货重箱或未装货的空箱，此时码头须与客户办理一个已给箱的手续。

二、出口业务闸口工作程序

在出口业务中，闸口工作包括两个方面，一是客户到码头提取空箱用于装载货物（闸口交空箱），二是装货后，客户将重箱送到码头（闸口收重箱）。实际操作程序如下。

（1）船公司安排拖车或通知客户安排拖车去码头提取空箱。

（2）拖车驾驶员去码头提箱前先到船公司打单（拿交收箱用的集装箱收发单），该收发单通常为一式六联。同时，船公司还会发给驾驶员封条（实际是一把锁），封条为每个集装箱一个，装货完毕后加封在集装箱箱门上。

（3）拖车驾驶员开车到码头闸口处，从空架进闸处进闸，在进闸处停车，将集装箱收发单的第一联递交给入闸口处码头职员，用于办理入闸手续。驾驶员递交收发单第一联后，无须等候，可开车进入码头专用停车场等候通知。

（4）闸口处码头职员将收发单第一联中的有关数据输入计算机，如船公司名称、船名、航次、箱主、订舱单号、拖车号及集装箱类型和尺寸等，然后安排取箱位置（堆场位置）和集装箱号码，打印出一张堆场作业纸给拖车驾驶员。至此，入闸手续便办理完毕。堆场作业纸上注明了箱号和取箱的堆场位置，拖车驾驶员可开车到堆场作业纸上指定的堆场位置提取空箱。有的集装箱码头将入闸手续分两步办理，即进闸处码头职员先输入有关数据到计算机，然后由另一个被称为集装箱服务系统的部门打印堆场作业纸给拖车驾驶员。这样做的好处是可以避免入闸处的交通堵塞现象，因为入闸处的手续被简化了。

（5）如果是在空箱堆存区，堆场理货员按拖车驾驶员提供的堆场作业纸，指挥铲车驾驶员或龙门吊司机将指定的集装箱（空箱）吊到拖车上。吊装时，堆场理货员应观察集装箱底部有无损坏，如有损坏，堆场理货员应通知闸口更换集装箱。此时，拖车驾驶员须持原有堆场作业纸回入闸处改单，即更改集装箱箱号和取箱位置，再回到新的堆场位置取箱，直到所取集装箱完好为止。如果提取龙位空箱，龙门吊司机可以从计算机系统中查看拖车和集装箱的信息，如车牌号、集装箱号码、堆放位置等。当拖车驾驶员将车移到相关位置后，龙门吊司机便可按照计算机系统的指示将集装箱摆放到拖车上。

（6）拖车驾驶员取箱后开车到验箱处验箱。出闸前须经过详细的验箱，因为集装箱装到拖车上后，其底部与拖车架接触，无法观察，所以堆场理货员验箱是检查箱底。而出闸前的闸口验箱是检查集装箱底面以外的其他所有部位。验箱应做到以下几点。
- 外部检查，即查看箱体的表面，看其是否有变形、损坏等。
- 内部检查，检查时理货员进入箱内，关上箱门，观察有无漏光现象，由此判断集装箱是否破损。
- 箱门检查，箱门应完好、水密。
- 清洁检查，检查箱内有无残留和污染、锈蚀、水湿、异味等。
- 根据货种及有关要求进行其他检查，如防虫防病疫检查等。

理货员根据验箱结果在堆场作业纸上记录并签字，具体说明箱型材质及箱体是否完好，然后交给拖车驾驶员。

（7）拖车驾驶员持堆场作业纸（已加验箱记录）和入闸时剩下的 5 联收发单到载箱出闸处办理出闸手续。出闸处码头职员根据拖车驾驶员递交的材料重新核对箱主、订舱单号、拖车号等，看计算机记录是否有错，同时检查实际取的箱是不是堆场作业纸上指定的箱，即核对箱号。核对正确无误后，出闸处码头职员收下堆场作业纸和收发单第六联留存，同时打印一份设备交接单（通称"出闸纸"）连同剩下的 4 联收发单一起交给拖车驾驶员。设备交接单上记录有拖车号、箱号、订舱单号等。

（8）拖车驾驶员凭设备交接单出闸离开码头。

至此，提取空箱的工作就全部结束了。闸口交空箱过程如图 2-7 所示。

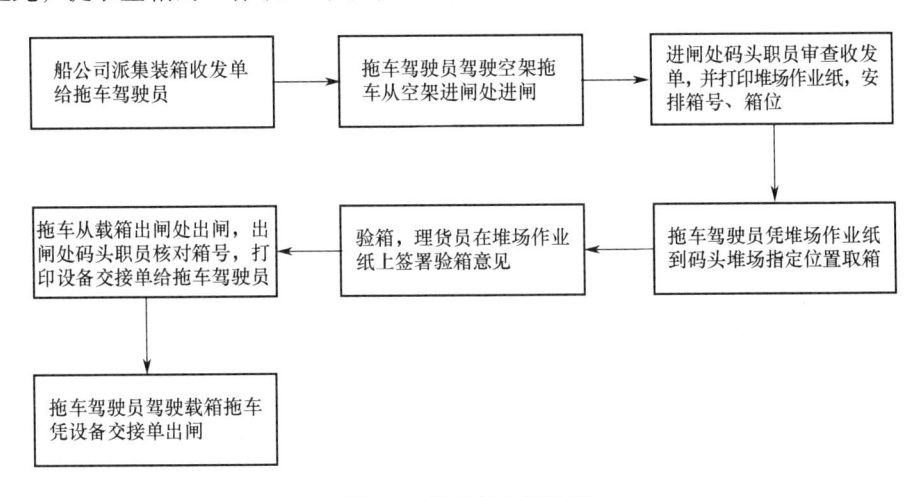

图 2-7 闸口交空箱过程

（9）客户拿到空箱后，即可安排装货。装好货后，在箱门上加装厂家船公司封条（出口货物还应经海关检查批准后加封海关封条），上了封条的集装箱不能随意打开，以保货物不致丢失。

（10）集装箱装箱完毕并加封后，安排拖车将装有货物的集装箱（重箱）送到码头。此时拖车从载箱进闸处进闸，在进闸处递交集装箱收发单（此时拖车驾驶员携带的运输文件就是上次取空箱时剩下的 4 联集装箱收发单），办理交接箱手续。在办手续前，应先由理货员验箱，验箱的内容如下。
- 箱体外观检查，查看是否有损坏、翘曲、破裂现象。
- 核对箱号是否与单证相符。

- 记录封条号码,包括船公司封条或海关关封及厂家施加的厂封。
- 注明集装箱的类型、材质。

验箱内容写在集装箱收发单第二联上。

(11)验箱完毕,由闸口处码头职员审单(审查集装箱收发单),并将有关集装箱的资料记录输入计算机,如拖车号、箱号、船名、航次、订舱单号、卸货港、封条号、箱毛重等。输入完毕,撕下收发单第二联留存,其余3联连同一张堆场作业纸交给拖车驾驶员。此堆场作业纸同上次提空箱时的堆场作业纸形式一样,只是一个用于提箱,一个用于交箱。堆场作业纸上注有卸箱的堆场位置,拖车驾驶员到指定堆场位置将堆场作业纸交给堆场理货员。

(12)堆场理货员先审查拖车驾驶员提交的资料,如果没有问题,即指挥龙门起重机司机卸箱。卸箱完毕,堆场理货员应在堆场作业纸上签字确认。

(13)拖车离开堆场到空架出闸处办理出闸手续。出闸处码头职员重新核对进闸时输入计算机的文件资料记录,应特别注意核对箱号、船名、航次、卸货港及堆场作业纸上有无堆场理货员确认已卸箱到堆场的记录,然后打印设备交接单(出闸纸),撕下收发单第五联留存,剩余2联连同设备交接单交给拖车驾驶员,此设备交接单与上次来提箱时的设备交接单一样。

(14)拖车驾驶员凭设备交接单出闸。

至此,将重箱交给码头的工作便全部结束。闸口收重箱过程如图2-8所示。

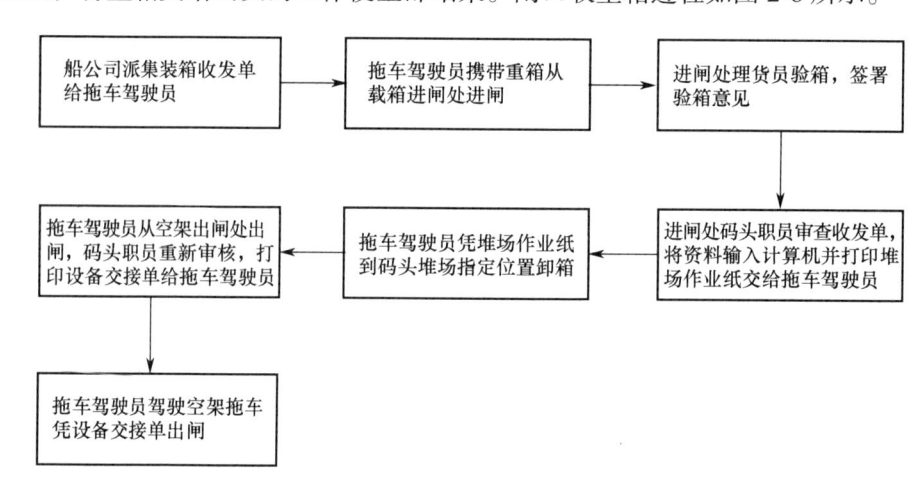

图 2-8 闸口收重箱过程

至交箱结束时,拖车驾驶员原持有的6联集装箱收发单只剩下2联,其中一联用于报关,另一联由运输公司保留。

三、进口业务闸口工作程序

在进口业务中,闸口工作包括两个方面,一是客户到码头提取进口卸船的重箱(闸口交重箱),二是重箱掏箱后,客户将空箱送回码头(闸口收空箱)。实际操作程序如下。

(1)船公司安排拖车或通知客户安排拖车去码头提取重箱。

(2)拖车驾驶员去码头提箱前先到船公司打单(拿交收箱用的集装箱收发单),该收发单通常为一式六联。

（3）拖车驾驶员开车到码头闸口处，从空架进闸处入闸，在入闸口处停车，将手中的收发单第一联递交给入闸口处码头职员，用于办理入闸手续。拖车驾驶员递交收发单后，无须等候，可开车进入码头专用停车场等候通知。

（4）闸口处码头职员根据收发单将有关数据输入计算机，如箱主、拖车号及集装箱类型和尺寸等。然后安排取箱位置（堆场位置）和集装箱号码，打印一张堆场作业纸交给拖车驾驶员。至此，入闸手续办理完毕。堆场作业纸上注明了箱号和取箱的堆场位置，拖车驾驶员可开车到堆场作业纸上指定的堆场位置提取重箱。有的集装箱码头将入闸手续分两步办理，即入闸处码头职员先输入有关数据到计算机，然后由另一个被称为集装箱服务系统的部门打印堆场作业纸给拖车驾驶员。这样做的好处是可以避免入闸处的交通堵塞现象，因为入闸处的手续被简化了。

（5）堆场理货员按驾驶员提供的堆场作业纸，指挥龙门吊司机将指定集装箱（重箱）吊到拖车上。吊装时，堆场理货员应观察集装箱底部有无损坏，如有损坏，应做好详细记录并通知船公司加以确认。

（6）当拖车停靠到指定位置后，龙门吊司机会根据看到的车牌号调出集装箱资料，把集装箱吊装到拖车上。如果发现箱顶部有损坏，应立即通知作业班长。

（7）拖车驾驶员持堆场作业纸（已经过堆场理货员确认）和入闸时剩下的5联收发单到载箱出闸处办理出闸手续。出闸处码头职员根据拖车驾驶员递交的材料重新核对箱主、箱号、拖车号等，看计算机记录是否有错，同时检查实际取的箱是不是堆场作业纸上指定的箱，即核对箱号。核对无误后，出闸处码头职员收下堆场作业纸及收发单第六联留存，同时打印一份设备交接单连同剩下的4联收发单一起交给拖车驾驶员。设备交接单上记录有拖车号、箱号等。此设备交接单与提空箱时的设备交接单基本一样，唯一不同的是提重箱时的设备交接单带有条形码，拖车驾驶员出闸时凭此条形码开启电子锁（通过电子扫描），出闸处的交通栏杆即自动抬起。同时，闸口验箱员会仔细检查箱体是否有损坏。

（8）拖车驾驶员凭设备交接单出闸离开码头。

至此，提取重箱的工作就全部结束了。闸口交重箱过程如图2-9所示。

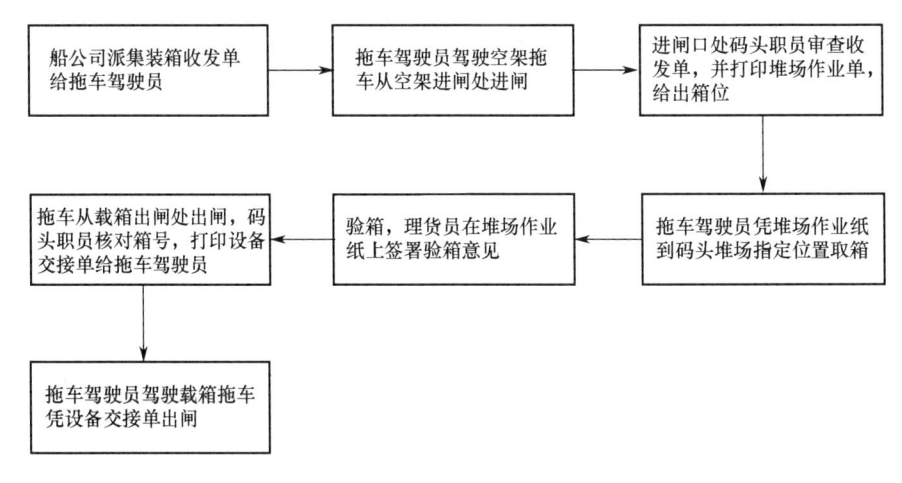

图2-9 闸口交重箱过程

（9）客户提到重箱后，即安排卸货。

（10）集装箱卸货完毕，拖车驾驶员将空箱送回码头。此时拖车驾驶员从载箱进闸处进闸，在进闸口处递交集装箱收发单（此时拖车驾驶员携带的运输文件就是上次提重箱时剩下的 4 份收发单），办理交接箱手续，在办手续前，先经过闸口处理货员验箱，验箱的内容如下。

- 箱体外观检查，查看是否有损伤、翘曲、破裂现象。
- 核对箱号是否与单证相符。
- 记录集装箱的类型、材质。

验箱内容写在收发单第二联上。

（11）验箱完毕，闸口处码头职员审单（审查集装箱收发单），并将有关箱的资料记录输入计算机，如箱主、拖车号、箱号等。输入完毕，撕下集装箱收发单第二联留存，其余 3 联连同堆场作业纸交给拖车驾驶员。此堆场作业纸同上次提空箱时的堆场作业纸形式一样，只是一个用于提箱，一个用于交箱。堆场作业纸上注有卸箱的堆场位置，拖车驾驶员到指定堆场位置，将堆场作业纸交给堆场理货员。

（12）堆场理货员先审查拖车驾驶员提交的资料，如果没有问题，即指挥铲车司机卸箱。卸箱完毕，堆场理货员应在堆场作业纸上签字确认。

（13）拖车驾驶员离开堆场到空架出闸处办理出闸手续。出闸处码头职员重新核对进闸时输入计算机的文件资料记录，特别注意核对箱号、箱主及堆场作业纸上有无堆场理货员确认已卸箱到堆场的记录，然后打印设备交接单，撕下集装箱收发单的第五联留存，剩余 2 联连同设备交接单交给拖车驾驶员。此设备交接单与提空箱的设备交接单一样。

（14）拖车驾驶员凭设备交接单出闸。

至此，将空箱交给码头的工作便全部结束。闸口收空箱过程如图 2-10 所示。

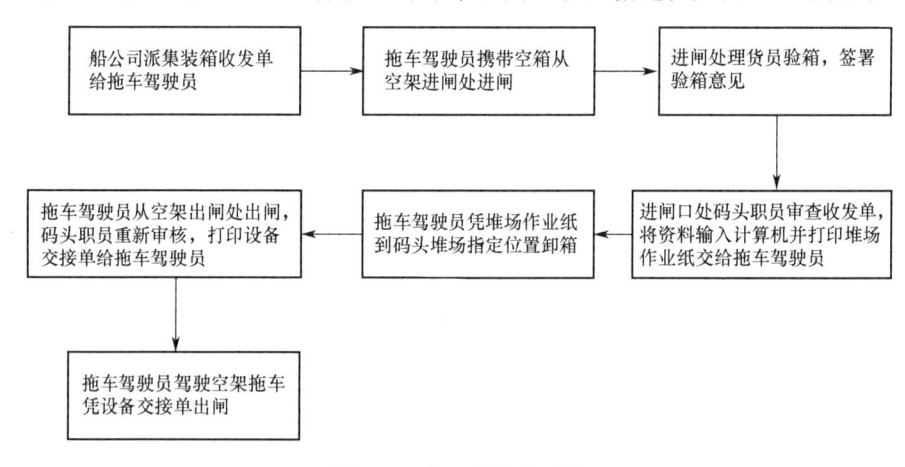

图 2-10 闸口收空箱过程

至交箱结束时，拖车驾驶员原持有的 6 联收发单只剩下 2 联，其中一联交拖车驾驶员，另一联由船公司保留。

在以上交箱与收箱的过程中，拖车进入闸口时都会遇到审查文件（审单）的问题，那么，文件审查工作到底应该审查什么呢？入闸处职员在审单时应注意审查的内容主要有以下几个方面。

- 船公司文件上必须有船公司的签名或盖章。
- 文件不得有涂改现象，如有涂改或需更改文件内容，必须由船公司盖章确认。

- 船公司的封条代号必须与船公司名称相符。
- 卸货港是不是本港，如文件上的卸货港不是本港，说明驾驶员走错了地方。
- 核对箱号，是指交箱时，核对理货员注明的箱号是否与文件上的箱号相符。
- 如果是向码头交重箱，文件上必须写明船名、航次、卸货港。如发现此船名、航次已发出或取消，则应更改船名、航次，并由船公司盖章确认。
- 对于提重箱，应注意提箱日期与到港日期，查看是否超过免仓租期（通常为7天），如果过期，则应先交清仓租，才准提箱。
- 对于提重箱，还应有海关的放行条。
- 对于转关货物，即需要由海关检查重新加封再运到另一港口的货物，在拖车来提箱给海关查验时，需要有"汽车运载的进口转关货物专车申请表"。

在出闸处的审查工作，主要是核对入闸处及堆场的操作是否正确，以做进一步确认，如核对箱号、船名、航次，订仓单号是否正确等。出闸处所有的文件通常都是代船公司收的，每天出闸处都会按不同的船公司对文件进行分类整理后交给船公司。

四、闸口特殊情况的处理

闸口的工作除正常的交箱、收箱外，经常会有一些特殊情况发生，一般有以下几种情况。

1. 出口重箱倒箱和取消寄船

出口重箱倒箱和取消寄船是指一个出口重箱已经交到码头，因某种原因（如货物数量、品种不符等问题）货主或船公司需要从码头再取出该箱进行倒箱（如更新货物品种、增补数量等）或取消寄船。此时码头要收取吊箱费，并在提箱文件上注明该费用由货主支付，如果该箱需要取消寄船，还需另加收堆存费。提取此两项重箱出闸都必须经海关批准，凭海关签署的退关证明才可办理提箱出闸手续。

2. 过期仓租

通常对于一个进口重箱，码头都会给船公司和货主一个允许存放的时间期限，如果过了此期限货主还未安排提货，则提箱时要缴清过期仓租后才可提箱出闸。闸口职员在办理交接手续时应注意核对缴款收据及收款金额是否正确等。

3. 取箱/速取箱

有一些特别情况的集装箱，货主会要求在船舶靠泊码头后立即提取，一般是货主急需该货物（如生产急需或赶交货时间等）。通常情况下，这种集装箱的货主会事先向码头管理部门申请，码头管理部门同意后会在计算机中注明，闸口出单时，计算机系统内应有该箱的资料。如果此时计算机系统内无该箱的资料，货主可与码头控制中心联系，经码头控制中心确认同意后，根据闸口手写单据办理提箱手续。

4. 海关扣留箱

海关扣留箱是指因查货而被海关暂时扣留的集装箱。提取海关扣留箱时，拖车驾驶员所持文件应盖有海关放行章和海关人员签名，并且要有海关签发的放行货物通知单。凭此两单，闸口职员方可办理海关扣留箱的提箱手续。

5. 查验箱

查验箱的查验在查验场进行。查验场是一个专门供海关工作人员开箱检查货物的场所。对于进口重箱和出口重箱，根据政府有关规定，海关认为有必要对某些进出口货物做全面检查或部分抽查的，会对这些集装箱货物向码头堆场（具体为查验场）发出"查验通知单"。查验场人员根据"查验通知单"上注明的箱号，安排拖车将箱从堆场运到查验场，并安排好顺序编号。经海关检验后，再将箱重新运回堆场。

6. 转关货

转关货是指从某一海关管辖地转运到另一海关管辖地的货物，由于卸货港分属不同海关，所以称为转关货。通常转关货是不离开码头的，只是在码头内改变一下关封。转关货在起运前，需由海关查验，重新施加关封，并签发放行条，本地海关还会函寄一份关封给另一地海关。集装箱从码头堆场提至海关查验场交由海关检查时，货主应填写"汽车运载的进口转关运输货物专车申请表"报海关批准，码头提箱处凭此申请单办理提箱手续。

7. 烂箱

在提空箱外出装货的情况下，出闸验箱时若发现箱体有损坏，首先应检视损坏程度是否严重。若损坏程度轻微者，可将箱拖至维修厂修补后出闸；若损坏程度较严重，且不可能在短时间内修复，则要换取另一集装箱。

在交箱回码头（空箱或重箱）的情况下，入闸验箱时若发现箱体有损坏，无论损坏程度是轻还是重，闸口职员都必须填写"烂箱检查报告"并通知船公司，在得到船公司的签字认可后，闸口才能收箱。

子任务三　智能闸口

一、智能闸口的组成

集装箱码头智能闸口的组成根据码头布局、装卸工艺、业务流程、闸口功能、采用技术不同而有所不同，所实现的功能也存在差异。通常情况下的功能模块包括门控、车号识别、箱号识别、残损识别、导引、称重、数据交换、后台处理等。

二、智能闸口的运作流程

1. 地感线圈触发

集装箱车辆进入闸口前端埋设的地感线圈时，压过地感线圈，产生大量的磁通量，对应的电流给出触发信号。I/O 接口将触发信号传送到闸口计算机，主控程序通过 I/O 接口启动车牌号视频摄像机抓拍图像，入口处发出语音提示。

2. 车牌号识别

主控程序调用车牌号图像识别程序，对抓拍的车牌号图像进行识别。识别后的车牌号图像被存储在数据库中，数据要注明车牌号、闸口号、时间（年、月、日、时、分、秒），以便与阅读程序核对。

3. 红外线扫描

集装箱车辆抵达红外线扫描处，红外线扫描器被触发。I/O 接口将触发信号传送到闸口计算机，主控程序通过 I/O 接口启动集装箱号或残损视频摄像系统抓拍图像。

4. 集装箱号和残损摄像、识别

集装箱或残损视频摄像系统抓拍图像后，调用集装箱号识别程序（字符识别）、残损识别程序（图像识别），识别出集装箱号、ISO 代码、集装箱残损情况。箱体图像被存储在数据库中，并注明集装箱号、闸口号、时间（年、月、日、时、分、秒）等。被识别的集装箱号、ISO 代码、箱位置、闸口号形成文本数据并存储在数据库中，以便与阅读程序核对。

5. 阅读数据

主控程序调用读射频卡（或 IC 卡）程序，将卡中的车牌号、集装箱号、预订号等信息读出，并与集装箱号识别数据进行核对。

6. 读地衡重量

主控程序调用读地衡重量程序，计算出每个集装箱的重量，并存储在数据库中，以便闸口程序调用。

7. 闸口程序

主控程序调用闸口程序读出射频卡（或 IC 卡）相关数据，并与车牌号识别、集装箱号识别、残损识别、地衡数据进行核对，以预订号（箱号/提单号）为检索号在电子数据交换（Electronic Data Interchange，EDI）系统中检索核对，核对无误后将闸口号、车牌号、箱位置、箱号、ISO 代码、残损代码、车队代码等，写入码头操作管理系统数据库中。

8. 打印入场小票

闸口程序依据堆场计划计算该集装箱场位，并自动打印入场小票，指示司机入场。

9. 电动挡车器

主控程序通过 I/O 接口启动电动挡车器放行。若发生电子标签未经授权打开的情况，系统会显示红色警示。

三、智能闸口与码头操作管理系统

智能闸口是一个相对独立的系统，也是集装箱码头操作管理系统的重要组成部分，它与 EDI 系统和闸口程序联系紧密。码头操作管理系统应为智能闸口留有高效的数据接口，使智能闸口有机地融入系统之中，使码头操作管理系统发挥更大的效能。

任务五　集装箱船舶业务

任务导入

马士基航运公司的欧洲航线班轮集装箱船"马士基–艾德里安"号靠泊在大连，大连某集装箱码头负责装运 0907 航次的出口集装箱货物。码头的船舶配载人员需要为该船舶提供配载计划，制作船舶的积载图。相关资料如表 2-3 和表 2-4 所示。

表 2-3　船舶资料

船舶登记号	中文船名	英文船名	船舶呼号	国际海事组织编号	
550S	马士基–艾德里安	Adrian	11263	8321911	
曾用名	—	船旗国	中国	船籍港	广州
船舶所有人	中远物流太平洋有限公司	船舶管理公司	马士基航运公司		
船舶类型及用途	集装箱船	船舶总长（m）	352.2		
总吨位（t）	93 496	净吨位（t）	49 741	载重吨（t）	10 900
船宽（m）	42.8	船头贝数	30	总贝数	352
甲板层数（层）	19	箱位排数	30	航速（km/h）	40

表2-4 集装箱资料

提单号	箱号	箱型	重/空	货名	件数	毛重（kg）	目的港	运输条款
JJCJ1108602	CBHU2101438	20′	重	五金	1	20 000	巴生	CY-CY
JJCJ1108602	CBHU2101443	20′	重	塑钢型材	1	19 980	瓦伦西亚	CY-CY

船舶配载员负责接收船公司的出口清单和出口预配图数据进行出口船舶配载，并将配载结果发给船公司。那么，如何制作集装箱船舶配载图呢？

子任务一　集装箱船舶基础

一、集装箱船舶的类型

集装箱船舶是随着集装箱运输发展而产生的一种特殊船型，集装箱运输航线货源情况的变化、集装箱联运业务的发展及船舶营运的需要，促使集装箱的装载方式发生了变化，由此产生了许多不同种类的集装箱船舶。就目前而言，集装箱船舶大致可分为以下5种。

1．全集装箱船舶

全集装箱船舶的所有货舱都是专门为装运集装箱而设计的，不能装载其他货物。这种船舶也称为集装箱专用型船舶。

2．半集装箱船舶

半集装箱船舶的一部分货舱设计成专供装载集装箱，另一部分货舱可供装载一般件杂货。集装箱专用舱一般设计在船体的中央部位。这种船也称为分载型船舶。

3．兼用集装箱船舶

兼用集装箱船舶又称可变换的集装箱船舶。这种船舶在舱内备有简易可拆装的设备。当不装集装箱而装运一般杂货或其他散货时，可将其拆下。散/集两用船舶或多用途船舶都属于兼用集装箱船舶。

4．滚装集装箱船舶

滚装集装箱船舶又称开上开下型船舶。用这种船舶在码头装卸集装箱时不需要使用码头的装卸设备，而是利用船舷、船首或船尾处的开口跳板，将集装箱连同底盘车一起拖进（出）船舱。

5．载驳船舶

载驳船舶又称子母船舶。这种船舶将驳船装入母船舱体内，集装箱则装在驳船上，海上运输由母船舶完成。采用载驳船舶方式可以加快母船舶的周转，降低对码头设施的要求。载驳船舶比较适用于江海联运的情况。

二、集装箱船舶的结构特点

（1）集装箱船舶的机舱基本设置在尾部或偏尾部。这样布置主要是为了让货舱尽可能方正，以便装载更多集装箱。

（2）集装箱船舶船体线型较尖瘦，外形狭长，船宽，甲板面积较大，以保证较高的航速和合理的甲板装载。为防止波浪对甲板上集装箱的直接冲击，设置较高的船舷或在船首部分设置挡浪壁。

（3）集装箱船舶为单甲板，上甲板平直，无舷弧和梁拱，不设置起货设备，在甲板上可堆放2~5层集装箱，直接堆装在舱口盖上，并有专用的紧固件或捆扎装置，以利于固定货箱。

（4）船体由水密横舱壁分隔为若干货舱，货舱口大。货舱口宽度等于货舱宽度，可达船宽的 70%～90%，以便于集装箱的装卸和充分利用货舱容积。

（5）货舱内装有固定的格栅结构，以便于集装箱的装卸和防止船舶摇摆时箱子移动。格栅结构由角钢立柱、水平桁材和导箱轨组成。在装卸时，集装箱可通过导箱轨顶端喇叭口形的导槽，顺着导箱轨顺利地出入货舱。货舱内纵向一般可装 2 个 40ft 或 4 个 20ft 的集装箱，横向可装 6～14 列集装箱，垂向可堆放 5～11 层集装箱。装在舱内的集装箱被放置在格栅结构的箱格中，因此无须紧固。集装箱船舶箱格结构如图 2-11 所示。

图 2-11　集装箱船舶箱格结构

（6）船体为双层结构，具有两重侧壁和双层底。一般在船体两侧和船底部不能装载集装箱的部位设置边深舱（舱口围板向舱内的延伸部分与船侧外板形成的双层壳结构）与双层底舱，可装压载水以调整船舶的稳性。这种结构大幅提高了船舶的纵向强度。

三、与积载有关的装置和设备

1. 箱格导柱

全集装箱船舶的船舱内均采用箱格结构，它利用角钢把船舱按集装箱的尺寸分隔成许多箱格。箱格从货舱底部到舱口垂直设置，集装箱装卸时角钢起导向柱作用，故称箱格导柱，同时可在舱内对集装箱进行定位。箱格导柱如图 2-12 所示。

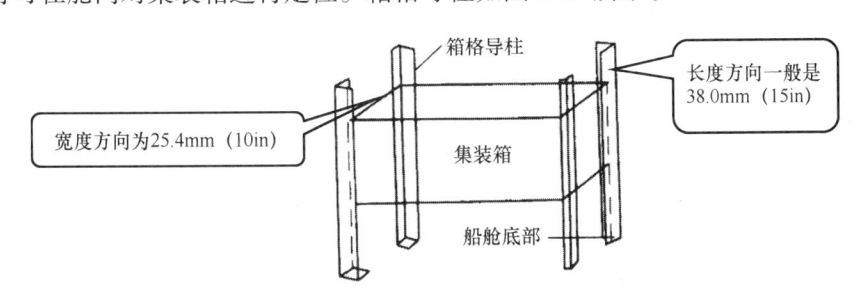

图 2-12　箱格导柱

箱格导柱与集装箱之间的空隙长度方向一般是 38.0mm（15in），宽度方向为 25.4mm（10in）。超过这一限度，集装箱就会受到较大的冲击。

有些船舶为了减少集装箱的绑扎作业，在露天的上甲板上还装有甲板箱格导柱。

2. 箱格货舱

箱格货舱是指装有箱格导柱的集装箱专用舱。舱内设置箱格，一方面是为了减少舱内的绑扎作业，另一方面是为了使舱内的上下层集装箱之间堆码整齐，不致造成偏码状态。

3. 箱格导口

由于箱格导柱与集装箱之间的空隙较小，为了便于集装箱进入箱格内，在箱格导柱的上端设有倾斜面的导向装置，称为箱格导口。

4. 舱口

集装箱船舶的舱口有单列、双列和三列 3 种。

（1）单列舱口的长度覆盖 1 行集装箱，宽度可覆盖好几列集装箱（一般可覆盖 7 列）。

（2）双列舱口的长度可覆盖 2 行集装箱，宽度可覆盖 2 列集装箱。

（3）三列舱口的长度可覆盖 2 行集装箱，宽度可覆盖 3 列集装箱。

单列舱口对于船体结构及甲板上和舱内集装箱的装卸是十分有利的，但只限于装载 7 列 6.1~7.3m（20~24ft）的集装箱，而且不能兼装 1C 型和 1A 型集装箱。

双列和三列舱口有利于兼装 1C 型和 1A 型集装箱，但给甲板上集装箱的装卸带来了不便。

5. 舱盖

1）舱盖的型式和结构

集装箱船舶的舱盖为了能承受较大的集装箱载荷，一般采用钢质箱型舱盖，用集装箱装卸桥进行开闭，靠舱盖四周内侧的橡皮垫和舱口围板顶部的密封材料保持水密。

2）舱盖的重量和尺寸限制

由于舱盖是利用集装箱装卸桥进行吊装的，因此，舱盖的重量应与装卸桥的额定负荷一致，有时要利用浮吊等特殊设备将舱盖作为重大件来装卸。

3）舱盖的强度

集装箱堆放在舱盖上时，其载荷集中在集装箱四角的角件底部，由于这几个载荷承载点靠近舱盖的边板，因此舱盖在结构上是能够承受这些载荷的。但是，在装 1A 型集装箱船舱的舱盖上，若要堆装两行 1C 型集装箱，则舱盖中央部位承受的载荷相当大，因此需要在这一部位增加舱盖桁材的高度和舱盖板的厚度，以提高这一部位舱盖的强度。

子任务二　船舶策划

一、船舶策划的定义和目的

1. 船舶策划的定义

船舶策划又叫船舶配载，其实质是船位的策划，即对集装箱在船上具体摆放位置的安排。其主要工作有两部分，一是制订船舶装卸计划，即根据船舶需要装卸集装箱的位置安排合适的装卸桥数量和作业顺序；二是确定每个集装箱的装箱顺序和在船上的位置。

集装箱船舶也像码头堆场一样，每个集装箱在船舶上的位置都可以用一个具体的数字来表示。例如，"Bay 18-05-84"表示该集装箱位于 18 行、05 列、84 层。在集装箱装卸过程中，码头作业的指挥、控制是对箱位进行的，即具体哪个箱位摆放什么箱、先装哪个箱、后装哪个箱等，预先都已做好安排。

2. 船舶策划的目的

1）使装卸作业流畅，提高生产效率

在船舶到港前，对作业的顺序做好具体安排，以便作业人员预先做好准备，避免工作时由于无计划而带来的盲目和混乱，保证生产有条不紊、高效率地进行。

2）确保船舶安全

船舶重心越高，稳性越差。由于各个集装箱所装货物不同，其重量也各不相同，有的甚至相差很大。为了保证船舶的稳性，应注意将重箱放在轻箱下面，避免头重脚轻，这就必须由船舶策划部门事先予以安排，指定箱号和装载位置，并打印成书面作业计划，指导现场作业。

3）充分合理地利用集装箱船舶的舱容

由于集装箱船舶的结构各不相同，其装载集装箱的数量、种类及可装载位置也各不相同。例如，有的舱室只能装 20ft 集装箱，不能装 40ft 集装箱，而有的舱室 20ft 集装箱和 40ft 集装箱均可以装。此外，对于冷藏箱和危险品箱，通常均有固定的装载场所。因此，要想充分合理地利用舱容，就必须预先进行全盘考虑，做好妥善安排。

总之，为了既能充分合理地利用集装箱船舶的容量，又能保证船舶的安全航行，同时还能保证码头作业的效率，船舶策划工作是必不可少的一个重要环节。

二、船舶策划基础知识

船舶策划是一项综合性工作，它需要许多专业理论知识做指导，只有在实践中综合运用这些知识，才能准确、高效地进行船舶策划。船舶策划基础知识主要包括以下几方面。

1. 船舶稳性和集装箱绑扎知识

稳性对船舶航行安全至关重要。集装箱船舶除了在舱内装载集装箱，甲板上也装载了大量的集装箱，重心较高，这对船舶稳性造成了很大的影响，所以原则上应将重箱装在舱内，轻箱装在甲板上，以降低船舶重心的高度。此外，船舶横向左右的配载也应注意重量的均衡，重箱在船舶横向方向左右对称布置，尽量平均分配，这样不仅可以保持船舶处于正浮状态，而且可以减少船舶因左右不对称受力而产生扭转弯矩对船体结构造成的不利影响。

但是，也不能为了保证稳性而将船舶重心高度调得很低，因为船舶重心太低，会使船舶的初稳性高度过高，致使船舶横摇周期过短，从而使甲板上的集装箱受到很大的加速度，这不仅会对集装箱本身的强度造成影响，而且会对甲板上集装箱绑扎设备的强度造成很大的影响。因此，应综合权衡船舶的稳性和摇摆性，将船舶重心定在合适的高度。

一艘船舶在配载工作完成后，都应进行船舶重心和稳性的计算，以保证船舶安全航行。

2. 船舶结构知识

作为船舶策划人员，不仅应懂得集装箱船舶的基本结构，更重要的是应知道不同的集装箱船舶其结构是各不相同的。因此，在进行船舶策划时，策划人员首先应了解清楚所策划的集装箱船舶的结构对集装箱装载的限制，不然就会造成脱离实际而使计划无法实施的结果。以美国总统轮船公司某集装箱船舶为例，其船舶结构对装载集装箱有以下要求。

（1）舱面05、06行位上的集装箱压两块舱盖，即05、06行位舱面上集装箱的底座横跨这一行位上的两块舱盖。如果想卸这两块中任何一块舱盖下的集装箱，必须把05、06行位上的集装箱先卸下，以免造成无谓的倒箱工作。

（2）舱底16层的列位可以全部摆放H/C箱（高度大于8.5ft的集装箱，此处指45ft长、9.5ft高的超高箱）。

（3）当舱底18层的列位全部摆满时，不可以摆放H/C箱；舱底按照正常情况摆7个G/P箱（20ft普通箱）和2个H/C箱，如果全部摆放H/C箱，最多能摆放8个。

（4）45ftR箱（45ft冷藏箱）的安排：H10、H18、D26、D34、D42、D50、D58（H代表舱内排号，全称为Hold,, D代表甲板排号，全称为Deck）。甲板上46行和62行的82～84层不可摆箱。

（5）48ftR箱的安排：D18和D50。

（6）只有D26、D34行可摆电压为440V和220V的冷藏箱，其余甲板上只能摆220V的冷藏箱并指定发动机的朝向。

（7）D10如摆5层，每列只允许摆两个H/C箱。

（8）舱面摆6层时的要求如下。

- 船尾：D62、D59、D54、D50、D46。驾驶室前：D42、D39、D34、D30。
- 先船尾，后驾驶室。
- 重要要求：90层——10t以下；92层——9t以下。
- 必须征得船长同意并签字。

（9）在9层高的列位中，一定要摆8个H/C箱才能摆满，舱底16层的列位，尽量摆H/C箱。

由以上要求可知，首先，该集装箱船舶对于45ftR箱、48ftR箱和冷藏箱的摆放位置有特殊要求，而对于舱面摆放6层高的集装箱，则有位置、装载先后和重量方面的要求。由于H/C箱为9.6ft高的超高箱，如果在9层高的列位中摆9个H/C箱，则累计高度超高，舱盖板盖不上，所以只能摆8个H/C箱。

其次，应注意保证船舶的纵向强度和局部强度。集装箱船舶大多为艉机型，机舱、油舱、淡水舱集中在船尾部。这些结构上的特点使集装箱船舶长期处于中拱状态。为克服这个不利因素，重箱应相对地多配一些于船舶中部，以抵消集装箱船舶的中拱变形。在进行船舶策划时，特别是在起始港预配时，应充分考虑途中挂港的装卸情况，预防在中途港装卸后，出现因船舶中部装箱量或重量减少而影响船舶纵向强度的情况。如有可能，在起始港预配时，将目的港的重箱配于船舶中部。

此外，在集装箱船舶的甲板上和舱内，每列集装箱的重量均不应超过其允许的堆积负荷，否则将影响船舶的局部结构强度。通常集装箱船舶的堆积负荷是按舱内20ft集装箱每层平均重量为20t、40ft集装箱每层平均重量为30t设计的，甲板舱盖的负荷是按20ft集装箱平均每层重量为15t、40ft集装箱平均每层重量为20t设计的。当总重量大的集装箱较多时，容易出现超负荷现象，在甲板的舱盖上更容易超负荷，必要时应减少集装箱的堆积层数，以防损伤船体结构。

3．港口的有关规定

各个港口由于其本身的地理环境、投资规模和业务大小不同，都有一套适合自身特点的规定。这些规定主要针对以下两个方面。

1）对危险货物装卸和过境的规定

随着危险货物运量的增加，各港口为了保证港口的安全，防止因危险货物事故造成对港口安全的威胁和对港口环境的污染，大多对危险货物在港口的装卸和过境做了严格的规定。例如，深圳某集装箱码头对危险货物的限制有允许摆放与不允许摆放两种规定：允许摆放的危险货物在时间上也有限制，最短为3天，最长为21天；对于不能摆放的危险货物，须由货主将拖车或驳船直接开到船边，将危险货物提走。又如，新加坡港对载有新加坡当局规定的一级危险货物的船舶，不准其靠岸。若船舶需要靠岸才能装卸其他普通货物，必须先在锚地将危险货物过驳，然后才能靠码头；如果该危险货物是过境的，必须在锚地重新将危险货物装船。总之，世界上大多数港口对危险货物在港口的装卸和过境都有一套严格的规定。因此，在船舶策划中如要安排装卸危险货物，必须充分了解船舶挂靠港有关危险货物的规定，并按照该港口的有关规定，促使船公司做好危险货物的装卸和过境的申报与安排，并要求其提供由当地海事局批准的危险货物申报单。

2）对非标准集装箱的规定

非标准集装箱（Uncontainer），也称B/B（Break Bulk），或者OOG（Out of Gauge），是指超长、超宽、超高或超重的集装箱。由于港口的集装箱泊位上的集装箱专用装卸设备是按装卸常规集装箱设计的，对非标准集装箱不一定能够装卸，因此，在船舶策划时，必须了解清楚挂靠港对非标准集装箱的限制和装卸费用等，以维护货主和船公司的利益。

4. 其他知识

其他知识包括船位概念、船舶配载图、集装箱的种类、泊位策划、堆场策划等。

三、船舶策划的基本原则

在船舶策划过程中应遵循以下基本原则。

1. 尽量节省资源，少用岸吊

在确定好每一船舶需要进口和出口的集装箱数量与类型，即需要装卸多少集装箱后，根据船公司所提供的预配图中所需要装卸集装箱的位置和数量分布，尽可能少安排岸吊的数量，如果位置太散，可以安排两台岸吊共用一批工人（如果有可能）。

2. 尽量避免中途港倒箱，以提高船舶装卸效率

装箱运输大多是班轮运输，有固定的航线，沿途挂靠港较多。在进行船舶策划时，应注意挂靠港的先后顺序和各个集装箱的卸货港，原则是先挂靠港的集装箱应后装船，而后挂靠港的集装箱应先装船。在实际操作中不要发生后挂靠港集装箱压前挂靠港集装箱的错误，如果这类错误在本码头被发现，就会产生倒箱操作，从而降低装卸效率，延长船舶在港停泊时间，延误船期。如果这类错误在本码头没有被发现，倒箱作业就会发生在其他码头，船公司的这笔费用会向本码头索赔。

3. 避免到同一卸货港的集装箱过分集中

由于集装箱装卸桥结构上的原因，两台集装箱装卸桥不能并列在一起同时装卸相邻位置的集装箱。如果相邻行位的集装箱装卸量过多，会造成船舶在码头停留时间过长，影响船舶的整体操作效率。因此，如果船舶空余舱位合适，建议船公司配载中心尽量把集装箱

分散配载在不同的舱内，以便在装卸时可以采用多台装卸桥同时进行作业，保证船舶的装卸速度。

4. 应考虑特殊集装箱积载的特殊要求

1）冷藏箱

冷藏箱由于需要电源，而船上的电源插座大多是固定设置在某几个位置的，所以冷藏箱的配置是固定的，不能随意放置，即应配置在靠近电源插座的地方。

2）危险货物箱

在预配时应先了解船舶本航次共配了多少危险货物箱及其国际危险级别，危险货物箱的积载与隔离一定要严格按照《国际海运危险货物规则》（以下简称《国际危规》）来执行。在中途港加载预配时，还应查看原配载图，了解船舶是否装载有危险货物，这些箱与加载的危险货物箱是否符合《国际危规》的积载与隔离要求，如不符合，一定要加以调整。在预配时，还应考虑船舶建造规范要求，因为有些舱是不能装载危险货物箱的。

3）超重箱

由于超重箱超过了集装箱装卸桥的负荷，必须用浮吊或陆上其他装卸机械来进行装卸。预配时，其舱位应便于浮吊或其他装卸机械作业，并应尽可能不妨碍码头装卸桥作业的正常进行。此外，超重箱不应配置在船首或船尾附近的箱位上，因为这些部位使浮吊和其他装卸机械并靠与作业均较困难。

4）超长和超宽箱

超长和超宽箱的特点是，当超长箱的长度超过两行集装箱之间的间隙或超宽箱的宽度超过两列集装箱之间的间隙时，它将侵占相邻行或列的箱位，使船舶箱位利用率降低。在预配时，对这类箱的配位，应在不妨碍接卸港配位的前提下相对集中，以减少箱位的过多损失。

5）超高箱

超高箱的积载位置，无论是在甲板上还是在舱内，永远应配在最上层。如果将超高箱配在舱内，只要其超高的尺寸不大于该舱内舱盖底与最高一层集装箱之间的间隙，就不必减少集装箱的堆积层数；反之，则应减少堆积层数。

6）平台箱

平台箱只能配在甲板上或舱内最高一层，因为它的上面无法堆积任何集装箱。如果它装的货或其长、宽、高超过常规集装箱，除按平台箱预配原则处理外，还应按超长、超宽或超高箱进行配位。

7）选港箱

选港箱应配在所要求选择的卸货港都能自由卸下的位置。配载时常将此类箱配在集装箱船舶的后甲板平台的箱位上，或者配在被选卸货港中最后一港的集装箱箱位上。除被选卸港中第一选卸港的集装箱可配在选港箱的上面外，其余卸货港的集装箱均不能配在选港箱的上面。

5. 应注意使船舶具有适当的吃水差

通常由于船舶外形和驾驶瞭望视线的要求，在船首附近箱位较少，如果装配不当，会造成船尾吃水过大，需用较多的压载水来调整首尾吃水差。因此，在进行船舶策划时，应注意集装箱重量在船舶纵向方向的分配，较重的集装箱应配置在船首的箱位上。

四、船舶配积载图的编制

1. 集装箱船舶箱位的标识

集装箱船舶箱位编号以集装箱在船上呈纵向布置为前提,每一箱位坐标以六位数字(如010102、020202、010282)表示。其中前两位表示行号,中间两位表示列号,最后两位表示层号。行号、列号和层号的每组代码不足10者,在前一位置零。

1)行号

行号(Bay No.)可作为集装箱箱位的纵向坐标。自船首向船尾,装20ft集装箱的箱位上依次以01、03、05、07……奇数表示。当纵向两个连续20ft集装箱的箱位上被用于装载40ft集装箱时,则该40ft集装箱箱位的行号以介于所占的两个20ft集装箱的箱位奇数行号之间的一个偶数表示。

2)列号

列号(Row No.或Slot No.)可作为集装箱箱位的横向坐标。以船舶纵中剖面为基准,自船中向右舷以01、03、05、07……奇数表示,向左舷以02、04、06、08……偶数表示。若船舶纵中剖面上存在一列,则该列列号取为00。

3)层号

层号(Tier No.)可作为集装箱箱位的垂向坐标。舱内以全船舱内最低层作为起始层,自下而上以02、04、06、08……偶数表示。舱面也以全船舱面最低层作为起始层,自下而上以82、84、86、88……偶数表示,如图2-13所示。

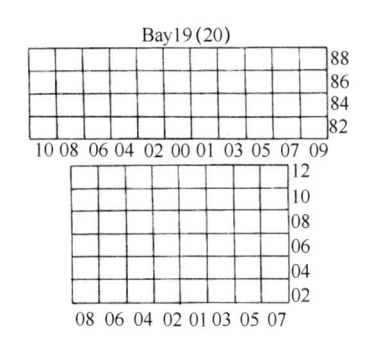

图2-13 集装箱船舶层号、列号编号

显然,全船每一装箱位置都对应唯一的以六位数字表示的箱位坐标;反之,一定范围内的某一箱位坐标必定对应船上一个特定而唯一的装箱位置。

2. 预配图

编制预配图是集装箱船舶积载的重要环节,它关系到船舶的航行安全和货运质量,关系到船舶装载能力的充分利用,关系到运输效率和经济效益。预配图是由船公司(或其代理人)编制的,是依据船舶积载能力和航行条件等,按不同卸货港到达顺序和集装箱装货清单上拟配的集装箱数量编制而成的全船行箱位总图,是将集装箱船上每一装20ft集装箱的行箱位横剖面图自船首到船尾按顺序排列而成的总剖面图。集装箱预配图包括预配字母图、预配重量图和特殊箱图。

1)预配字母图

预配字母图如图2-14所示。不同的卸货港采用不同的颜色标绘。卸港的标色则在图上给予说明；如有困难，可在排号下面或箱位旁边用符号标注。每个箱位内用一个英文字母（如 K、L、N、H）表示该箱的卸箱港。

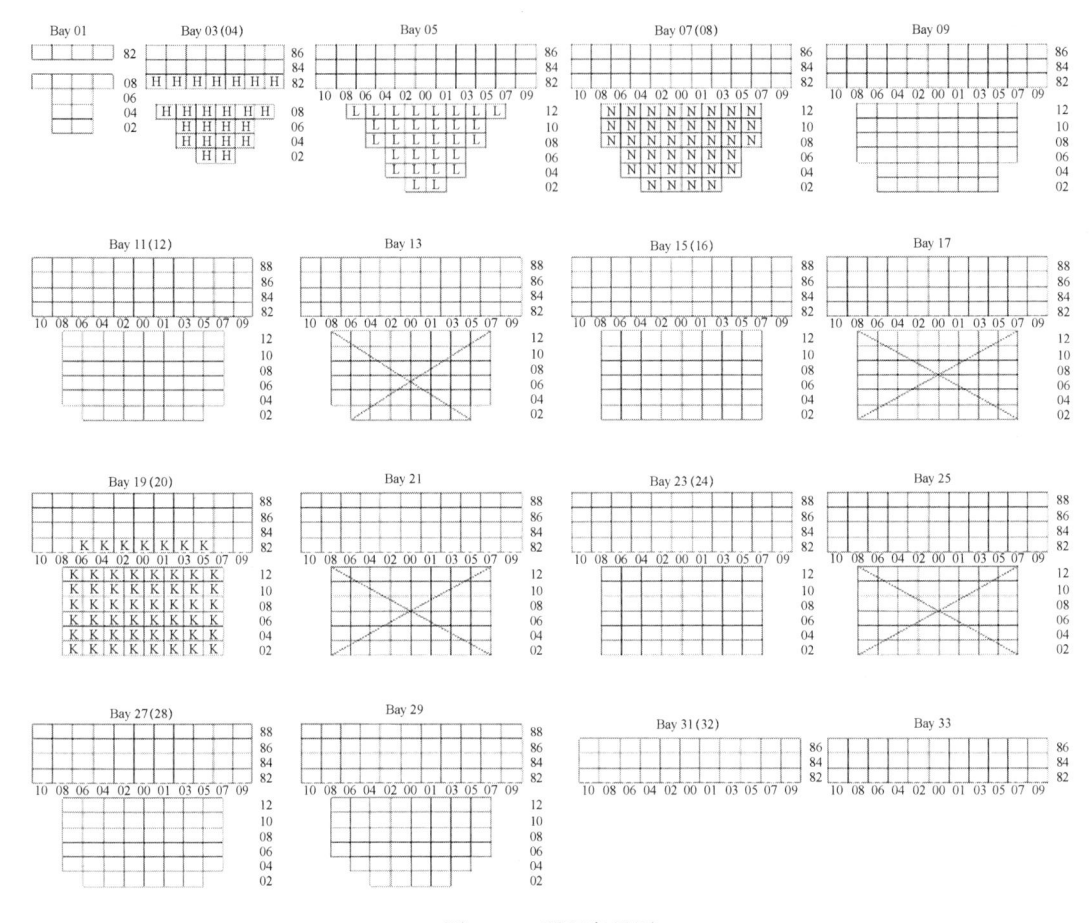

图 2-14 预配字母图

注：K—Kobe；L—Long Beach；N—New Yoke；H—Houston。

2）预配重量图

预配重量图如图 2-15 所示。图中每个小方格代表一个 20ft 集装箱，小方格中所标的数字是以 t 表示的集装箱总重。例如，第 5 排舱内共装 30 个集装箱，其中 10 个集装箱每箱总重为 20t，6 个集装箱每箱总重为 19t，6 个集装箱每箱总重为 17t，5 个集装箱每箱总重为 16t，3 个集装箱每箱总重为 15t。

3）特殊箱图

特殊箱图如图 2-16 所示，即冷藏箱及危险货物箱预配图。危险货物箱用"○"圈在所配箱位的小方格上，旁边用"D"加上数字表示其在《国际危规》中的类别等级，如"D6.1"表示该箱装的是《国际危规》6.1 类危险货物。有些不用"○"标绘，而用深颜色标绘。也有的用"H""IMO""IMCO"表示危险货物箱，但在其后仍需注上危险货物的《国际危规》类别等级。例如，第 7 排舱内装 1.4 级危险货物箱 6 个。

在小方格上标注"R"，表示冷藏集装箱。例如，"R-18"表示该冷藏箱的温度应不得高于-18℃；"F+2+4"表示该冷藏箱的温度应保持在 2～4℃；第 19 排甲板上底层装有

7个冷藏箱。对其他特殊集装箱，应加以标注或文字说明。例如，超高箱可在箱位小方格上方加"–"作为超高标记，并加注超高尺寸；超宽箱则加"<"或">"作为超宽标记，标记旁还可加注超宽尺寸；空箱在小方格上标注"E"；选卸港箱，可在箱位加注"HAM/LON"。集装箱配载图标注和文字的含义如表2-5所示。

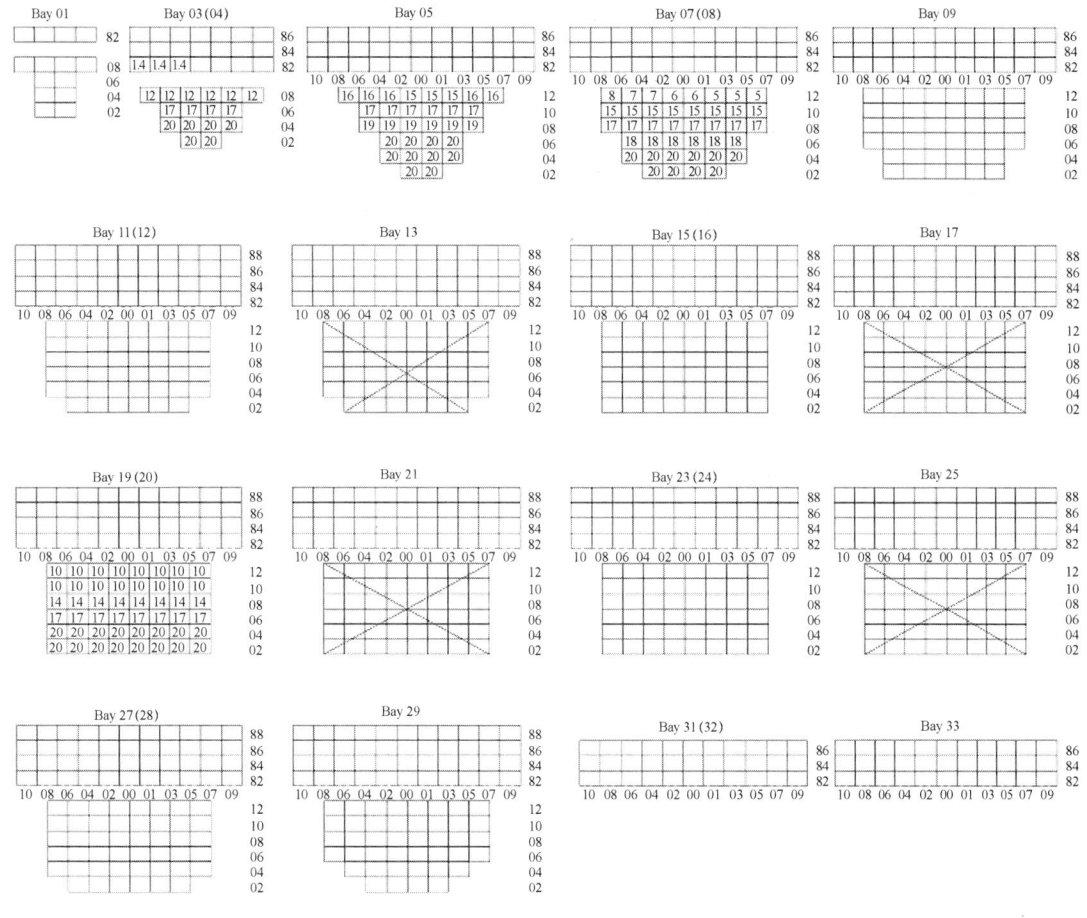

图2-15 预配重量图

4）预配图的审核

预配图绘制后，应认真审核以下内容。

（1）集装箱每个卸港的数量与集装箱订舱单是否相符。

（2）核对每列集装箱的堆积负荷是否超过船肋允许的负荷。

（3）核对特殊箱的配位是否符合要求，如不符合，应调整到允许值范围内。

（4）审查各卸港的箱位安排是否合理，是否便于中途挂靠港加载或卸箱，如不符合，应予以调整。

（5）校核预配后的稳性、吃水差及纵向强度，确保航行安全与货物质量。

经审核无误后，可将预配图送交港口集装箱装卸公司，或者用电传、传真、电报等方式发送给船代，再由船代交港口集装箱装卸公司。

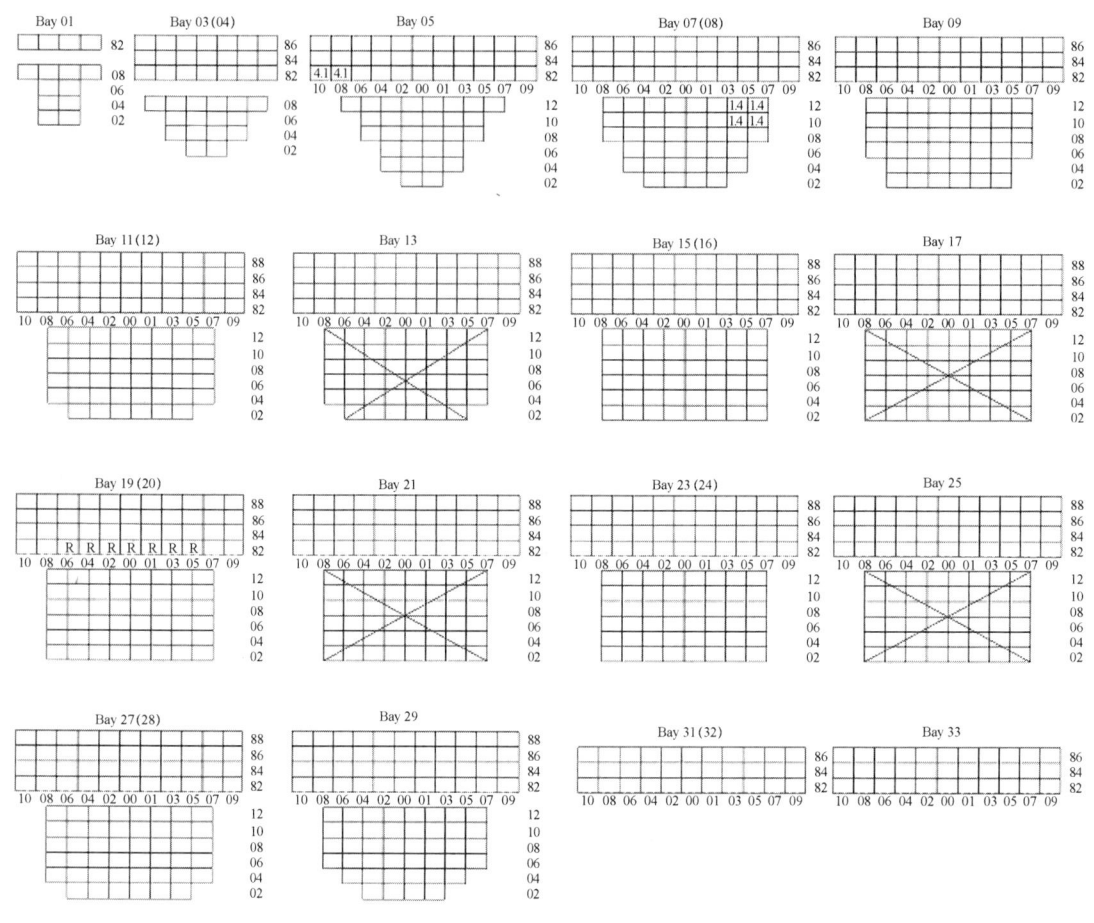

图 2-16　特殊箱图

表 2-5　集装箱配载图标注和文字的含义

标　准	含　　义	标　准	含　　义
	20ft 箱	∧10cm	标在超高箱箱位小方格上方，表示超高标记，并加注超高尺寸
	40ft 箱	<9cm >9cm	标在超宽箱左或右，表示超宽标记，标记旁加注超宽尺寸
	箱位已被40ft 箱占用	E	空箱
T,20ft	20ft 箱	M	邮件箱
F,40ft	40ft 箱	○	危险货物箱
GP	普通箱	IMO,D6.1	《国际危规》6.1 类危险品
O/T	开顶箱	R	冷藏箱
F/R	台架箱	R−18	表示该冷藏箱的温度应不得高于−18℃
O/H	超高箱	F+2+4	表示该冷藏箱的温度应保持在 2～4℃
O/W	超宽箱	20	集装箱总重（t）

3. 实配图

集装箱实配图是由集装箱码头装卸公司编制的,是集装箱码头装卸公司收到船公司的集装箱预配图后,按照预配图的要求,根据码头上集装箱的实际进箱量及在码头上的堆放情况,编制的用于实际装船使用的集装箱配载图。

集装箱实配图由两种图组成,一种是全船行箱位总图(封面图),另一种是每行一张的行箱位图。

1)全船行箱位总图

全船行箱位总图又叫封面图,表明集装箱纵向积载情况,如图2-17所示。封面图与预配图不同,在集装箱实配图的封面图上,通常只标注集装箱的卸货港和特殊箱标记。卸港的标注方法有两种:一种是用一个大写的英文字母表示卸港,如上海港以 S 表示;另一种是用不同的颜色表示不同的卸港。特殊箱的标注方法同预配图一样。

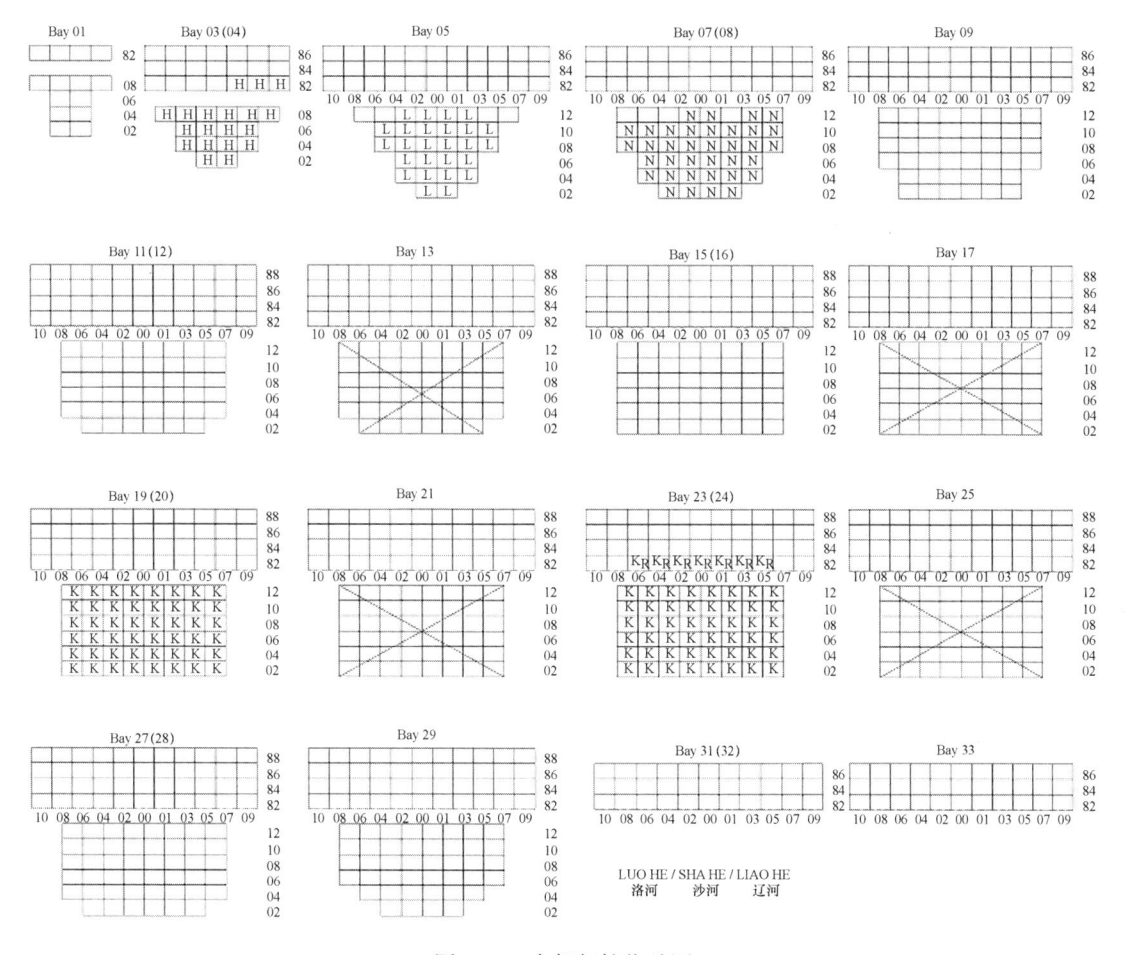

图 2-17 全船行箱位总图

2)行箱位图

行箱位图是对集装箱船行箱位总图上某一行箱位横剖面图的放大图。在该图上可以标注和查取某一特定行所装每一集装箱的详细数据,如图 2-18 所示。

				030182 HSO X SHA MAEU 6098186 D4.1 2.3	030382 HSO X SHA MAEU 8154798 D4.1 2.3	030582 HSO X SHA MSKU 6536038 D4.1 2.3
030608 HSO X SHA COSU 5000154 20GP 12	030408 HSO X SHA COSU 8131754 20GP 12	030208 HSO X SHA COSU 2189037 20GP 12	030108 HSO X SHA COSU 5000160 20GP 12	030308 HSO X SHA MEAU 6138864 20GP 12	030508 HSO X SHA MSKU 6909200 20GP 12	
	030406 HSO X SHA OCLU 7021251 20GP 17	030206 HSO X SHA PONU 1721012 20GP 17	030106 HSO X SHA PONU 0055082 20GP 17	030306 HSO X SHA MSKU 2707240 20GP 17		
	030404 HSO X SHA MSKU 2221644 20GP 20	030204 HSO X SHA PONU 0884843 20GP 20	030104 HSO X SHA MSKU 6344884 20GP 20	030304 HSO X S HA MSKU 8399933 20GP 20		
		030202 HSO X SHA CAXU 9235571 20GP 20	030102 HSO X SHA TEXU 7486064 20GP 20			

图 2-18 行箱位图

图 2-19 为第 03 行箱位号 030182 的箱位图，图中字符含义如下。

HSO：卸货港休斯敦。

SHA：装货港上海。

MAEU：集装箱箱主代号。

6098186：集装箱箱号和核对数字。

2.3：集装箱总重为 2.3t。

D4.1：特殊箱标注，为《国际危规》4.1 类危险货物。

```
030182
HSO  X  SHA
MAEU  6098186
D4.1    2.3
```

图 2-19 箱位号 030182 的箱位图

4. 最终配积载图

最终配积载图是集装箱船舶实际装载情况的积载图。在集装箱装船的整个过程中，现场理货员对每一装船集装箱的箱号、所配箱位等均做好记录，在集装箱装船结束后，由理货员根据船舶实际装箱情况及每只集装箱在船上的箱位，编制最终配积载图，大副负责进行实际装载条件下船舶稳性、船舶受力、吃水和吃水差的核算。

集装箱船最终配积载文件通常包括集装箱最终封面图、最终行箱位图、稳性及吃水差计算表、集装箱装船统计表（见表2-6）等。

表2-6 集装箱装船统计表

船名_____ 航次_____ 日期_____

装货港	卸货港							合计	
	箱类型	20′	40′	20′	40′	20′	40′	20′	40′
	重箱								
	冷藏箱								
	危险货箱								
	空箱								
	重箱								
	冷藏箱								
	危险货箱								
	空箱								
……	……	……	……	……	……	……	……	……	……
合计	箱数								
	重量								
总计									

五、集装箱船舶的配积载过程

（1）由集装箱配载中心根据船舶航次及订舱情况，编制船舶某航次在某挂靠港的集装箱预配图（此图也可由船上大副编制）。

（2）船公司将预配图用传真、电传或EDI等方式发送给船代，再由船代转交给集装箱码头公司。

（3）集装箱码头公司船舶配载员根据船公司（或船代）提供的出口集装箱装货清单及预配清单、集装箱预配图，结合码头进箱堆存实际情况，编制出口集装箱实配图。

（4）集装箱船舶靠泊后，集装箱码头公司船舶配载员将实配图交给船方审核，经船方（船长或大副）认真审核确认后，按该实配图开始装船。

（5）集装箱装船完毕，由外轮理货公司的理货员提供船舶实际装船情况，编制该船舶航次的最终配积载图。

任务六　集装箱码头装卸船操作

任务导入

承接任务五中的任务导入，大连某集装箱码头船舶配载员已对班轮集装箱船"马士基-德里安"号配载完毕。请问该如何装运这艘集装箱船舶呢？

子任务一　集装箱码头装卸船作业机械及装卸工艺系统

一、集装箱吊具的种类

为满足集装箱装卸的要求，提高集装箱的装卸效率，集装箱装卸机械均采用集装箱专用吊具进行集装箱的装卸作业。集装箱吊具按其操作方式可分为简易吊具和自动吊具。

1. 简易吊具

1）简易吊具的使用

简易吊具旋锁的开锁和闭锁由装卸工人站在吊具上搬动手柄来完成，或者由装卸工人在地面或甲板上拉动绳索带动吊具上的拉杆来完成。其结构形式可分为固定式和伸缩式两种。固定式吊具的吊架只能吊一种集装箱（20ft 或 40ft）。伸缩式吊具的吊架拉出时可吊 40ft 集装箱，吊架收入时可吊 20ft 集装箱。吊架的伸出或收入也是由人工手动操作，用固定锁固定的。简易吊具多用于多用途起重机和场地通用的起重机。

2）简易吊具存在的问题

简易吊具存在如下几个问题。

（1）当起重机旋转或变幅时，会引起吊具或吊具与集装箱一起摆动和转动，必须靠人力拉绳或用手推来稳住吊具进行集装箱对位。

（2）集装箱吊具旋锁的开闭由装卸工人站在吊具上搬动手柄或由装卸工人在地面或甲板上拉动绳索带动吊具上的拉杆来进行，作业不安全，容易造成人身事故。

（3）采用吊钩起吊吊具时，由于吊具的吊点集中在吊钩上，当所吊集装箱内货物重心出现偏移时，则吊起的集装箱会出现倾斜，难以进出集装箱船的格栅导轨，也不利于集装箱堆箱对位。

2. 自动吊具

自动吊具旋锁采用电动液压机构来实现开闭。自动吊具按其结构可分为固定式、伸缩式和组合式 3 种。

1）固定式吊具

固定式吊具是只能起吊一种集装箱的吊具，其特点是结构简单，自重轻，价格便宜，但对箱体类型的适应性较差，更换吊具往往占较多时间。

2）伸缩式吊具

伸缩式吊具通过伸缩臂，可以改变吊具的臂长，以达到起吊不同尺寸集装箱的要求。其特点是，变换起吊不同集装箱所需时间较少，使用灵活性较大，但自重较大，一般可达 9～10t。这是目前在集装箱装卸桥上普遍使用的一种集装箱专用吊具。

3）组合式吊具

组合式吊具是将起吊不同尺寸的集装箱的吊具组合使用的一种集装箱专用吊具，其特点是结构简单，自重较伸缩式吊具要小（一般为 4.7t），多用于跨运车和正面吊上。

双箱吊具（组合式）是用一个集装箱吊具同时起吊两个 20ft 集装箱的一种专用吊具。在双箱吊具的中部增加可收放的 4 只旋锁，当吊具伸到 40ft 位置时，可同时起吊两只 20ft 集装箱。这种吊具也可以起吊一个 40ft 集装箱。采用这种起吊方法要求集装箱装卸桥的起重量达到 60t 左右。但是，双箱起吊方法可以大幅提高船舶的装卸效率。

二、集装箱码头装卸船作业机械

集装箱码头装卸船作业机械主要有以下几种。

1. 岸壁式集装箱装卸桥

这是一种最常见的集装箱码头装卸船作业机械，也是一种应用最广泛的装卸船作业机械。岸壁式集装箱装卸桥简称集装箱装卸桥或装卸桥，主要由带行走机构的门架、承担臂架重量的拉杆和臂架等几部分组成。

2. 双小车式集装箱装卸桥

双小车式集装箱装卸桥可以缩短小车的行程，有效地解决货物交接过程中的对位时间问题。这种集装箱装卸桥的指导思想是将装卸桥上的运动分解成几个环节，实行并行作业，以缩短一个作业周期的时间。

3. 设有可移动式过渡吊篮的双起升式集装箱装卸桥

由 Paceco 公司提出的设有可移动式过渡吊篮的双起升式集装箱装卸桥方案采用了两套运行小车系统。与常规的双起升式集装箱装卸桥不同的是，它设有一个可沿着桥梁移动的轨道式过渡吊篮，用以在两套运行小车系统之间输送集装箱，每个被装卸的集装箱经历一套运行小车系统起升（下降）、可移动式过渡吊篮平移、另一套运行小车系统下降或起升的移动过程后，被装上（卸下）船舶，集装箱的平移由可移动式过渡吊篮完成，运行小车系统只负责完成集装箱的起升（下降）动作。可移动式过渡吊篮、每套运行小车系统在同一时间各可操作或准备操作一个集装箱，使其分别处于或即将处于平移起升或下降状态，从而提高集装箱的装卸速度。

这种集装箱装卸桥的优点是装卸效率高，在码头前沿可以用更少的集装箱装卸桥完成集装箱船舶的装卸作业，使后方牵引车的作业工艺更有条理。由于被装卸集装箱在两套运行小车系统之间的移动由平稳运行的过渡吊篮完成，不会发生摇摆，因而在卸船时从集装箱进入过渡吊篮开始的操作均可以实现自动化。

4. 基础高架的多台集装箱装卸桥系统方案

Reggiane 公司于 1995 年 4 月提出了基础高架的多台集装箱装卸桥系统方案。这一方案要求沿着码头前沿构筑一座结构坚固的机架，其作用相当于将常规的集装箱装卸桥的支撑基础架高，在其上并列布置多台门架较低的集装箱装卸桥。在进行卸船作业时，这些集装箱装卸桥上的运行小车将从船中卸出的集装箱落置于安装在机架前方的中间平台上，然后由其横向移动与这些集装箱装卸桥的横向移动不相关联的机架内部的运行小车，将这些集装箱从中间平台上取走。

这种装卸系统有两个优点。一是装卸效率高。Reggiane 公司称因为基础架高，集装箱装卸桥门架的构件宽度可以缩减一半，所以行走机构部分的重量可以大大减轻，每台集装箱装卸桥的走行轮可从16轮减为8轮,这样在320m岸线内,可以布置6台外伸距为49.6m的集装箱装卸桥,每台集装箱装卸桥每小时可装卸45个集装箱。这种装卸系统充分发挥作用后,每小时可装卸240个集装箱。二是采用这种装卸系统的码头工程造价要比用常规集装箱装卸桥的码头低。

5. 多用途桥式起重机

多用途桥式起重机是在一般的岸壁式集装箱装卸桥的基础上派生的一种机型,结构形式类似岸壁式集装箱装卸桥。其起重小车配用集装箱吊具、抓斗或吊钩,既可装卸集装箱,又可装卸重件、成组货物及其他货物,适用于多用途码头,是多用途码头前沿普遍采用的一种机型。但该机型自重大（高达700t以上）,轮压大,使码头投资大大增加。在装卸过程中,整机需要频繁地移动,特别是从一个舱口移到另一个舱口需要较长时间,限制了生产率的进一步提高（且造价高）。该机型主要应用于集装箱多用途码头,目前全球仅有几个港口采用。

三、集装箱码头装卸工艺系统

集装箱码头装卸工艺是指装卸、搬运、堆存集装箱的方法。集装箱码头装卸工艺决定了码头装卸机械配备、码头装卸生产作业组织、劳动定额和劳动生产率,也影响码头装卸作业的综合经济效益。

目前采用的集装箱码头装卸工艺系统主要有装卸桥-跨运车装卸工艺系统、装卸桥-龙门起重机装卸工艺系统等,其中以龙门起重机装卸工艺系统应用最广泛。

1. 装卸桥-跨运车装卸工艺系统

图2-20是装卸桥-跨运车装卸工艺系统。这一系统又称为麦逊公司方式。在该系统中,"船-场"作业是内装卸桥将集装箱从船上卸到码头前沿地面上,然后用跨运车把集装箱搬运到集装箱场地的指定箱位上。其中,"场-场""场-集装箱拖运汽车""场-货运站"等作业均可由跨运车承担。

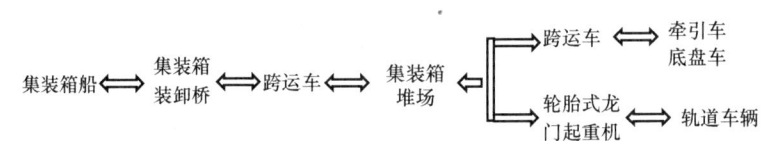

集装箱船 ⇄ 集装箱装卸桥 ⇄ 跨运车 ⇄ 集装箱堆场 ⇄ 跨运车 ⇄ 牵引车底盘车
　　　　　　　　　　　　　　　　　　　　　　　　　　　轮胎式龙门起重机 ⇄ 轨道车辆

图2-20 装卸桥-跨运车装卸工艺系统

该系统的优点如下。

（1）码头前沿装卸船的接运采用落地作业方式,装卸桥从船上卸下的集装箱不需要对准跨运车,从而提高了装卸桥的装卸效率,节省了作业时间。

（2）机动灵活。跨运车是一种流动性较强的机械,当港口各种作业在时间上出现不平衡,在某一处作业量大时,可以相应地多配几台跨运车。

（3）机种少,适应性强。跨运车具有自取、搬运、堆垛及装卸车辆等多种功能,一种机械可完成多种作业。

（4）能在场地上将箱子重叠堆垛,一般可堆高2~3层,与底盘车相比,可节省堆场面积。本系统要求码头场地平整,对司机的操作技术要求更高,并且要注意加强对跨运车的维护。

该系统的主要缺点是:机械结构复杂,液压部件多,且易损坏、漏油,维护工作量大且技术要求高，初始投资大，堆场建造费用高。

2. 装卸桥-龙门起重机装卸工艺系统

装卸桥-龙门起重机装卸工艺系统按其行走方式的不同，可分为装卸桥-轮胎式龙门起重机装卸工艺系统和装卸桥-轨道式龙门起重机装卸工艺系统。目前中国的集装箱码头主要采用装卸桥-轮胎式龙门起重机装卸工艺系统。

1）装卸桥-轮胎式龙门起重机装卸工艺系统

装卸桥-轮胎式龙门起重机装卸工艺系统的装卸船由岸桥完成，轮胎式龙门起重机承担堆场堆码和装卸车作业，水平搬运则由集装箱底盘车完成（见图2-21）。轮胎式龙门起重机可堆码集装箱3~4层，一般可横跨6列集装箱和1列火车，它可以从一个堆存区移到另一个堆存区。

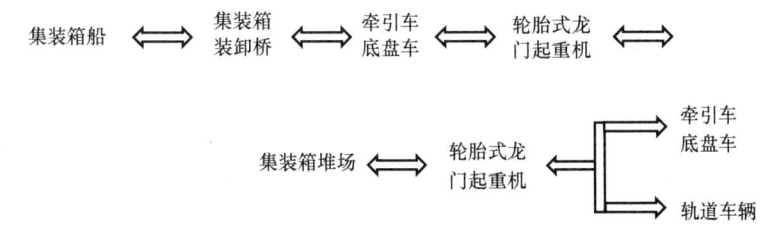

图2-21　装卸桥-轮胎式龙门起重机装卸工艺系统

该系统的优点是：可以有效地利用堆场，堆场建设费用相对较低，设备操作相对简单，设备维修和管理技术成熟；可采用直线行走自动控制装置实现行走轨迹的自动控制，与计算机系统相连接，易于实现堆场作业自动化。

2）装卸桥-轨道式龙门起重机装卸工艺系统

装卸桥-轨道式龙门起重机装卸工艺系统（见图2-22）的跨距比装卸桥-轮胎式龙门起重机装卸工艺系统更大，可横跨14列集装箱或更多，可堆码4~5层集装箱。

图2-22　装卸桥-轨道式龙门起重机装卸工艺系统

该系统的优点是：堆场利用率高，机械结构相对简单，较易维修，作业可靠，电力驱动，节约能源，减少污染；可采用计算机控制，易于实现堆场作业自动化。

该系统的主要缺点是：由于只能沿轨道运行，作业范围受到限制，机动性差；由于跨度大，装卸车、倒箱作业较困难。

装卸桥-轨道式龙门起重机装卸工艺系统适用于堆场面积有限、集装箱吞吐量较大的码头。

相对而言，轮胎式龙门起重机比轨道式龙门起重机具有更多的优点，目前采用较多。

子任务二　集装箱码头装卸船作业

一、装卸船作业的人员与职责

一艘集装箱船的装卸作业通常由几个作业班组同时进行，每班配一台装卸桥，而每台装卸桥代表一个班组（Gang），除船舶指挥员和装卸桥下的理货长负责整艘船的作业外，各班组工作人员的配备都是一样的。下面就以一个班组为例来说明班组人员的配置与职责。

1. 工人

工人4名，船上与装卸桥下各配2名，其职责如下。

（1）负责验箱，即肉眼观察箱的外表有无损坏现象。

（2）负责拆除（卸船时）或安装（装船时）集装箱底部四角上用于箱与箱之间坚固连接的旋锁。

（3）负责船舶甲板上集装箱的绑扎或解除绑扎的装置。

（4）负责配合指挥装卸桥司机的装卸箱作业。

2. 理货员

理货员2名，船上与装卸桥下各配1名，其职责如下。

（1）指挥车辆（拖车）运行，保证交通畅通。

（2）核对集装箱号码。

（3）按行箱位图规定的装卸箱顺序指挥装卸桥司机装箱或卸箱。

（4）桥下理货员负责将集装箱资料输入计算机，包括箱号、封条号、尺寸、是否为烂箱、拖车号等。

（5）桥下理货员根据计算机中指示的堆场位置，告诉拖车司机到该位置去卸箱或提箱。

3. 外轮理货员

外轮理货员1名，代表国家公证机关行使公证权力，主要对码头装卸作业起监督、公证作用，如对装卸桥数量和种类的确认、发生装卸事故造成货损时的公证等。外轮理货员在装卸桥下工作，其具体职责为：监督整个装卸过程；记录集装箱号和封条号码。

4. 司机

司机主要包括装卸桥司机、拖车司机、堆场理货员、龙门起重机司机等。

5. 船舶指挥员

船舶指挥员也称单船指挥员、装卸指挥员，是集装箱码头装卸生产现场的直接组织者和指挥者，一般为1名。集装箱码头的生产作业最终是与船舶装卸直接联系的。因此，必须有一个以船舶为中心的劳动组合，船舶指挥员是这一劳动组合的管理者和指挥者，其职责是负责工班单船生产计划的实施。

船舶指挥员工作的总任务是：在码头控制室督导和值班督导的领导下，以昼夜生产作业计划和工班任务书为依据，具体负责所承担船舶装卸的劳动力和机械设备的配置、装卸工艺流程的落实、各装卸生产环节的平衡，合理有效、安全优质地组织指挥单船装卸作业，完成所负责的单船装卸作业计划。

二、集装箱码头的装船作业

集装箱码头的装船作业是在一定的指导文件下按照一定步骤进行的。

1. 装船作业的指导文件

装船作业的指导文件是实配图，包括封面图和行箱位图。在封面图上，用不同的符号表示各装卸桥所要作业的行位和装卸箱的数量。通常码头上所有的装卸桥都有编号，称为1号桥或1号塔、2号桥或2号塔，依此类推。而对于一艘靠港的集装箱船，根据其大小及在本港装卸箱量的多少，一般安排2～6台装卸桥同时对其进行装卸作业，并尽量使各装卸桥的作业量相等，以便各班组同时完成作业，保证船期。对于每个行位的作业，由行箱位图来指导。行箱位图表示每个集装箱的装卸位置与顺序，每个行位都有一张行箱位图，图上标有负责该行位装卸作业的装卸桥代号。

因此，实配图是装卸作业的总体计划，它既指示作业位置（行位）与作业顺序，也表明作业量，行箱位图则表明具体某一行位的作业顺序。

2. 装船作业的实施

装船作业按照以下流程进行。

（1）船舶到达指定泊位。

（2）拖车司机根据桥边理货员的指示到堆场提取该航次出口的集装箱。在采用现代化通信操作系统的集装箱码头，通常由码头控制中心根据已安排的堆场计划和集装箱码头配载计划，通过集装箱拖车上的计算机终端系统向司机发送指令，通知其提取箱具体的堆场位。

（3）堆场理货员指挥龙门起重机司机将指定箱装到拖车上。在采用现代化通信操作系统的集装箱码头，堆场理货员和堆场龙门起重机司机会同时通过自己的计算机终端显示提箱装车命令。

（4）堆场理货员检查集装箱箱体情况，并核定拖车提取的集装箱是否正确，车号、箱号、指令号是否一致，并在计算机系统中做关于集装箱变动的登记更新。如果有问题，应及时通知码头控制中心更改提箱命令。

（5）拖车司机拖箱到装卸桥下，外轮理货员和桥下理货员核对箱号与封条号，外轮理货员核对集装箱清单和集装箱装船预配图，并做装船登记。

（6）装卸桥司机根据指令将拖车上的集装箱调往船上。码头控制中心同样通过通信操作系统将提箱装船命令发给装卸桥司机。装卸桥司机听从指令将对应的集装箱吊到对应的箱位上。

（7）船上理货员核对箱号并指示装卸桥司机该箱的摆放位置，装卸桥司机将箱装在船上，装箱完毕。如果发现指令有错误，应及时通知码头控制中心进行更改。甲板上外轮理货员逐一记录每个集装箱的箱号及其实际装载位置，如发现集装箱破损或铅封断失，应及时通知船边理货员迅速处理。

（8）对装载在甲板上的集装箱，桥下工人负责装锁，船上工人负责锁紧和捆扎集装箱。

（9）一个箱装上船后，桥下理货员（或码头控制中心通过车载终端）通知拖车司机去堆场另一个位置装箱。

重复上述流程，直到行箱位图上的每个箱都装上船为止。

装船结束后，集装箱码头还要按照装船作业的实际情况编制该船的装船作业签证、系解缆作业签证、船舶供水签证等一系列单证，将其作为结算费用的凭证。

三、集装箱码头的卸船作业

1. 卸船作业的主要单证

卸船作业主要涉及以下单证。

1）进口舱单

进口舱单是船公司或船代按照货港逐票罗列全船载运货物的汇总清单。它是在货物卸货完毕之后，由船公司或船代根据收货单或提单编制的。其记载了货物的详细情况，包括装卸港、提单号、船名、托运人和收货人姓名、标记号码等，此单作为船舶载所列货物的证明。

2）卸船顺序单

卸船顺序单是依据进口船图和进口舱单编制的，它是列明该船所有进口集装箱情况的一览表，也是卸船作业的依据之一。

2. 卸船作业的实施

卸船作业按照以下流程进行。

（1）船舶到达指定泊位。

（2）船上理货员根据早已编制好的卸船计划和卸船清单，通过装卸桥上的计算机终端系统将所卸集装箱的位置和箱号通知装卸桥司机，装卸桥司机得到命令后吊起对应的集装箱。

（3）船上理货员核对积载图和卸船清单的内容及集装箱的箱号。船上工人检查进口集装箱的外表箱体，看有无破损和封条是否完好。如有问题，应立即通知理货人员。

（4）船上工人解开甲板集装箱的捆绑装置。根据积载图的指示，如果集装箱处在甲板上，工人需要打开集装箱旋锁并解开捆绑装置。

（5）船舶配载员提前编制好卸船计划和卸船清单，在将具体的卸箱命令发送给装卸桥司机的同时，通过拖车上的车载终端设备将其发送给拖车司机，指挥司机按顺序前往装卸桥下等待装载集装箱。拖车司机将卸下的集装箱拖入船舶，从而完成一个作业指令。对于箱底下带有旋锁的集装箱，桥下工人在箱卸于拖车上之前，应迅速拆除集装箱4个角上的旋锁，并将其保管好。

（6）作业区的外轮理货员核对箱号、封条号码，并在舱单、装箱单、积载图上标注卸下船的集装箱，逐一圈销卸船的集装箱箱号。

（7）拖车司机继续按车载终端设备的下一个提示指令，将集装箱送去堆场指定位置卸箱。

（8）拖车司机拖箱到堆场指定位置卸箱后，返回装卸桥下。重复上述过程，直至行箱位图上标明的集装箱全部卸完为止。

3. 卸船作业的注意事项

在卸船过程中要注意以下事项。

（1）作业前装卸工应将需作业的集装箱的紧固装置拆除，放置在不妨碍作业的地方。对于上箱顶作业，箱1层高时攀箱上下，箱2层高以上（含2层高）时随吊具上下箱。

（2）待拆除紧固装置后，船上指挥人员巡视集装箱装载情况，确认无影响正常作业的情况后，按卸船顺序指挥卸箱作业。

（3）装卸桥司机接到指令后，按照船上指挥人员的指示进行作业。吊箱时应缓慢起吊，起升到一定高度时，小车才可水平运行。

（4）集装箱连接器需要在船上摘除时，上一层集装箱卸完后，装卸工应将下一层集装箱顶部的连接器摘除，并放置在不影响作业的位置。

（5）揭舱盖前，首先由装卸工清理舱盖上的杂物，在确认船方已将舱盖紧固装置拆除、无妨碍吊舱盖作业的情况后，指挥人员方可指挥装卸桥司机将舱盖吊下并放置在指定的位置。揭舱盖时拖车和作业人员应当避让。

（6）卸箱前验残人员应检查是否有箱损及铅封的完好情况并做好记录。

（7）进行集装箱装卸作业时，作业人员不要站在吊具（吊箱）运行路线上。

（8）装卸桥严禁超负荷作业，禁止横向拖拉集装箱。

（9）当风速大于大型机械防风安全规定的风速时，装卸桥应停止作业，并予以锚固。

经典案例

天津港集装箱码头双箱工艺技术要求

一、范围

天津港集装箱码头双箱工艺技术规定了集装箱双箱作业的装卸工艺方案和装卸操作方法与技术要求，适用于天津港集装箱装卸桥和场桥进行双箱装卸作业。

二、术语

（1）装卸桥是岸边集装箱起重机的简称。

（2）场桥是轮胎式集装箱门式起重机的简称。

（3）拖车是集装箱水平运输专用拖挂车。

（4）双箱作业是指集装箱装卸桥和场桥对两个相同20ft国际标准集装箱同时进行装卸的一种作业方式。

三、规格

外形尺寸（长×宽×高，单位：mm×mm×mm）：20ft集装箱，6 058×2 438×2 438，6 058×2 438×2 591。

四、重量

两个20ft国际标准集装箱重量最大为61t。

五、装卸工艺方案

（1）工艺过程：船⇆车⇆场。

（2）人员配备、机械配置及装卸效率如表2-7所示。

表2-7 集装箱双箱作业装卸工艺方案

工艺流程	机械配备（台）			工人配备（人）	装卸效率（箱/小时）
	桥吊	拖车	场桥	装卸人员	
船⇆装卸桥⇆拖车⇆场桥⇆堆场	1	3~5	1~2	4~6	35

六、操作方法与技术要求

1. 船上作业

1）卸船作业

（1）作业前装卸工应将需要作业的集装箱紧固装置完全拆除，放置在不妨碍作业的地方。对于上箱顶作业，箱1层高时攀箱上下，箱2层高以上（含2层高）时随吊具上下箱。

（2）船上指挥人员确认紧固装置完全拆除，检查周围的环境达到正常作业标准后，按卸船顺序指挥装卸桥作业。

（3）作业前，调度员和指挥人员应检查是否具备双箱作业条件，确认后再指挥装卸桥司机进行作业。

（4）装卸桥司机应按照作业计划的安排，将吊具调整到双箱作业状态。

（5）装卸桥司机接到指令后，应按照船上指挥人员的指示进行作业。吊箱时应缓慢起吊，起升到一定高度时，小车才可水平运行。

（6）集装箱连接器需要在船上摘除时，上一层集装箱卸完后，装卸工应将下一层集装箱顶部的连接器摘除并放置在不影响作业的位置。

（7）揭舱盖前，首先由装卸工清理舱盖上的杂物，在确认无妨碍吊舱盖作业的情况后，指挥人员方可指挥装卸桥司机将舱盖吊下并放置在指定的位置。揭舱盖时拖车和作业人员应当避让。

（8）严禁对两个非20ft国际标准集装箱和两个箱高不同的20ft国际标准集装箱进行双箱作业。

（9）当双箱吊具处于双箱作业状态时，禁用双箱吊具对一个20ft国际标准集装箱进行作业。

（10）在双箱作业中，若两箱箱重相差10t或10t以上，装卸桥小车应慢速行驶。

（11）卸箱前，理货员应检查是否有箱损及铅封的完好情况并做好记录。

（12）进行集装箱装卸作业时，作业人员不要站在吊具（吊箱）运行路线上。

（13）装卸桥严禁超负荷作业。

（14）当风速大于大型机械防风安全规定的风速时，装卸桥应停止作业，并予以锚固。

2）装船作业

（1）船上指挥人员应按照装船作业顺序指挥装船作业。

（2）装卸桥司机接到指令后，按照船上指挥人员的指示进行作业，放箱后缓慢起升吊具，当吊具起升到一定高度时，小车才可水平运行。

（3）盖舱盖时，装卸工应检查舱盖上是否有杂物，在确认无妨碍吊舱盖作业的情况后，指挥人员指挥装卸桥司机将舱盖吊起，并放置在指定位置。盖舱盖时拖车和作业人员应当避让。

（4）连接器需要在船上安装时，装卸工应逐层将连接器安装好。

2. 船边作业

（1）卸船时，待集装箱落至距拖车车板400mm时应停止下落，稳正后缓慢地将集装箱放在拖车上。集装箱放好后，装卸桥司机应缓慢起升吊具，距离集装箱箱顶400mm时，拖车方可运行。

（2）在同一艘船上进行卸船作业时，如开头量超过3条作业线，应在装卸桥作业区外不影响装卸桥作业的地方，设立专门的卸连接器区。

（3）当带连接器的集装箱车停放在卸连接器区时，装卸工应立即拆除连接器并放至指定地方。拆卸完连接器后，由一名装卸工指挥，拖车司机看到指挥示意后才能启动拖车。

（4）当同一艘船卸船开头量不大于3条作业线时，在装卸桥底下拆卸连接器，拆卸完毕，指挥人员方可指挥拖车启动。

（5）码头前沿设有拖车通道、站人通道。拖车应走行车道并按照码头行车路线行驶，装卸工应站在站人通道上作业，严禁两者相互占用。

（6）进行装船作业时，待拖车停稳后方可进行起吊作业。集装箱离开拖车车板400mm时拖车方可行驶。

（7）在装船作业中，集装箱连接器的安装应在装卸桥下进行。当拖车停稳后，装卸工应立即将双箱的连接器安装好并指挥装卸桥司机起吊。

3. 水平运输作业

（1）拖车严禁超负荷作业。

（2）各种车辆应按规定路线行驶。

（3）拖车行驶时，车速最大不超过40km/h。

（4）拖车转弯时应减速行驶，转弯要大。

4. 堆场作业

（1）场桥司机在作业前应将吊具调整到双箱作业状态。

（2）场桥和拖车作业工艺应参照（前述）操作方法与技术要求。

（3）装箱堆码时不能超出箱位线，上层箱底部角配件和下层箱顶部角配件之间的距离不超过50mm，堆码最高不超过5层（空箱单批最高不超过2层），20ft集装箱不能压在40ft集装箱上。

项目训练

一、单选题

1. 下列哪种货物不适合采用集装箱来装运？（   ）
   A. 医药品　　　B. 袋装咖啡　　　C. 散粮　　　D. 电缆
2. 在下列集装箱交接类型中，应用最广泛的是（   ）。
   A. FCL/FCL　　　　　　　　　B. LCL/LCL
   C. FCL/LCL　　　　　　　　　D. LCL/FCL
3. 在下列几种集装箱装卸桥中，可以有效缩短货物装卸作业周期的是（   ）。
   A. 岸壁式集装箱装卸桥
   B. 设有可移动式过渡吊篮的双起升式集装箱装卸桥
   C. 双小车式集装箱装卸桥
   D. 多用途集装箱装卸桥
4. 在把集装箱装到拖车上之前，堆场理货员应向拖车驾驶员索取（   ），并做多方面审查。
   A. 交货记录　　　　　　　　　B. 设备交接单
   C. 集装箱收发单　　　　　　　D. 场站收据
5. 在现代化的港口，集装箱装卸桥上应用最普遍的吊具是（   ）。
   A. 固定式吊具　　　　　　　　B. 自动式吊具
   C. 组合式吊具　　　　　　　　D. 双箱吊具
6. 集装箱船舶的合理压载可以改善（   ）。
   A. 船舶稳性　　　　　　　　　B. 船舶纵向受力状况
   C. 船舶吃水差状况　　　　　　D. 以上都是

7. 关于集装箱船舶的配载，以下说法正确的是（　　）。
   A. 甲板先配　　　　　　　　　　B. 大箱先配
   C. 下轻上重　　　　　　　　　　D. 轻重箱搭配要合理
8. 性质互抵的两个危险货物集装箱需在纵向方向隔离 1 个箱位、横向方向隔离 2 个箱位，其中 1 个配装在 110082 箱位，则另 1 个配装在（　　）箱位以满足隔离要求。
   A. 110684　　B. 150784　　C. 130582　　D. 090182
9. 组织船舶装卸作业的主要依据是（　　）。
   A. 配积载计划　　　　　　　　　B. 船舶载重量
   C. 货物装卸工艺　　　　　　　　D. 货物性质
10. 编制船舶积载图确定货物在船上的配置及堆装时，应保证（　　）。
    A. 货物完好　　　　　　　　　　B. 船舶和人员的安全
    C. 装卸方便　　　　　　　　　　D. 缩短船舶在港停泊时间，加速周转

二、判断题

1. 危险货物在装箱时，不能与普通货物拼装在同一箱内。　　　　　　　　　（　）
2. 在编制集装箱配积载计划时，应遵循"特殊箱先配，普通箱后配""先到港箱先配，后到港箱后配"的原则。　　　　　　　　　　　　　　　　　　　　　　　　（　）
3. 集装箱堆场是处理拼箱货的场所。　　　　　　　　　　　　　　　　　（　）
4. 集装箱叉车只能抓取空箱，所以又称为空箱堆垛机。　　　　　　　　　（　）
5. 集装箱简易吊具与自动吊具的主要区别在于吊具上旋锁的开闭是否由人工完成。
   　　　　　　　　　　　　　　　　　　　　　　　　　　　　　　　　（　）
6. P.T.I 和 P.C 的工作过程一样。　　　　　　　　　　　　　　　　　　（　）
7. 空箱的堆场不需要留翻箱位。　　　　　　　　　　　　　　　　　　　（　）
8. 信号旗用于白天靠泊船舶，信号灯用于晚间靠泊船舶。　　　　　　　　（　）
9. 为保证集装箱船舶的稳性，有时要把较重的集装箱配于甲板上。　　　　（　）
10. 到达港卸货时，发现因配载不当造成货物损坏的，由船方负责。但因起运港擅自变更配载图所造成的损失，由起运港负责。　　　　　　　　　　　　　　　（　）

三、简答题

1. 什么是泊位策划？泊位分配图应反映哪些主要内容？
2. 制作泊位分配图首先应掌握哪些材料？
3. 简述泊位分配图的制作步骤。
4. 如何做好泊位策划部门的日常工作？
5. 什么是堆场策划？为什么要对堆场进行区域划分？
6. 什么是闸口？闸口业务员的工作职责有哪些？
7. 简述集装箱船舶的配积载过程。
8. 简述装船作业程序和卸船作业程序。

四、实训题

1. 请根据表 2-8 所提供的船期信息绘制泊位分配图。

表 2-8　船期信息

信　息	日　　期	船　期　信　息
信息 1 （船期 ETA、ETD）	5 月 8 日	Ship1　ETA：05:00　　ETD：23:00 Ship2　ETA：15:00　　ETD：20:00
	5 月 9 日	Ship3　ETA：09:00　　ETD： 16:00 Barge1—6 ETA：17:00　ETD：22:00 Ship4　ETA：15:00　　ETD：23:00
	5 月 10 日	Ship5　ETA：06:00　　ETD：16:00 Barge1—4 ETA：17:00　ETD：23:00
	5 月 11 日	Ship6　ETA：08:00　　ETD：17:00
	5 月 12 日	Ship7　ETA：08:00　　ETD：待定 Ship8　ETA：09:00　　ETD：待定
信息 2 （船期更改）		Ship2 晚 4 小时到港 Ship4 晚 10 小时到港 Ship6 晚 5 小时到港
信息 3 （货物在堆场堆放的位置）		A 区（对应泊位 1）：Ship1/Ship5/Barge1—4/Ship6/Ship8 B 区（对应泊位 2）：Ship2/Ship3/Ship4/Barge1—6/Ship7
信息 4 （装卸桥维修）	5 月 9 日	09:00—11:00　QC5、QC6 维修
	5 月 10 日	08:00—16:00　QC2 大修
信息 5 （码头现有泊位占用情况）	5 月 8 日	泊位 1：Ship9　ETD：04:00 泊位 2：Ship10　ETD：08:00
信息 6 （装卸桥分布情况）		泊位 1：QC1、QC2、QC3、QC4、QC5 泊位 2：QC6、QC7、QC8、QC9、QC10

2. 已知某港口的位置如图 2-23 所示，4 个泊位的长度分别是 350 米、350 米、400 米、400 米。计划在该港口堆场配置堆五过六的全门式龙门吊，并且计划在堆场堆放 20ft 或 40ft 集装箱，请为该港口进行堆场规划。

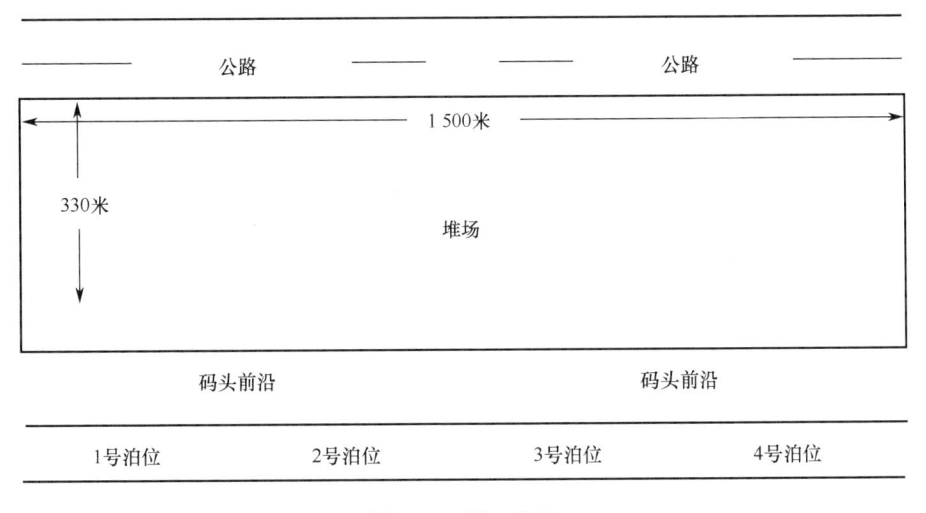

图 2-23　港口位置

要求该堆场必须有进闸口、出闸口、办公区域、加油站、维修区、重箱区、空箱区、冷藏箱区、危险品箱区、特种箱区；要求堆场总堆存能力大于 6.5 万标准箱，且重箱区堆存能力占总堆存能力的 70%～75%，空箱区堆存能力占总堆存能力的 15%～21%。

规划完毕，在堆场规划图中标出该堆场的堆存能力，并用不同的符号标出不同的堆箱区，还要在堆场中标出拖车的行走路线是几车道及行车路线。

3. 请把 20ft 集装箱 COSU123460、COSU8131754 分别配于 010182、030406 箱位处，把 40ft 集装箱 COSU123434、COSU123413 分别配于 020102、020282 箱位处，在对应方格中直接写上箱号即可（见图 2-24）。

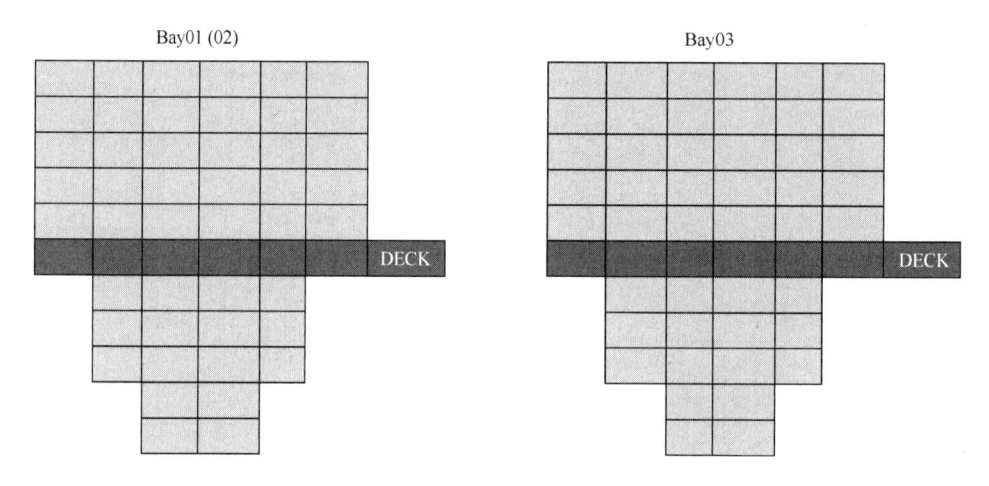

图 2-24　集装箱装船图

注：DECK 区域为甲板，阴影处方格为箱位。

4. 已知"顺风"号全集装箱船某两行的箱位分布如图 2-25 所示，其中甲板上第 1 层和第 2 层为冷藏箱箱位。该集装箱船从广州启航，沿途依次挂靠香港（HKG）、上海（SHA）、神户（KOB），最后到达美国洛杉矶港（LAX）。该集装箱船的航次为 012SF，该集装箱船关于这一行的订舱摘要如表 2-9 所示。

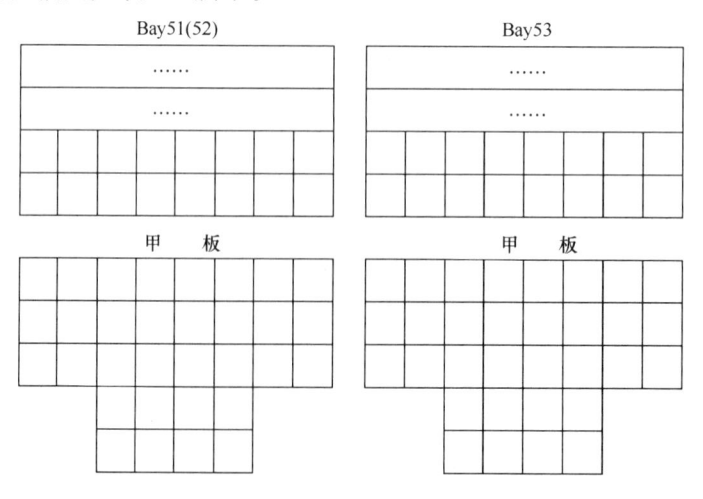

图 2-25　"顺风"号全集装箱船某两行的箱位分布图

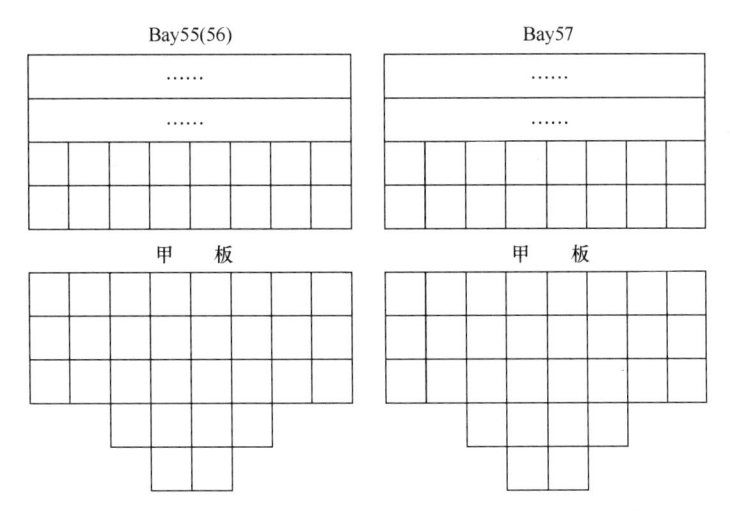

图 2-25 "顺风"号全集装箱船某两行的箱位分布图（续）

表 2-9 "顺风"号 012SF 航次订舱摘要

POL/POD	G.W. (Tons/Per Unit)	Quantity 20′	Quantity 40′	Remark
CAN/HKG	18		6	Type:P
CAN/SHA	17		8	Type:GP
	16		10	Type:GP'HQ（9'6"）
CAN/KOB	22		10	Type:R
	21	16		Type:R
	26		8	Type:B
	18	12		Type:GP
	20		8	Type:GP
CAN/LAX	20	28		Type:GP
	27		16	Type:GP
	25		16	Type:GP
	22		16	Type:GP

请为这两行制订配积载计划。

（1）画出预配图，包括字母图、重量图和特殊箱图。

（2）利用不同的颜色和符号，把卸货港图、重量图和特殊箱图合并为一张预配图。

（3）说出特殊集装箱的箱位号。

项目二

件杂货码头业务与操作

学习目标

知识目标
- 了解件杂货相关基础知识。
- 理解换装作业的含义及换装作业系统的组织。
- 掌握件杂货码头操作系统各环节作业和注意事项。
- 掌握典型的件杂货物装卸工艺。

能力目标
- 会设计典型的件杂货物装卸工艺方案、装卸操作方法与技术要求。
- 能够对件杂货码头的平行作业做出装卸安排。

素养目标
- 培养忠于职守、乐于奉献的职业风格。
- 培养吃苦耐劳、爱岗敬业的从业精神。
- 培养从业人员按照码头装卸作业安全操作规程操作的意识,规范操作。

任务一　件杂货相关知识认知

任务导入

随着中国工业化进程的加快,密集型加工业和重工业开始快速发展,社会化分工逐步细化,进入件杂货码头装卸的货物种类日益繁多,货物单件重量、长度、体积增大,对港口装卸件杂货的工艺要求也越来越高。港口必须在现有件杂货码头装卸工艺布局条件下,充分利用门座起重机、拖车、叉车、流动吊车的现有工作能力,通过操作方法的优化来提高装卸效率和装卸质量。件杂货码头的装卸操作特点是"杂",货种杂、工具杂、方法杂。那么,什么是件杂货物?件杂货吊货工夹具有哪些?装卸件杂货船舶的机械又有哪些?

子任务一　件杂货概述

一、件杂货的定义

件杂货的定义，是从运输、装卸和保管的角度相对港口所装卸的散货、液体货等而言的。所谓件杂货，通常是指有包装和无包装的成件装卸、运输、保管的货物，如各种袋装货物、箱装货物、五金交电器材、日用百货、棉纺织品、钢材、钢锭、有色金属块及大型机器设备等。

集装箱运输的发展，使件货装卸、运输的数量近年来有了明显的减少，虽然按货运量的绝对量来说，件货与其他货种相比所占的比重不大，但不适箱货物及一些运费负担能力较弱的低值货物仍有很大的运输市场。我国很大一部分物资目前仍然以散件形式装运，在一般操作过程中，以机械操作工序吨与总工序吨之比计算，机械操作比重为50%~75%，人工操作比重为25%~50%，占用众多的劳动力，并造成运输工具因装卸和等待而压港，商品流动资金被积压。因此，改进件杂货装卸工艺，合理组织件杂货的装卸操作，对提高装卸效率、降低装卸成本、提高装卸效益有着十分重要的意义。

二、件杂货的种类

件杂货按照包装形式和件货形式的不同可分为以下几种。

1. 袋装货物

袋装货物是指用各种织物、纸、草席、塑料袋等作为货物的包装物，以袋为单元成件装卸、运输及保管的货物，如袋粮、食盐，以及袋装的化肥、水泥和某些矿产品等。袋装货物的形状、尺寸、重量根据袋内所装的货物而定。通常一件袋装货物的长度为60~100cm，宽度为40~70 cm，高度为15~40 cm。纸袋包装的袋装货物单件重量为40~50kg，织物包装的袋装货物单件重量为40~150kg。

2. 捆装货物

捆装货物是指用包装带、绳索、铁丝、铁皮等作为货物的捆扎物，以捆为单元成件装卸、运输及保管的货物，如捆装的棉花、烟草等。某些捆装货物单件重量随压包方式的不同而有很大不同，轻的100kg，重的可达350kg。

3. 桶装货物和圆筒状货物

桶装货物是指用桶作为货物的盛装容器，以桶为单元成件装卸、运输及保管的货物，如桶装汽油、食油等。桶的种类有很多，有的桶两端面有突缘（可以用油桶夹装卸），有的桶面无突缘，有的桶是木制的。金属桶的容积通常为50L、100L、200L、500L，木制桶的容积为15~250L，装运酒的大桶容积可达600L。某些半流体货物和散装货物，其包装桶材质为三夹板和纤维板，这种桶的直径为30~45cm，高为25~70cm，单件重量为15~175kg。

电缆、钢丝绳、输送机的胶带等是绕在两端面为圆形木板的卷筒上运输的，卷筒中央有孔，可由此插入吊货工夹具进行装卸。纸张等则是卷在筒芯上呈圆筒状运输的。

4. 箱装货物

箱装货物是指以各种材料的箱子为容器的货物，如箱装的日用百货、香烟、食品、罐头、小五金等。箱子按结构、材料、件重可分成许多种。小五金等货物用木箱包装，香烟等则用纸箱包装。用纸箱包装的货物，在装卸和堆存时要注意避免被压坏。

5. 筐、篓、坛装货物

这类货物是指用筐、篓、坛作为外包装的货物，如蔬菜、水果、榨菜等。

6. 裸装货物

生铁块、钢锭、钢材、废钢、砖等无外包装的货物称为裸装货物。

子任务二　件杂货主要吊货工夹具

由于件杂货具有货种繁杂的特点，因此，一般情况下，装卸件杂货的机械应该具有通用性。为了提高装卸机械的通用性，使其适应千差万别的货物的装卸要求，必须应用各式各样的吊货工夹具。

件杂货的主要吊货工夹具可分为通用吊货工夹具和专用吊货工夹具。通用吊货工夹具可以用于装卸不同种类的货物；专用吊货工夹具是为某种货物专门设计的，只能用于装卸该种货物，如平放卷钢板夹具、平放卷筒纸夹具等。通常，使用通用吊货工夹具时所用的人力劳动较多，工作较繁重，效率较低，但与此同时，有些通用吊货工夹具往往可以收到避免多次改组货吊的效果。而使用专用吊货工夹具时所用的人工劳动较少（有时甚至可以完全不用人工辅助作业），但在货物品种多、批量小时，有时会由于更换工夹具而形成作业中断，延长车、船作业时间等。

一、通用吊货工夹具

件杂货码头常用的通用吊货工夹具有吊钩、吊索和网络、货板。

1. 吊钩

吊钩又称钩子，是指挂在起重机吊钩上作业的带钩状的吊具工具，常借助滑轮组等部件悬挂在起升机的钢丝绳上，是港口装卸作业中装卸工具的连接件。吊钩结构简单、制造方便、坚固耐用、用途广泛。装卸货物种类繁杂，因此吊钩的形式较多，常见的有马钩和成组网络钩，其中成组网络钩的应用较为广泛。

1）马钩

马钩按照其制造材料的不同，可以分为链条马钩、钢丝绳马钩和钢丝绳链条马钩等。链条马钩（见图 3-1）具有绕性好、起重量大、操作方便、维修费用低等特点，但由于其自重较大，天气冷时会变脆；钢丝绳马钩的自重较轻、安全性好，但随着使用时间的增加，钢丝绳容易起毛刺（见图 3-2），不易挂钩；钢丝绳链条马钩兼具前两者的优点，特别适用于门座起重机。

图 3-1　链条马钩

图 3-2　易起毛刺的钢丝绳马钩

马钩属于间接吊货工夹具，即不直接用它来承载货物，而是配合起重机或船舶吊杆起吊件、捆或网络装载的各类货物。马钩上的吊钩一般做成有突缘的形状，以防止在起吊中马钩挂住舱口围板而造成事故。用于船舶吊杆上马钩的分支索的长度受船舶吊杆高度的限制，一般比较短，但门座起重机上使用的马钩较长（见图 3-3）。

图 3-3　门座起重机上使用的马钩

2）成组网络钩

成组网络钩（见图 3-4）根据材料的不同，可以分为棕绳成组网络钩、链条成组网络钩、扁担钩等。棕绳成组网络钩适用于起吊较轻的成组网络货物；链条成组网络钩适用于起吊重量较大的成组网络货物；扁担钩（见图 3-5）适用于起吊重量大、货组重量小的成组网络货物。

图 3-4　成组网络钩　　　　　　　　图 3-5　扁担钩

2. 吊索和网络

这类工夹具的特点是结构简单、轻巧、使用方便。

1）吊索

吊索是以绳索为主要材料制成的简单吊货工具，它在起重机械与起吊货之间起挠性连接作用,适用于系吊各种货物,在港口装卸作业中使用极为广泛。

根据吊索制造材料不同,可以将其分为棕绳吊索和钢丝绳吊索。这两种吊索结构简单、轻巧、使用方便,其工作的原理都是先从货物的底部绕过,利用绳索上的钩或环将物件扣成一关,把货物吊起来,因此也称为绳扣。按照用途不同,可将绳扣分为棕绳扣、活络绳扣、钢丝绳扣等。

(1)棕绳扣(见图3-6)是用白棕绳制成的环形吊货绳,主要用来装卸重量较小的箱装、捆装和袋装货物,也可用于成组运输。为保证生产安全,避免工具损坏,棕绳扣不得用于装卸钢材。在露天堆放时,要下垫、上盖,防止棕绳扣受潮霉烂。

(2)活络绳扣(见图3-7)由一个吊环连接两根带钢环的白棕绳(或锦纶绳)互相对穿而成,适用于箱装、捆装货物的装卸。作业时,只要将绳扣放开,套在货物上,抽紧后即可起吊。活络绳扣具有使用寿命长、操作方便、安全性好、装卸迅速、经济效益好等一系列优点,而且对货物具有较强的保护功能。

(3)钢丝绳扣具有一定的拉伸强度和挠度,可以在一个平面内或在两个互相垂直的平面内的任意方向弯曲,是装卸长钢材和原木等货物时使用的索具,在成组装卸和成组运输中使用广泛。

使用绳扣装卸长钢材或原木时,要成对使用,组成货吊时要注意两根钢丝绳扣的放置位置和长短要相当。

2)网络

网络又叫网兜(见图3-8),是港口装卸货物时常用的八角形或方形网状承载工具,通常配合起重机一起使用。网络通常由白棕绳、锦纶绳、维纶绳或钢丝绳制成,结构包括网心筋、边筋、吊系、吊环等。按用途不同,可将网络分为袋装货网络、散货网络、生铁网络、木板网络和成组网络等。进行装卸作业时,将货物堆码在网络上,把吊环挂上起货吊钩即可起吊。使用网络成组吊货,吊系受力均匀,货物不易散落,也不易勒坏,可成倍提高装卸效率和装卸质量。

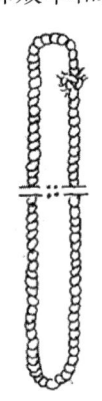

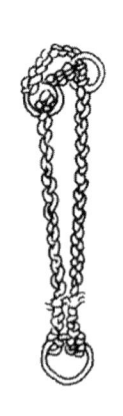

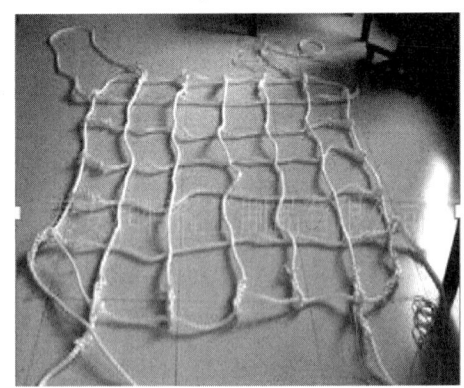

图3-6 棕绳扣　　图3-7 活络绳扣　　图3-8 网络

3. 货板

货板又称通用货板、万能货板或托盘,用于成组装卸水泥、化肥等小袋货物,在作业过程中具有堆码整齐、节省人力的特点。

货板按其制造材料的不同可分为木材、钢材、塑料、纸制货板等;按其结构不同可分为双面和单面货板；按叉车插入货板的方向及数目不同可分为双面插入货板和四面插入货板两种。

木质货板（见图3-9）最常见，它主要由边板、板条和纵向桁木（横档）组成。边板的强度要求较高，因为叉车的货叉尖端穿过货板伸出外边板起货时，货叉要向内倾斜，边板被叉式装卸车的货叉触碰的机会较多，所以边板要用较好的、完整的木料制成。边板要截角，以免碰坏。板条的作用是承载货板重量，各板条之间应留有间隔，以减轻货板重量，节省木料。货板的上下板面之间有3根纵向横木，称为纵向桁木，保证叉式装卸车的货叉能方便地插入和取出。

图3-9　木质货板

钢质货板、塑料货板在结构上与木质货板相似。钢质货板比较牢固，但重量大。国外将钢质货板的面板做成波纹状，以增加货物与货板的摩擦力。塑料货板具有自重小、高度低的优点，但货物与货板之间的黏着力明显不足。

二、专用吊货工夹具

专用吊货工夹具是指只适用于某种货物的吊夹具，该类工夹具使用安全方便、省力省时、装卸效率高，但其利用率较低。专用吊货工夹具的使用与装卸运输专业化的发展密切相关。常见的专用吊货工夹具有油桶工夹具、卷钢板夹具、成捆铝锭吊具、卷筒纸夹具、真空吸盘吊具、电磁吸盘吊具等。

1. 油桶工夹具

油桶工夹具用于起吊油桶，分为卧桶夹和立桶夹两种。卧桶夹（见图3-10）由一个吊架和装在吊架下的8条铁链组成，每条铁链上穿着一对活络的铁钩，用来装卸、起吊、卧放桶装货。作业时，先将吊具挂在起重机的吊钩上，然后使每对铁钩钩住桶两端突起的边缘即可。起吊后，在桶装货的重力作用下，链条紧紧地夹住油桶。吊架的作用是使铁链之间的货桶保持一定的距离，避免因吊链互相缠绕和货桶相互碰撞而发生事故。立桶夹（见图3-11）是在一个圆形钢环的对称位置上，用销轴连接4个桶钩，桶钩的柄端在圆环内并与钢丝绳相连，用来装卸、立放桶装货。作业时，将圆环外的4个钩子钩在货桶凸出的边缘，起升吊索，钩柄一端向上，另一端通过支点向下往里卡紧货桶，完成起吊作业。这类工夹具使用安全方便、省力省时、装卸效率高，但工夹具的利用率较低。

2. 卷钢板夹具

卷钢板夹具（见图3-12）是一种专门用来起吊卷钢板的夹具。使用卷钢板夹具作业时，先吊住外卡板上的两只吊环，使夹具的外卡板落在卷钢板的外圈壁板上，内卡板落在卷钢板的内圈壁板上，然后摘钩，将起重机吊钩钩住内卡板上的卸扣，便可起吊。

图 3-10 卧桶夹 　　　　图 3-11 立桶夹 　　　　图 3-12 卷钢板夹具

3. 成捆铝锭吊具

成捆铝锭吊具（见图 3-13）是起吊成捆铝锭的专用吊具。这类吊具的吊钩由琵琶头钢丝绳连接链条穿过两个夹钩组成。作业时，用夹钩钩住成捆铝锭，链条在货物重力的作用下自行勒紧双钩，保证安全。成捆铝锭吊具结构简单、使用方便。

4. 卷筒纸夹具

卷筒纸夹具是装卸卷筒纸的专用吊具，分为平放卷筒纸夹具和立放卷筒纸夹具（见图 3-14）。使用平放卷筒纸夹具或立放卷筒纸夹具起吊卷筒纸可以避免在使用插棍式卷筒纸吊具时撕坏商/标签，甚至损坏纸张质量。

图 3-13 成捆铝锭吊具 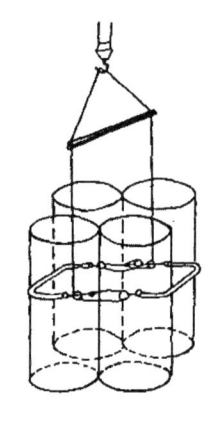　　　　图 3-14 立放卷筒纸夹具

5. 真空吸盘吊具

真空吸盘吊具（见图 3-15）利用真空泵将吸盘中的空气排出，形成较高的真空度，从而利用大气压力将货物吊起。当拉开释放阀，使整个管道与外界大气沟通时，吸盘内的真空消除，铁桶即被释放。装卸时，如果有的桶面高低不平，吸盘下方突出的顶针就不能很好地与桶面接触。这时，触发开关因为没有被顶上而保持常闭，避免了相关管道的漏气，保证了其他吸盘的工作。

6. 电磁吸盘吊具

电磁吸盘吊具（见图 3-16）是依靠电磁铁通电时产生的电磁吸引力来吸取磁性货物的起运工具。起重电磁铁配有成套的供电和控制设备，作业时能有效地控制电磁铁吸放物料。电磁吸盘吊具使用安全可靠、节省劳力、装卸效率高，广泛用于冶金、机械制造、港口码头、货物堆场，与起重设备相配合，搬运和装卸钢板、铸铁、铸件、钢锭等具有磁性的物料。

图 3-15 真空吸盘吊具

图 3-16 电磁吸盘吊具

子任务三 件杂货船舶作业机械

一、门座起重机

门座起重机（见图 3-17）又称门机，是具有沿地面轨道运行、下方可通过铁路车辆或其他地面车辆的门形座架的可回转臂架式起重机，是可回转臂架式起重机的一种典型机型。这类起重机由固定部分和回转部分构成，固定部分通过台架支承在运行轨道上，回转部分通过回转支承装置安装在门架上。门座起重机的应用很广泛，在港口码头和车站库场，门座起重机主要用于散货、件杂货、集装箱、机电设备的装卸作业，是件杂货码头最常用的岸机之一。

图 3-17 门座起重机

1. 门座起重机的工作特点

1）起升高度高

门座起重机的起升高度高，对水位的适应性好，在海港的固定式码头上安装的门座起重机可在泊位前沿水位变化的情况下进行装卸作业。进行装卸作业时，门座起重机臂架运行的轨迹与码头上车辆运行的路线成立体交叉，降低了码头前沿车辆和起重机的拥挤程度，有利于装卸作业现场的生产组织管理。由于门座起重机的起升高度高，所以便于装卸长大件杂货，一吊双关货组作业也比船舶吊杆方便。

2）臂幅大、工作区域大

门座起重机的作业区域是由其最小臂幅和最大臂幅为半径构成的圆形区域，便于件杂货在港口的直接换装作业。需要时，可以同时装卸几辆车，使装卸过程中的工艺中断时间大大缩短。对于长大五金钢材、机械设备等货物的装卸，门座起重机可将它们直接吊放在其后轨幅度范围内的一线堆场上，并将这些货物再装船或装车，减少了流动机械的搬运作业。

3）使用灵活、定位性好

门座起重机可以带货变幅、旋转、运行，所以可将货组吊放到任一指定装卸货位。在装卸车辆时，门座起重机的定位性好，车辆在受载时可以不经常移动，提高了货物装卸效率。门座起重机还便于多台机械联合作业，从而缩短重点舱装卸时间。

4）起重量大

件杂货码头的门座起重机的起重量通常为 5~10t，便于进行重大件货物的联机装卸作业，也有利于开展成组运输，提高装卸效率。

5）通用性好

门座起重机配合各种吊具，可对各种不同的货物进行装卸作业，同时可用来装卸无船用装卸机械设备的船舶。

但与其他诸如船舶吊杆等件杂货装卸船舶机械相比，门座起重机价格高，使用成本、维修费用较高，能耗较大。此外，由于门座起重机自重大，装卸作业时轮压大，同时可以沿轨道移动，因而对码头结构强度的要求高，致使码头的造价高。

2. 门座起重机主要参数的确定

门座起重机的主要技术性能参数包括额定起重量或额定生产率、起升高度、起升速度、变幅速度、运行速度、轨距、基距、最大幅度、最小幅度、门架净空高度、车轮直径和车轮数量、腿压、轮压。除此之外，根据不同的使用条件和场合的机型，还有配套系统的技术参数。

1）起重量

机械起重量主要根据装卸货种和装卸工具的能力等因素进行选择。一般情况下，可选5t 或 10t 起重量。近年来件杂货的重量有加大的趋势，港口配置的门座起重机的起重量也有加大的趋势，新配置的机械起重量都取 10t 或以上，原来的 3t 起重量的门座起重机逐渐被取代。

2）幅度

门座起重机的臂幅是根据到港船型和货物装卸方式而定的。当船舶不装甲板货时，门座起重机最大的臂幅应达到舱口外侧；当船舶经常装甲板货而且船舶吊杆不方便作业时，最大的臂幅应达到船舷外侧，以便船舶外档作业。

二、流动起重机

流动起重机的主要类型有轮胎起重机、履带式起重机、汽车起重机等。其中轮胎起重机（见图 3-18）是港口装卸驳船最常用的流动起重机。轮胎起重机具机动性好、适用性强的特点，使用时不受轨道的限制，灵活机动，服务区域相对较大，既可用于码头前沿，又可作为堆场机械使用，一机多用，使机械利用率得到充分发挥。

图 3-18 轮胎起重机

轮胎起重机是装在专用的轮胎底盘上的全旋转臂架式起重机。它有起升、旋转、变幅和运行 4 个工作机构，分别用于完成提升和水平运移货物、调整臂架伸距及变换工作地点的动作。轮胎起重机的起重臂、司机室、动力装置、对重及起升、变幅、旋转机构等都布置在转台上。运行底盘设有 4 个可收放的支腿，以便增强轮胎起重机的起重能力和稳定性。

港口轮胎起重机的起升机构一般具有吊钩、抓斗两用的两个卷筒，货物以自由落体的形式下降。旋转支承一般采用滚动轴承式的转盘结构，旋转驱动装置采用带极限力矩联轴器的蜗轮传动或伞齿轮传动，变幅机构采用钢丝绳卷筒的简单变幅机构，主要用来调整臂架的工作位置。

轮胎起重机的起重特点是：不同长度的起重臂的起升高度和起重特性不同，同一长度的起重臂幅度越小，起重量越大。

轮胎起重机的起重量分为使用支腿和不使用支腿两种情况，使用支腿的起重量分为最大起重量和常用起重量。最大起重量是指在使用最短臂且吊钩在最小有效幅度时的起重能力；常用起重量是指吊钩在常用有效幅度时的起重能力。按照交通运输部港口轮胎起重机基本参数系列标准，港口轮胎起重机的起重量（使用支腿的最大起重量）系列为 8t、16t、25t、40t，发展吨级为 63t、100t。

为了保证起重机不发生翻车事故，每种型号的轮胎起重机都设有"起重量一般度"指示器，指示起重臂在某一位置所能起吊的重量。进行装卸作业时，应严格遵守规定，不得超负荷起吊。对于轮胎起重机这类起重量随幅度变化的臂架式起重机，为了避免由于载重力矩超过复原力矩而引起倾翻事故，大多装设了起重力矩限制器。有了这种安全装置，当载重力矩超载时，限制器能自动切断动力源，从而保证操作安全。在选用轮胎起重机时，首先要根据港口装卸货物的重量、所需提升的高度和所需的幅度，参照轮胎起重机的起重特性表或曲线选用符合要求的机型。其次要根据装卸现场条件，如道路宽度、码头结构等来考虑轮胎起重机的外形尺寸、最小旋转半径、轮压等参数。

轮胎起重机的造价比门座起重机低廉，维修保养的费用较门座起重机低，操作方便。由于驾驶员视线好及吊货索长度短等原因，轮胎起重机更适用于装卸小驳船。但由于轮胎起重机的起重量随着臂幅的增大而变小，在装卸作业时，由于使用的臂幅较大，所以实际使用的起重量比标明的最大起重量小。一般来说，轮胎起重机的装卸效率较门座起重机低，当同时使用多台轮胎起重机进行装卸船作业时，码头前沿就显得很拥挤。

三、浮式起重机

浮式起重机（见图3-19）是装在专用平底船上的一种臂架式起重机，又称起重船。它广泛用于海河港口，可单独完成船-岸或船-船间的装卸作业，也可配合岸上的起重设备加速船舶装卸作业。此外，它还常用于建港、建桥、水利工程及船舶修造、水上打捞、救险等的起重作业。

图3-19 浮式起重机

浮式起重机的优点是：能在水上（锚地）进行装卸，自重不受码头地面承载能力的限制，可从一个码头移到另一个码头，使利用率提高，配合浮码头工作可不受水位差影响，因而适用于码头布置比较分散、货物吞吐量不大及重大件设备的装卸工作，对水位变化大的内河港口则更适宜。浮式起重机的缺点是造价较高，需要的管理人员较多。

一般来说，陆地上各种臂架式起重机均可装在浮船上构成不同形式的浮式起重机，但要考虑水上作业的特点。首先，在决定浮式起重机的主要参数时，应考虑浮船倾斜的影响。例如，设计臂架尺寸时要考虑浮船倾斜对起升高度、工作幅度和变幅时吊钩高度差值变化的影响，臂架系统、变幅形式和结构尺寸要尽可能适应对船舶进行装卸的要求，如起重机旋转时，尾部尺寸不应超出浮船船舷，臂架下支座铰接点高度和起重机有效幅度应能使起重机舷边以上的净空高度满足既定的作业要求，以便尽可能地靠近船舶和跨船作业等。其次，为了在不过分增大浮船外形尺寸的条件下获得较好的稳性，应尽可能降低起重机的自重和重心高度，减少起重机上部结构的迎风面积并使旋转部分的重量尽可能平衡。此外，为了使船舶在出海时能稳定地航行，以及在内河航行时能通过桥梁，起重机臂架系统在航行时应能放倒或降至最低位置。

四、船舶吊杆

船舶吊杆是指装在船舶甲板上，为本船装卸货物所用的船上专用设备。件杂货船舶较多地配备起重设备，用船上自带的装卸设备装卸货物，有利于减少港口设备投资，降低港口装卸前沿的装卸成本，有的情况下还可能加快船舶装卸速度，减轻工人劳动强度。

船舶吊杆主要用于杂货船和多用途船舶。使用船舶吊杆进行船舶装卸作业的特点有以下几个。

（1）码头的造价低。当完全使用船舶吊杆进行装卸作业时，码头可不设门座起重机，因而对码头建筑结构强度的要求比较低，降低了港口码头泊位的建设费用。

（2）件杂货码头的营运费用低、装卸成本低。使用船舶吊杆时由船舶自行供电，不需要陆上专门为之设置供电、修理等设施，所以对港口来说，使用船舶吊杆进行装卸作业的装卸成本较低。

船舶吊杆的起货高度较低，工作幅度小，对码头水位的适应性差，不适宜进行直接换装作业。同时，船舶吊杆的起重量相对较小，不宜起吊成组的重量大的货组。若在水位差变化比较大的港口采用船舶吊杆作业，必须验算船舶满载低潮时作业是否有困难。另外，船舶吊杆不宜在陆域狭窄、码头前沿设置多层仓库的条件下使用。

五、船舶作业机械的选用

合理地使用港口装卸机械，对做好装卸工作有着巨大的作用。船舶作业机械选用比较如表3-1所示。

表3-1 船舶作业机械选用比较

船舶作业机械类型	优点	缺点	适用范围
门座起重机	起升高度高，对水位的适应性好。立体作业可缓解作业时码头拥挤问题，工作范围大、定位性好，起重量大，兼容性好，可针对不同货物更换各种吊具	造价高，使用成本、维修成本较高，此外由于自重大，对码头的水工建筑要求较高	适用于露天条件下一般物料的装卸与搬运，特别是长大件货物
流动起重机	具有机动性好、适用性强的特点，不受轨道的限制，灵活机动，服务范围广，从码头到堆场，一机多用，使机械利用率得到充分发挥，造价成本较低，维修保养方便	起重量受到较多限制，装卸效率低，多台流动起重机同时工作时，码头前沿拥挤	适用于港口、车站、货场、工地等场所的装卸与安装工作
浮式起重机	自重小，占地少，工作效率高，作业稳定性好，运转灵活，工作范围更广，能在水面作业，无须考虑码头地面的承载能力，可在码头之间灵活移动，使利用率提高，配合浮码头工作可不受水位差的影响	造价很高，需要的管理人员更多，装卸工作专业性强	适用于码头布置比较分散、货物吞吐量不大及重大件设备的装卸工作，对水位变化大的内河港口则更适宜，还可以用于建港、建桥、水利工程及船舶修造、水上打捞、救险等的起重作业
船舶吊杆	有利于减少港口设备投资，降低港口装卸前沿的装卸成本，有的情况下还可能加快船舶装卸速度，减轻工人劳动强度。船舶吊杆结构简单，管理、维修方便，且不需要设置专门的供电、修理等设施，可使用岸上供电或无须岸上供电，营运费用低	起货高度较低，工作幅度小，对码头水位的适应性差，也不适宜进行直接换装作业。起重量相对较小，不宜起吊成组的重量大的货组	对于某些装卸条件不佳的港口，以及当港口吊货机械不足时，可提升装卸效率；船舶在开阔的水面过驳及吊运物料、备件等

任务二 件杂货码头换装作业系统

任务导入

太仓市国际集装箱码头公司将靠泊一艘来自韩国的卷钢船并进行换装作业，船名为"东邦宝石"，航次为Voy.120415，预计靠泊时间为2023年4月15日23:00。什么是换装作业？怎样进行换装作业呢？

子任务一 换装作业

一、换装作业的定义

换装作业是指货物从进港到离港在港口所进行的全部作业的综合，由一个或一个以上操作过程组成。而操作过程是指根据一定的装卸工艺，在船、车、库之间完成一次完整的搬运作业的过程，它是港口基本的装卸搬运活动。

港口换装作业一般有两种形式。一种形式是货物先从船上卸入库场，经过短期堆存，再由库场装上车辆（或船舶），或者按相反的程序作业，这种形式一般简称为间接换装工艺。另一种形式是货物由船上卸下直接装上车辆（或船舶），不再进入库场，或者按相反的程序作业，这种形式简称为直接换装工艺，或称直取作业。在第一种形式下，货物在港口的换装作业是由两个（或两个以上）操作过程组成的；在第二种形式下，货物在港口的换装作业是由一个操作过程组成的。

采用直接换装工艺可以减少操作次数，简化作业环节，减少货物换装所耗费的人力和物力，缩短货物在港滞留时间，并且可以减少码头的陆域面积。从这些方面看，理应减少进入库场货物的数量，增加直取的比重。但是，采用直接换装工艺时，由于运载工具到港密度和时间的不平衡性，往往会造成车船在港停留时间的延长。由于受码头前沿场地的限制，即使车船作业能够衔接，装卸效率往往也难以提高。采用间接换装工艺时，由于有库场作为换装作业的缓冲，可以弥补各装卸作业环节生产的不平衡性。

因此，究竟采取间接换装工艺还是直接换装工艺要根据具体情况确定。但从目前的趋势看，大型专业化码头的生产均采用间接换装工艺，以减少车船在港等待时间，提高作业效率。

此外，货物在港口堆存期间，根据需要也可能进行库、场之间的搬运，这类作业也应视为一个单独的操作过程。因此，港内货物操作过程可归结为以下几种：船⇆船；船⇆车、驳；船⇆库、场；车、驳⇆库、场；车、驳⇆车、驳；库、场⇆库、场。

同一库场内的倒垛、转堆属于库场整理性质，与翻舱、散货的拆、倒、灌、绞包、摊晒货物等装卸辅助作业，均不计为操作过程。

二、换装作业的工序

为了能比较正确地反映装卸作业的机械化情况，也可以将一个操作过程划分为若干工序。所谓工序，是指构成操作过程的相对独立的一个完整的作业环节。工序的划分主要是为了反映装卸作业的机械化程度,因此随着港口装卸作业机械化程度的变化,工序的划分也会有所变动。

港口生产作业中的主要工序有以下几道。

(1)舱底作业工序:包括装船和卸船时在舱内的摘挂钩、拆码货组、拆码垛及平舱、清舱等全部作业。

(2)起落舱作业工序:包括装船和卸船时船舱到岸、岸到船舱、船舱到车辆、车辆到船舱及船舱到船舱的作业。

(3)水平搬运作业工序:包括码头、库场、车辆之间的搬运作业。

(4)车内作业工序:包括装卸车时的上下搬动、拆码货组,车内的拆码垛作业。

(5)库内作业工序:包括库场内的拆码垛、拆码货组、供喂料作业。

三、换装作业的机械化程度

在既定的工序中,完成一吨货物的操作,即计算为一个工序吨,使用机械的为机械操作工序吨;使用人力的为人力操作工序吨。

换装作业机械化程度的计算公式为:

机械操作比重=(机械操作工序吨/总工序吨)×100%

【例 3-1】船⇆库,钢板 5 000 吨,先用人力在船内进行挂钩,再用门机把钢板从舱内吊起放在牵引车上,用牵引车拖到库场,用轮胎吊从牵引车上把货物卸到库场。请计算这次装卸作业的工序吨和机械操作比重。

解:先计算工序吨。

(1)舱底作业:工人进行挂钩等工作 5 000 吨(人力操作)。

(2)起舱作业:门机起舱 5 000 吨(机械操作)。

(3)搬运作业:牵引车水平搬运 5 000 吨(机械操作)。

(4)库内作业:轮胎吊卸车并堆放在库场上 5 000 吨(机械操作)。

该装卸作业的工序吨计算如下。

机械操作工序吨 = 5 000 + 5 000 + 5 000
$$= 15\,000\,(吨)$$

人力操作工序吨 = 5 000(吨)

总工序吨 = 15 000 + 5 000
$$= 20\,000\,(吨)$$

机械操作比重 = $\dfrac{15\,000}{20\,000} \times 100\% = 75\%$

子任务二 合理组织换装作业系统

一、换装作业系统合理组织原则

1. 专业化原则

专业化是社会化大生产的产物,是现代化大工业发展的客观规律和基本特征。港口实行专业化生产后,就可以使用专门的设备和特殊的工艺过程,有利于实现机械化、自动化,提高生产技术水平和劳动熟练程度,从而大幅提高装卸效率和装卸质量,降低装卸成本。

货物吞吐量的大小决定了是否设置专业化泊位和采用专业化机械,如木材专用码头、钢材专用码头等。如果产量不足，专业化生产反而会因设备利用率不足而提高装卸成本。

2. 标准化原则

专业化生产是标准化的基础。设备标准化是符合经济原则的，可以大幅减少备件的数量，提高维修人员的技术熟练程度和维修质量，降低维修费用。当前我国港口严重存在机型杂的问题，迫切需要根据标准化原则进行调整和整顿。

不仅大的装卸设备需要实行标准化，小型的、简单的吊货工夹具和成组工具也需要标准化。例如，货板标准化以后不仅可以降低制造成本，还可以减少维修费用。

3. 充分利用机械原则

件杂货装卸作业劳动强度大，因此用机械代替人力从事装卸作业具有特别重要的意义。装卸工作机械化不仅是降低体力劳动繁重程度的根本途径，也是保证作业安全、提高劳动生产率、提高装卸质量的重要手段。

4. 充分利用工夹具原则

港口使用的装卸机械由于其投资巨大，难以经常变换，而吊货工夹具成本较低，可以随货种的不同随时变换适应。以变换吊货工夹具的方式适应装卸对象（货物）的变化，不仅可以扩大港口装卸机械的适用范围，对整条作业线效率的提高也能起到显著的效果。因此，应特别注意吊货工夹具的选择。

对吊货工夹具的选用和改进应以保证安全质量、充分利用机械的有效起重量、工人操作方便、利于成组装卸、延长吊货工夹具使用寿命等为目标进行全面考虑。

5. 尽量减少作业环节原则

要按一定的操作过程完成货物的装卸搬运，往往要完成许多作业环节。例如，工人在船舱内组成货吊（组关）、挂摘钩、起重机，将货物吊到岸上，岸上工人挂摘钩、叉式装卸车叉取货物、搬运，直至货场码垛等。除了主要作业，还有许多如捆绑、分票等辅助作业。一般说来，作业少，所消耗的人力就少，几个环节的配合也容易紧密。最少的装卸是最好的装卸。作业意味着费用，因此要力求用自动的或半自动的吊货工夹具及成组装卸等方法来减少作业环节。

6. 合理搬运线路原则

货物装卸的经济效果随着工艺流程中迂回运动的减少而提高。这个原则反映了一个显而易见的事实：两点之间直线距离最短。由于运动意味着费用，因此直线运动是最合理、经济的物流。

货物没有按照装船需要在库场堆放、库场设置离码头过远、皮带机布置不合理等均会导致在装卸工作中发生交叉搬运、迂回搬运和过远搬运。

7. 作业线各环节生产能力相互协调原则

装卸作业线是完成操作过程的基本作业系统，是各作业环节的有机组成，只有各环节相互协调，才能使整条作业线产生预期的效果。

装卸作业线各环节相互协调有两方面的含义。

其一，各工序的生产率要协调一致，各工序机械的起重量要相互适应。因为如果各工序的生产率不能协调一致，各工序机械的起重量不能相互适应，则整条作业线的生产率就会下降到最薄弱环节生产率的水平。应该把注意力集中在薄弱环节生产率的提高上。否则，即使作业线上某一工序的设备再先进、生产率再高，若有薄弱环节存在，整条作业线的生产率也无法提高，必然降到最薄弱环节的生产率水平。为了保证各工序生产率能相互协调，必须按工艺规范进行配机、配工。

其二，作业线所包含的各种辅助作业，如计量、过秤、测温、灌包、缝包等，均应机械化、电子化。这些作业虽然不是主要工序，但往往会成为影响货物装卸质量或作业线生产率充分发挥的薄弱环节，必须予以高度重视。

8. 各环节的生产率应服从主导机械的生产率原则

装卸船机械是港口装卸工作中的主导机械。港口装卸工艺的重要特点之一是，不仅要使货物在港口的换装最经济，而且要尽量缩短运输工具在港口的停留时间。因此，提高车船装卸速度是港口作业的主要目标之一。但在货运量一定的情况下，生产率过高的库场的装卸机械会因机械利用率下降而导致装卸成本增加。合理的方法是以较低的库场机械生产率保证较高的车船装卸效率。例如，采用牵引车挂车的方法接运装卸船机械，牵引车挂车的生产率应大于或等于装卸船机械的生产率，以保证装卸船机械生产率的充分利用。

装卸机械的生产能力并不是在任何营运条件下都能充分发挥出来的。即使在相同的客观营运条件下，作业组织不同，操作方法不同，同一台装卸机械的生产率也会有很大的不同。现场管理者的一项重要任务就是精心进行作业组织，善于总结和推广司机与工人的先进操作经验。

任何装卸机械都有无法充分发挥生产能力的问题。

门座起重机和船舶吊杆作为装卸船的主导机械，其生产率的充分利用对提高整条作业线的效率、加速船舶装卸具有重要意义。提高门座起重机和船舶吊杆生产率的主要方法有以下几种。

（1）增加每一周期的吊货量。通常可采用扩大吊货工夹具的载货容积、一吊双货组及其他能增加一次吊货量的先进操作方法，充分利用起重机的额定起重量。

（2）缩短起重机的工作周期。起重机的工作周期是由升降、旋转、变幅、挂摘钩（抓放货）、稳钩等所用时间组成的。要缩短起重机的工作周期，首先应致力于缩短工作周期的组成部分所用时间。

要缩短升降时间，可以避免多余的起升高度，缩短回空的吊货工夹具的长度，对长的货物进行吊正等，从而降低起升高度；也可以从提高司机的技术熟练程度着手，使起重机的速度得到更好的利用以减少操作时间。

要缩短放置货物的时间，可以合理布置起重机的作业位置，使旋转角缩小，以及提高旋转速度。

在一定条件下，可以用下述方法提高起重机的旋转速度：在旋转启动达到正常旋转速度后，缩小幅度，这样旋转速度就可以增大到超过正常的旋转速度，当接近放货点时，再伸展臂幅，从而达到平稳的制动效果。

缩短挂摘钩时间的方法是，派熟练的工人从事挂摘钩工作，采用能自动挂摘的吊货工夹具，用一次回吊若干空吊货工夹具的方法减少挂摘钩次数。

缩短稳钩时间的主要方法是，扩大放货点的面积，提高司机的技术熟练程度，以求平稳制动。

在缩短各组成部分所用时间的基础上，还要研究整个货吊的合理运行轨迹，在升降、变幅、旋转等各个动作兼动的基础上，求得最短的工作周期。

除此之外，还要注意尽量减轻吊货工夹具的自重，在发挥起重机起重能力的同时，充分提高装卸货物的有效起重量。

9. 灵活性原则

直取作业是减少作业环节、提高装卸效率、降低装卸成本的有效途径之一。例如，当车、船装卸效率相当的情况下，组织"车–船"直接换装作业，能减少一次操作，无疑是合理的。但在船装卸效率很高的情况下，"船–车"直接换装作业的效率将大大低于"船–库"换装的效率，因此，效率高的专用进口码头为了提高卸船效率，宁愿采用船→场、场→车两次操作的工艺方案。码头更不应该出现为了追求直取作业而出现车等船或船等车的现象。

二、合理组织件杂货码头换装作业

根据件杂货装卸机械化系统的机械配置，典型的件杂货换装作业的合理组织形式主要有船舶吊杆–流动运输机械系统；门座起重机–流动运输机械系统；起重船–缆车–流动运输机械系统。

1. 船舶吊杆–流动运输机械系统

1）布置形式

船舶吊杆–流动运输机械系统布置在一线仓库。

2）布置要点

（1）前方作业地带的宽度。采用船舶吊杆进行装卸作业时，件杂货码头前方作业地带的宽度要满足码头前沿机械转弯半径的要求，通常可取 20～30m。如考虑将前方装卸船舶的机械改为门座起重机，码头前方作业地带的宽度可适当地留有余地，但不宜大于 50m。当件杂货码头采用多用途码头类型时，码头前方作业地带的宽度应满足多种流动运输机械作业的要求，不宜小于 40m。

（2）仓库的主要尺度。

① 仓库的跨度和库门的尺度。仓库的跨度和库门的尺度按库内作业的机械类型及仓库的容量确定，单层仓库的跨度不应小于 18m，仓库门的净宽不应小于 4.2m，净高不应小于 5m。

② 仓库内净空高度。仓库内净空高度按库内作业的机械类型、货物堆高及仓库类型确定。一般情况下，单层仓库和多层仓库的底层净空高度不应小于 6m，多层仓库的楼层净空高度不应小于 5m。如考虑库内机械的使用，仓库内净空高度还可适当提高。

多用途码头库场的布置应满足件杂货和集装箱装卸作业的需要，并考虑装卸货种的机动性，一般不设永久性仓库。

（3）多层仓库。当仓库面积不足时，可考虑使用多层仓库。

英国伦敦港有一座三层仓库。第一层和第二层作为前方仓库，第三层作为堆栈。整个第二层的路侧方向有一条高架汽车道。汽车道经仓库一侧的斜坡道与地面公路相接，汽车可以直接行驶到第二层进行装卸。在第一层和第三层的海侧方向设有阳台，码头起重机可直接将货物吊放到阳台上。各楼层地面的载荷允许叉式装卸车作业。库内设有电梯，在第三层设 4 台库内电葫芦。电葫芦的钢梁从仓库陆侧墙伸出，跨越第二层的汽车道。提货时，4 台库内电葫芦可将第三层的货物装入停在汽车道和地面的汽车。

2. 门座起重机–流动运输机械系统

1）布置形式

门座起重机–流动运输机械系统布置在一线堆场、一线仓库。这是使用门座起重机的码头，码头前沿有一个堆场和一个仓库，比较适用于件杂货。其中，无包装的件杂货可进堆场，有包装的货物可入库。

2）布置要点

（1）码头前沿和门座起重机海侧轨道中心线的间距。此间距应能保证起重机及起重机的附件不碰系船柱和船舶舷梯，起重机的旋转部分不碰船上的上层建筑物，一般可取 2.0～2.5m。多用途码头考虑到集装箱装卸作业，此间距不宜小于 3m。

（2）起重机轨距。采用门座起重机装卸船舶时，门座起重机的轨距通常可取 10.5m。

（3）一线堆场。一线堆场的布置主要是为了充分发挥起重机臂幅大的优越性，可将货物从船上直接卸到起重机臂幅工作范围内的堆场上。一线堆场通常作为长大件货物的堆场，也可堆放周转快、可以堆高的货物。一线堆场的纵深主要取决于堆场的容量、门座起重机的幅度和布置、货种的堆放要求等因素。

（4）道路及流动运输机械在库前的制动距离。

① 码头前方道路。码头前方道路是指码头前方平行于码头前沿线的道路，一种道路布置形式是将道路安排在一线堆场的后边；另一种道路布置形式是将道路安排在门座起重机后轨与一线堆场之间。在后一种布置形式中，码头前方道路与货物交接地带结合在一起，包括道路和货物交接地带的宽度，应根据车辆流通量等因素确定，一般为 7～10m。

② 仓库与道路之间的引道长度。仓库与道路之间的引道长度，也称流动运输机械在库门前的制动距离，流动运输机械进出库时，可取 4.5m；汽车进出库时，可取 6.0m。

③ 堆场后沿与仓库檐墙间距。堆场后沿直接与仓库相邻，库门背向堆场，此间距为 1.5m，用来为堆场露天存放的货堆遮盖油布，还可预防屋檐水下流打湿货物和防止货堆靠墙，避免仓库檐墙受力过大。

④ 门座起重机与流动运输机械的货物交接地带。这一地带一般需要 3～5m 的纵深，以保证一定的交接宽度，在此范围内不能堆货。在一线堆场内布置垂直于岸线的通道作为交接地带，通道的宽度取决于流动运输机械的转弯半径，行驶牵引车的通道宽度应大于 6m。如一线堆场紧邻门座起重机，货堆应从起重机后轨外 1.5m 处堆放。在需要增加一线堆场纵深的情况下，可采用流动起重机接运的作业方式。

（5）站台。

① 站台的宽度。件杂货仓库的站台是指当仓库外有铁路时，仓库与铁路之间应有流动运输机械装卸车辆的作业地带。铁路中心线至库墙边的距离根据作业方式及所选用的机械确定，采用叉车、前沿车时，宜取 7.75～9.75m；采用轮胎起重机作业时，可增大至 11.75m。

② 仓库站台需设置全遮式雨篷时，雨篷支柱内侧至铁轨中心线和篷内的净空高度应根据作业方式及所选用的机械确定，并应符合铁路建筑限界的有关规定。例如，站台宽度为 6.8m，雨篷支柱内侧至铁轨中心线的距离为 10.75～12.75m。

③ 站台高度的确定要考虑便于仓库与棚车的接运作业，一般可取 1.1m。

④ 站台边缘至相邻铁路中心线的距离为 1.75m。

⑤ 站台车辆斜坡的坡度应为 10%～20%。

3）一线堆场的布置形式

所装卸的货物基本上只需在堆场存放，一线可不建仓库，仅设堆场。在堆场纵深增加的情况下，堆场作业可采用起重机接运方式。

3. 起重船-缆车-流动运输机械系统

起重船-缆车-流动运输机械系统是内河斜坡式港口的典型件杂货装卸工艺，特别适用于水位变化大、斜坡的坡度比例为1∶3以下的内河港口。

1）工艺系统的组成

起重船-缆车-流动运输机械系统由起重船、缆车、流动运输机械等组成。

（1）起重船。起重船也称浮吊，曾是我国内河港口斜坡式码头广泛使用的主要装卸机械。

由起重船、缆车和流动运输机械组成的内河港口件杂货装卸系统在实际使用中暴露出严重的弱点，主要是装卸作业环节多、装卸效率低。因此，一些内河港口对该系统进行了技术改造。例如，长江中下游地区有的内河港口按照海港的作业方式，采用直立式码头的件杂货装卸工艺；而在水位变化大的内河港口，仍然使用起重船-缆车装卸工艺。采用这种装卸工艺，除装卸重件杂货的码头需要专门配备大起重量的起重船外，一般内河斜坡式件杂货码头的起重船的起重量、作业幅度和装卸效率都不是很高。

（2）缆车。缆车是该系统中搬运货物上、下坡的机械。缆车的载重量及其台面尺寸主要根据通过码头的常见件杂货的件重与货组重量及其外形尺寸确定，还要与起重船及岸上水平搬运机械的载重量相适应。如水平搬运机械随货同行，则还要考虑水平搬运机械的重量。

（3）流动运输机械。各种类型的流动运输机械用于水平搬运、库场内堆拆垛和装卸车作业。该系统有两种作业方法：一种是水平搬运机械驶上缆车，随缆车运行；另一种是将货物直接放在缆车上，流动运输机械在岸上接运。在水平搬运机械驶上缆车的情况下，卸货时，空载的汽车或牵引车的挂车停妥在缆车上后，开动电动卷扬机，牵动钢丝绳，将缆车沿着斜坡轨道拉到起重船边。起重机将货物吊放到停在缆车上的汽车或挂车里，再开动电动卷扬机，将重载的缆车拉到岸边，重载的汽车驶离或由牵引车将挂车拖离缆车；装车时按相反的程序进行。在水平搬运机械不驶上缆车的情况下，起重船将货物直接装到缆车上。缆车到达岸边后，再用叉车装卸车或起重机将货物从缆车上取走。缆车是成对作业的，当一台缆车在岸边作业时，另一台缆车正在配合起重船作业。

2）缆车的工艺布置

（1）坡顶平面的布置。坡顶平面的布置有两种形式：直式和侧式。直式布置是指流动运输机械从缆车正面进出的形式。其优点是工艺布置紧凑，占陆域面积小；缺点是操作较困难。为了缆车作业的安全，流动机械装船下行时，机械和货物要后退上缆车；上行时，机械和货物要前进上缆车。因此，这种工艺布置适用于回转半径小的小型流动运输机械，如电瓶车和叉式装卸车等。

侧式布置的特点是坡顶的缆车作业平台位于缆车的侧面。搬运机械可以从缆车的两侧进出，所以搬运机械可始终以前进状态经两侧的平台进出缆车，作业操作方便、安全，但占地面积较直式布置大。这种工艺布置适用于载运长大件货物和拖带挂车的牵引车需要驶上驶下的情况。

（2）一对缆车台面之间的距离。一对缆车台面之间的距离由货物包装规格、上下坡人行道布置的要求而定。一般情况下，一对缆车台面之间的最小间距为1m，缆车中心线距离约为5.5m。

（3）卷扬机房的布置。卷扬机房的布置有侧式和直式两种形式。侧式布置时，操纵室可和卷扬机房合建在同一建筑物内，一般设在卷扬机房的二楼。采用这种布置形式，驾驶员的视野好，布置紧凑。直式布置需在码头另设操纵室，通常的布置是操纵室设在码头前沿，便于驾驶员操纵，卷扬机房设在码头后沿，便于车辆和货物进出缆车。

（4）托辊的布置。为了减少缆车牵引钢丝绳的磨损，保证缆车作业的安全，在缆绳运行轨道间设置可拆卸的缆绳托辊，间距一般为10~20m。

（5）缆车管沟的布置。缆绳上坡后要埋在地下，以便上下缆车机械和货物的装卸作业。缆绳管沟的布置与卷扬机房的布置形式有密切的关系。卷扬机前滑轮（坡顶滑轮或经坡顶滑轮后的改向滑轮）至缆车卷扬机卷筒中心的距离，一般为卷筒长度的20倍，以保证卷筒中心线与钢丝绳的最大夹角小于1.5°。

3）系统设计注意事项

（1）为了提高内河泊位的装卸效率，适应内河船舶大型化的需求，内河斜坡式件杂货泊位宜采用一艘船上设置2台起重机、配备2对缆车的布置方案。

（2）缆车的载重量应和起重船的起重量相适应，在水平运输机械上缆车的情况下还要和水平搬运机械的总重（自重与载重之和）相适应。对个别重件货，采用一对缆车同时抬一件重件货的作业方法。

（3）缆车的尺寸应和载运的货种相适应，并满足驶上缆车的水平搬运机械的尺寸，还要满足工人上下缆车从事挂摘钩作业的需要。

（4）一对缆车之间的距离大小主要根据所装卸的货物而定。装卸长钢材，间距要大些。至于重件货缆车，要考虑由2台缆车抬一件重件货的需要，一对缆车之间的距离不宜过大。一般情况下，间距大，护坡费用高，缆车钢丝的弯曲较多。

（5）坡度要根据自然岸坡的情况确定，要避免形成挡水道，造成淤积。坡度一般不大于1∶3。坡度大不但费电，钢丝绳的损耗也大，缆车也太高，不利于安全操作。在缆车泊位上建造的任何固定人行引桥，其坡度必须与缆车的斜坡坡度一致，以便引桥与缆车紧靠趸船。

（6）为使牵引车能直接拖带挂车上下缆车，在岸线处要设置平台。

（7）在客货班轮码头或某些前方未设置起重船的泊位，往往需要蓄电池搬运车从缆车驶上趸船作业。在这种情况下要设置活动搁架（见图3-20）。因为如果不设置活动搁架，则水位稍有涨落，就要绞船，否则蓄电池搬运车会因缆车面与趸船之间的高度差而不能上下趸船。

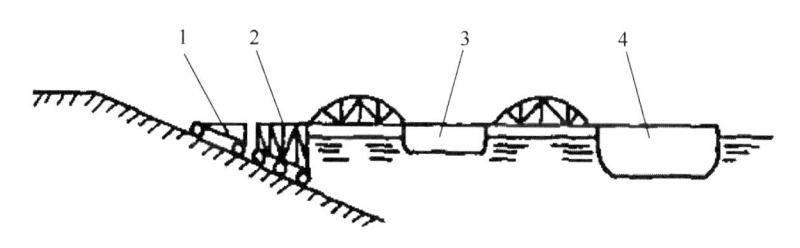

图3-20 活动搁架

注：1—缆车；2—活动搁架；3—跳趸；4—趸船。

这里需要说明的是内河网地区的港口换装作业。这类港口的水域水位变化不大，码头岸壁与航道整治后的岸壁形式相同，有直立式，也有坡度不大的斜坡式，但落差都不大，港口的规模也较小。在这类港口的件杂货换装作业中，装卸船舶的机械大都采用岸边固定起重机械或诸如轮胎起重机之类的流动运输机械，直接将货物从船上卸下，装上水平搬运机械，或者从水平搬运机械上将货物卸下并装上船舶。

任务三　件杂货码头操作系统各环节作业

任务导入

天津港是以大宗散货、件杂货和集装箱运输为主的大型综合性港口，件杂货装卸作业在天津港一直占据比较稳定和重要的地位。港口件杂货装卸生产系统是由船舶、货物、装卸设备、装卸用工属具、劳动力、货场等多种生产因素组成的复杂系统，装卸环节多而繁杂。那么件杂货物在码头操作系统中的各个环节是怎样进行装卸作业的呢？

件杂货物的装卸是按照件杂货的种类，选用合适的吊货工夹具及适当的吊货机械进行的。

子任务一　舱底作业

舱底作业是指货物装船或卸船时舱内的全部作业，包括在舱内的挂钩、摘钩、拆垛、码垛、拆关、组关、平舱、扫舱等作业。

一、舱底作业的方式

由于各种件杂货船舶吨位等级和舱室结构不同，货物特性不同，运输工艺的形式和舱底作业的方式也不同，归纳起来主要有如下几种。

1. 散件运输，成组装卸

这种方式是指在运输的过程中，货物在舱内以散件的形式堆存，在装卸船的过程中，利用网络或货板，以成组（标准关）的形式通过装卸船设备（起重机）进行吊上吊下（起落舱）作业。其中，卸船时，舱内人力组关，即将舱内待卸的货物用人工的方式装入网络或货板，再通过起重机吊出舱外；装船时，货物通过网络（或货板）吊入舱内，再用人工的方式进行拆组堆码，卸空后的网络或货板通过起重机吊钩吊出舱口，随拖车或叉车带回装货地点循环备货。用货板成组装船时，舱内作业可采用带推货器的叉车进行散件堆码作业。

2. 成组运输，成组装卸

所谓成组，也称集装单元化。成组运输就是采用各种不同的方法和器具，把有包装或无包装的货物整齐地汇集成一个扩大了的、便于装卸搬运的、在整个运输过程中保持一定形状的作业单元。水运件杂货成组运输，通常货物在舱内以网络（或货板）成组或捆装的形式成组堆码。成组运输货物单元大，起重机的吊钩无法达到甲板下的空间，因此必须借助其他装卸设备进行堆码作业。最常用的舱内作业机械是叉车。

3. 特形、大件货物的装卸

对于特形、大件货物的装卸，常采用专用吊货工夹具。所谓工夹具，是指装卸工作中针对不同作业要求和不同作业对象（货物形状）所开发的专用工具，如钢板夹钳、卧桶夹等。采用合适的工夹具，可大幅提高装卸搬运效率和装卸作业的安全性。钢板夹钳上有一个活动舌头，不但夹卸方便，且起吊时通过舌头对钢板的压紧作用，能较好地避免钢板滑动，保证操作安全。对活动舌头，既要求在起吊时能压紧钢板不致脱落，又要不损坏钢板，保证钢板不受压卷边。较薄钢板的起卸可采用加大舌头踏面的方法，保证钢板不受压变形。卧桶夹的功能前文已有详述，此处不再赘述。需要注意的是，在使用卧桶夹起吊油桶时，为防止铁钩与货桶碰擦产生火种，可在铁钩表面镀铜。使用卧桶吊具一次可起吊8只桶，装卸效率高，劳动强度低。

二、舱底作业的注意事项

舱底作业是"三内"（舱内、车内、库内）作业之一。舱底作业，作业环境差（温度高、空气不流通），作业安全性差，生产效率低。载重量5 000t以下的船舶，由于舱室净空低，难以采用机械作业，大都采用人工堆码和组关，劳动强度大，工作易疲劳。为保证装卸作业安全，舱底作业应注意以下几个方面。

（1）作业人员禁止携带火种下舱，不准在舱口、舱内和甲板上吸烟。

（2）舱内人力组关作业时，应尽可能用专用工夹具，以提高组关效率和作业安全。

（3）组关时严格按照标准关型操作，货物必须码放整齐、稳固，避免起吊时掉件、散件伤人，同时有利于理货、计数。

（4）避免留山挖井现象，以防倒垛伤人和工残事故的发生，舱内最高与最低层卸货高度相差不能超过捆高。

（5）关位必须置于舱口直下位置，避免起吊时发生拖关现象。货关出舱时，作业人员应注意避让。

（6）夜间舱内作业应使用防爆灯。

（7）按票均衡装卸货物，严禁混堆、混卸。

（8）卸船时如遇有原残情况，要及时与船舶负责人联系，分清货损责任。

（9）上下舱不准披衣服，手中不拿其他物品。在大型散货轮的船舱内，常设有没有任何防护装置的开敞铁梯。上、下这类梯子的人必须两手紧握梯级，如果披衣服上、下舱，一旦衣服突然滑动，人一定会下意识地用手去抓，就会有从梯级坠落的危险。手中如拿着铁锹等工具，手的动作就不灵便，从而会有因抓不紧梯级而坠落的危险。因为这类梯子是垂直的，所以下落的工具物品还会砸伤梯子下面的人。

（10）注意照明。白天在光线不好的二层舱作业及晚上在舱口作业时，都应注意照明，使操作人员看得清孔洞位置和甲板上各类物品的分布。

（11）遵守危险品装卸规则。装卸危险品前，应先弄清楚危险品的性质、装卸注意事项等。应采用正确的防护措施，穿戴好防护用具。装卸时要轻拿轻放，防止包装损坏。一旦发生危险品泄漏、工人中毒窒息等事故，一定要冷静处置，不要盲目救援，以免损害扩大。如果发现舱里有人中毒窒息，绝不能盲目下舱，应根据当时的条件，用鼓风机向舱内输送新鲜空气，驱散毒气，再下舱救援；或者戴上有效的防毒面具，做好完备的防护措施后再下舱。须知盲目救援只会使损害扩大。

子任务二　起落舱作业

一、起落舱作业的定义

起落舱作业是指货物装船或卸船时，从船舱到岸壁、从岸壁到船舱、从船舱到车辆，以及从船舱到另一船舱等的起舱和落舱作业。卸船只有起舱作业，装船只有落舱作业。

起落舱作业的工序包括装船和卸船时船舱到岸、岸到船舱、船舱到车辆、车辆到船舱及船舱到船舱的作业。它是船舶装卸作业的主导环节。在件杂货装卸作业中，货物的起落舱作业主要使用船舶装卸设备和岸边的起重机这两种机械，统称为装卸船作业。工人在这一工序中，只承担船边挂钩、拆钩和喊钩等辅助作业。

二、起落舱作业注意事项

起落舱作业应注意以下事项。

（1）在作业前及作业过程中，始终保持安全网络处于缚好状态并随着装卸过程的进行而及时调整；进入现场必须戴安全帽，安全帽对坠落物体打击有一定的防御作用，特别是当安全帽系好扣时，这种抗力更大。任何进入操作现场的人均应戴安全帽，并系好扣。

（2）摘（挂）钩人员负责指挥装卸机械停放到合理的作业位置。

（3）货关下降至平肩高度才能靠近稳关。注意稳关位置，扶正货关并放稳于装卸搬运机械上。放好货关麻绳，防止拖地损坏。

（4）指挥人员要看清生产现场，集中精神，正确指挥机手（司机），指挥手势要明确，声音要清亮。

（5）使用船机进行卸货作业时，机手要检查、试验、了解吊货设备性能，摆好吊杆位置，拉紧稳索；经常检查稳索松紧度及其连接状况。

（6）"关下"不站人。任何一个进入装卸操作现场的人员，都应注意自己的上空，随时观察货物移动方向，防止遭受意外伤害。无论是在舱内作业还是在码头前沿、场地上作业，都应注意绝对不要站在"关下"。"关下"既包括垂直运输机械吊具的垂直下方，也包括其可能经过路线的垂直下方。可能站在或经过这些位置的人员有装卸工、理货人员、调度人员、水平运输机械司机等。有时，绝对不站在"关下"或不经过"关下"是不可能的，尤其是在舱内作业时，船舶吊杆做直线移动，在这个区域下方舱位的货物也必须装卸。在这些危险区域作业的装卸工应时刻保持警惕。当上方有货物经过时，应停止作业并离开该区域，绝不能存有侥幸心理。值得注意的是，当起重机吊着货物时，可能发生物体坠落；当起重机没吊货物时，也可能发生吊钩等的意外坠落。甚至在起重机静止没有作业时，吊具也有坠落的可能性。因此，装卸作业人员应注意在任何情况下，都尽量不站在"关下"。

（7）"关路"不站人。这主要是指在船舶甲板上、码头前沿和场地上，不要站在货物与吊具可能经过的路线上。如果在这些路线上有人，"重关"出舱时，货物可能伤害人；"轻关"进舱时，吊具也可能砸伤人，或者钩住人的衣服，造成意外坠落。对双杆的船舶吊杆，要注意一条直线；对其他垂直运输机械，要注意吊具垂直下方所画出的一个圆弧。操作人员在船舱、甲板或场地作业时，应注意不站"死角"，即无可退避的位置。这样当货物发生意外走动时，可及时避让。

子任务三　水平搬运作业

一、水平搬运作业机械

运输是通过运输手段使物品在不同地域范围之间运动，以改变物品的空间位置为目的的活动。运输和搬运的区别在于运输是较大范围的、以水平运动为主的货物移动，而搬运是在同一地域之内的、以上下运动为主的货物移动。港口装卸过程中的水平搬运作业工序通常是指码头前沿作业地带⇆库场、库场⇆车辆装卸区或码头前沿作业地带⇆车辆装卸区的运输过程。港口使用的水平搬运机械主要有叉车、牵引车挂车、汽车等。

1. 叉车

叉车是指对成件托盘货物进行装卸、堆垛和短距离运输作业的各种轮式搬运车辆，属于物料搬运机械。叉车是仓库装卸搬运机械中应用最广泛的一种，主要用于仓库内货物的装卸搬运，也可用于堆垛和装卸卡车、铁路平板车。使用叉车能够减轻装卸工人繁重的体力劳动，提高工作效率，缩短车辆停留时间，降低装卸成本。叉车机械化程度高，机动灵活性好，能提高仓库容积的利用率，有利于开展托盘成组运输和集装箱运输，成本低、投资少，能获得较好的经济效果，可以"一机多用"。

叉车的动力源主要有汽油、柴油、蓄电池等几种。汽油发动机体积小，但燃料费用高，一般应用在 2～3t 的叉式装卸车上；柴油发动机燃料费用较低，但体积大，因此起重量大的柴油机叉车通常用于货场作业；蓄电池装卸车具有无废气污染、噪声小等优点，但蓄电池需经常充电。

叉车的主要取物装置是货叉。使用货叉作业时要配备必要的工具，如垫木、万能货板等。在配备与使用各种取物装置（如旋转夹、铲斗、圆木夹、串杆、起重臂、夹抱器等）时，可以适应各种品种、形状和大小的货物的装卸作业。叉车常有"万能装卸机"之称。旋转夹不但有很好的夹抱功能，还能进行货物的翻转作业，最适合桶状货物的装舱作业和库场的堆垛或拆垛装车作业等；铲斗可用于装卸散料货物，扩大了叉车的适应性；圆木夹用于装卸、搬运木材，其上的夹抱机构可有效防止木材在运输途中翻滚；串杆用于装卸盘圆、卷钢板等中间带孔的货物；起重臂用于起吊货物；夹抱器可直接夹抱捆状、箱状等无叉孔、无起吊装置的货物。

叉车作为水平搬运机械，由于每次搬运货物的单元有限，运行速度也不能过快，但堆拆垛无须辅助作业，装卸速度快，因此作为短距离的水平搬运机械作业，不但机械化程度高，而且经济效果好。

2. 牵引车挂车

牵引车挂车俗称拖车，一般为内燃机驱动。件杂货码头使用的挂车多为平板车。牵引车挂车一般由两部分组成：以牵引车作为动力，以平板车作为载货挂车，成组使用，可以一拖一挂、一拖两挂、一拖三挂。一般而言，在搬运距离远、道路条件好、库场堆拆垛场地宽敞的情况下，可采用一拖两挂、一拖三挂，能充分利用牵引车的动力。平板车（挂车）结构简单，维修保养方便，机械故障少，工作台面低，有利于人工堆拆垛装卸货作业。

合理使用牵引车挂车的方法有以下几种。

1）循环拖带

采用循环拖带，尽可能减少牵引车因装卸货而停止运行的时间。一般一台牵引车配备

3组挂车，每组挂车根据牵引车的牵引力、挂车的载重量及现场作业条件，由若干辆挂车组成。我国港口件杂货码头一般一台装卸船起重机配备一台牵引车组成作业线。一台牵引车通常拖带3组挂车，循环拖带。一组在码头前沿装（卸）船；一组在库场拆（码）垛；另一组在拖带运行。理想的作业状态为：拖带货物的牵引车挂车到达库场时，库场平板车上的货物已经堆码完毕，拖车放下重载平板车待库场堆码，换拖已卸空的平板车向码头前沿运行，到达码头前时，码头前沿的平板车已装载完毕，拖车卸下空平板车，换拖重车返回库场，如此循环。国外有的港口一台牵引车拖带4~6辆挂车，与2~3台装卸船起重机配合作业。

当装卸船机械为船舶吊杆时，码头前沿应设置电动绞车，因为船舶吊杆的作业点是固定的，在作业过程中需要依次移动挂车。

2）充分利用牵引车的牵引能力

在同样的生产率条件下，增加每次牵引的货物数量，就可以相应减少运行次数，从而减少燃料消耗，节约成本。牵引车的拖带能力应与码头前沿装卸船起重机的吊货单元成比例关系，避免货物的解组或浪费牵引动力。

3. 汽车

有的港口采用载重量为2t左右的轻吨位小型汽车作为水平搬运工具。与牵引车挂车相比，轻吨位小型汽车的缺点是：装卸货时汽车发动机不能用于运行；一次载货量小；对货物的适应性较差，不适合载运长钢材等货物。小型汽车的优点是：灵活，在狭窄的码头作业比较方便，在仓库内作业时停车位置能紧靠货垛；爬坡性能较好，能适应浮码头作业。

码头后方库场一般离码头的距离较远，通常使用载重量较大的汽车作为搬运工具。随着公路运输的发展，货主和运输公司的汽车往往直接行驶到件杂货码头前沿，进行船舶与汽车之间的直接换装。

二、水平搬运作业注意事项

（1）牵引车司机应尽量选择合理的机械运行路线，拐弯、过道口时要一看、二慢、三通过，注意安全行驶。

（2）水平运输机械司机应检查货关，放平稳后才能开车。采用汽车装运时，顶层货物高度超出汽车太阳架不能大于1/2单件高。

（3）参加卸货作业的内燃机要套灭火罩。

（4）掉落在路上的货物要及时通知有关工作人员拾回，避免货损、货差事故的发生。

（5）避免车辆伤害事故。车辆伤害主要是指港区内车辆或外来车辆碰撞操作人员，发生伤害。避免车辆伤害事故的措施主要有：遵守港区交通规则，对于装卸作业区域、仓库和企业内的生活区等，都应划清道路，规定限速，制定明确的交通规则。外来车辆要严格遵守港区内的交通规则。外来车辆一般不准上码头前沿。

子任务四 库场内、车内作业

港口库场是货物的集散场所，在进出口货物与运输工具之间起衔接作用；是货物在一定时间内的储存场所，包括出口货物的集货和进口货物间接换装时的货物临时存放作业，在运输过程中起缓冲和调节作用。其基本作业是进库货物的卸车、堆码，出库货物的拆码、装车，是进行货运作业、办理商务手续的场所。

一、库场内作业的种类

库场内作业常伴随着车内作业,即卸车或装车作业。火车主要有敞车和棚车两种。汽车多为普通载重货车。港口装卸车辆的库场内作业常用机械主要有桥式起重机和叉车,库场内作业的机械主要有轮胎起重机和叉车。铁路线延伸至码头前沿的港口,也常采用码头前方机械进行船⇆车直取作业的工艺。库场内作业的种类主要以下几种。

1. 港内换装要求的作业

港内换装要求的作业是指为满足港口换装过程中的必要工序所进行的装卸车作业。港内换装作业车辆主要是平板车。港内换装要求的作业方案有以下几种。

(1)人工卸(装)平板车⇆堆(拆)货垛,库内散件堆存常用此方案。

(2)平板车⇆叉车⇆货垛,库内成组堆存常用此方案。

(3)平板车⇆桥式起重机⇆货垛,重件单元货物常用此方案,如卷钢板、捆装钢材、大型机电设备等。

(4)平板车⇆轮胎起重机⇆货垛,库场人工散件堆存常用此方案。

2. 货物集散要求的作业

货物集散要求的作业是指货物以陆路进出港收货与发货所进行的装卸车作业。货物集散作业车辆主要是汽车或火车。货物集散要求的作业方案有以下几种。

(1)汽车⇆货垛,库内人工散件堆存常用此方案。

(2)火车⇆桥式起重机(轮胎起重机)⇆平板车⇆库场,散件堆存或成组堆存常用此方案。

(3)火车⇆桥式起重机⇆库,散件堆存或成组堆存常用此方案。

二、库场作业机械的种类

1. 桥式起重机

桥式起重机(见图3-21)一般架空布置于仓库堆存空间的上方,轨道支承于仓库建筑物立柱的牛腿之上。桥式起重机有起升、小车运行和大车运行3个工作机构,工作范围为吊具最大起升高度、仓库跨度与长度所包容的长方体空间,服务范围广、起重量大,因此常被用作重件仓库的专用设备,如卷钢板、捆装钢材、大型机电设备等专用仓库。桥式起重机要配备专用吊货工夹具,如平放卷钢板夹具、钢板夹钳等。使用桥式起重机作业,自动化程度高、生产效率高、安全可靠。桥式起重机也可用于库内成组堆存、散件堆存、提升货组等,通用性好。

2. 轮胎起重机

轮胎起重机为流动运输机械,具有起升、变幅、回转和运行4个工作机构。其特点是流动性好,调遣方便、灵活;既可作为堆场作业机械,也可调遣到码头前沿进行小型船舶、货驳的装卸船作业,还可配合码头前沿主体机械进行重点舱的赶时速遣作业。轮胎起重机作为堆场机械,可用于成组货物的堆存与吊装,也可用于散件堆存时提升货组至货堆之上,供人工堆码。

三、车内作业

1. 起重机和人力相配合的装卸车作业

港口库场利用起重机装卸车,实际上是利用起重机的起重功能,即吊上、吊下作业,比较适合成组运输。目前件杂货的陆路运输仍多采用散件运输。在装卸车的过程中,起重机只适合敞车的上装、上卸作业，车内仍以人工堆装为主。卸车时人工组关，库内可采用成组堆存或散件堆存的方式，视港口的成组工具而定。

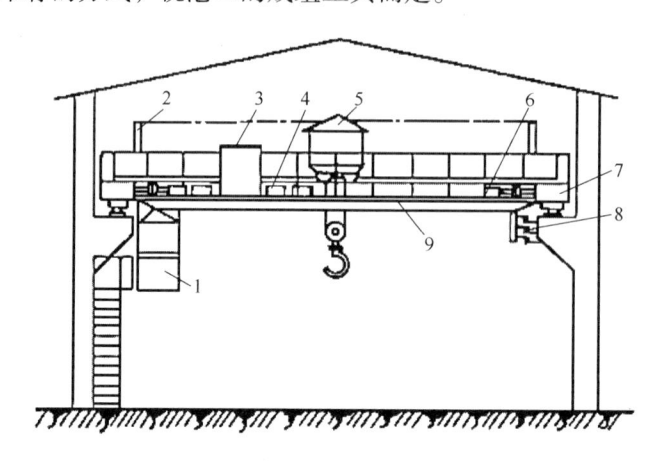

图 3-21　桥式起重机的结构

注：1—驾驶室；2—辅助滑线架；3—交流磁力控制盘；4—电阻箱；
5—起重小车；6—大车拖动电动机与传动机构；7—端梁；8—主滑线；9—主梁。

车内人力组关时需要消耗较大的体力，因此需要注意一些事项。

1）两名工人配合的默契程度

协同组关的两名工人往往有相对固定的搭配。而且在两名工人中，往往由一人为主，一人为辅。由比较有经验的工人决定网络放置的位置、拆垛货物的顺序及网络堆码的顺序等，另一名工人则主要配合作业，这样一组工人的作业思路就比较清晰，每关网络放置合理，操作效率也很高。

在组关操作中，工人搭配的这种选择一般是下意识形成的。如果作业管理者有意识地加以引导，则可形成很多长期配合默契的"搭档"。固定搭配，动作配合默契，可以避免一个发力、一个尚未发力，一个朝东、一个朝西的失误，操作相对省力，对改进操作、提高组关效率肯定大有好处。

2）工人的操作动作要合理

对几组动作配合最协调、操作效率最高的工人进行录像，然后对录像资料进行分析，将其操作动作进行分解、组合，形成最合理的动作系列。按照动作经济原则，袋货或箱货组关作业比较省力的动作组合应是：上下肢对称协调作业；躯干动作尽量小；弯腰程度尽量低。这样的动作形态是比较理想的。

3）选择合适的网络放置位置及卸（装）货顺序

每组工人在库内拆垛组关时，总有一个相对固定的操作位置。每组工人对自己所在的操作位置及货物堆叠形态、组关货物时其网络的放置位置、合理卸货顺序的考虑等，都对操作强度有直接的影响。要使操作省力，对货物与网络（或托盘）的空间位置关系必须十分重视。这里存在两个重要的"度"：一是待卸货物是在网络的上面、同一平面还是下面；二是待卸货物与网络的距离。按照动作经济原则并充分利用重力原理，货物应尽量在网络的上面，即所谓"高站台、低货位"原理。

例如，当标准关型为 5 个袋高时，则货物原来的堆叠形态较理想的应该是 7 个袋高。

这样就可以做到前 3 袋均为自上取货，利用重力向下堆码，第四袋的高正好持平，第五袋才需要自下取货，向上堆码。库场内不可能自然形成这样的货物堆叠形态，这就需要有经验的装卸工人合理选择装卸顺序，有意识地形成这样的货物堆叠形态。待卸货物与网络的平面距离当然也是越近越好，但这里应考虑的不是某几袋货物距离网络很近，而是整关货物的平均搬运距离最近的问题。以 4 个"脚宽"的关型为例，组关时，有经验的工人往往先把网络折叠起来，尽量靠拢货堆，先堆码最远端的两个"脚"，取得最近的水平搬运距离。然后将网络逐渐展开，按从远端到近端的顺序组关，这样就能使整关货物平均搬运距离最近。可以计算，如果网络一下展开，则每袋货物平均搬运距离为 4 个袋宽；而先将网络叠起一半，待组关完此一半后再将网络逐渐展开，则每袋货物的平均搬运距离可缩短为两个袋宽，甚至更短，作业就更省力了。

2. 叉车装卸车过程

对于铁路棚车的装卸，叉车是比较合适的。叉车可以通过月台直接把货物送达车内，成组运输或散件运输均可。叉车装卸卡车的情况和装卸铁路车辆的情况大体相同，但无论是装卸普通载重卡车还是装卸厢式卡车，大都从车尾作业，如图 3-32 所示。

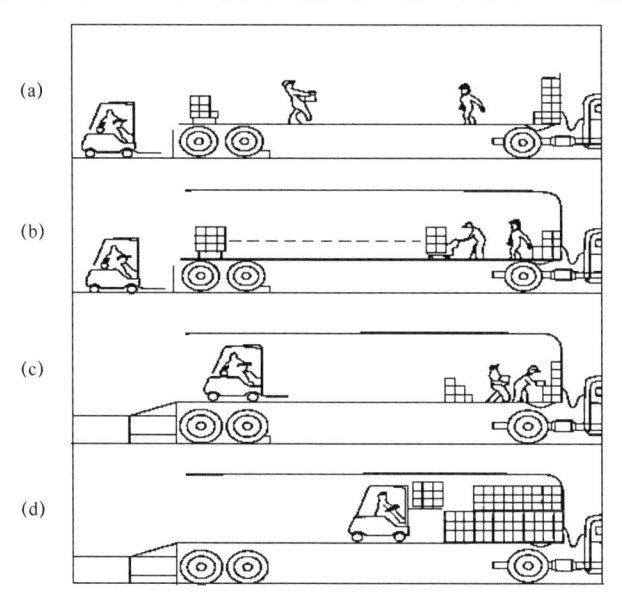

图 3-22 叉车装卸卡车的基本过程

图 3-22（a）为传统汽车散件运输的装车过程，可视为不要装车台，利用叉车的举升功能，直接从车后尾板处将货组送入车厢，车内由人工搬运堆装。

图 3-22（b）为在图 3-32（a）的基础上，车内搬运使用人力车。

图 3-22（c）为通过装车台，叉车将货组送入车厢，再由人工堆装。

图 3-22（d）为成组运输的情况，通过装车台，叉车直接进入车厢进行成组堆放。

不难看出，改进装卸车工艺是提高装卸车效率的重要途径；成组运输是一种高效率的运输，但需要使用成组工具，目前普及率还不是很高。

四、库场货物的垛型

垛型是指货物经堆垛后货堆的形状。在确定货物的码垛形式及货垛的大小、高度时，要考虑货物的理化性质、批量大小、包装质量、形状、保管场所（仓库或堆场），以及库场面积、负荷、净空高度和操作搬运工具、季节、保管时间等条件。库场货物的垛型主要有如下几种。

1. 平台垛

平台垛呈长（正）方形，垛顶呈平面，每层货物件数相同，采用重叠法或纵横压缝法堆垛。这种垛型适用于库内堆垛同规格的箱装货物、成组货物等。其优点是整齐，便于清点、查核，有效面积浪费较小；缺点是采用重叠法堆成的垛型不够稳固，不能堆得太高。

2. 起脊垛

起脊垛是先按平台垛堆码，待堆到一定层数以后，再开始压缝起脊（两面逐步收），直到顶部收尖成屋脊形。这种垛型多用于露天保管同规格的袋装货物、箱装货物、成组货物等，如纯碱粉、化肥、饮料等，其优点是覆盖篷布后易排泄雨水，防止货物遭受湿损；缺点是拆关堆放的货物较难点清件数，因此在堆码前必须点清货物的件数。

3. 行列垛

行列垛是将每票货物排列成行，适用于一票货物件数不多、包装形式各异的零星件杂货物。堆码方法以单件或多件为底进行重叠堆垛，每票堆成具有一列或数列的小货垛。为防止差错，常一票一垛。垛与垛之间留出一定的间隔。这种垛型适用于件杂货仓库内堆码。其优点是便于出货、分票、计数，出货后仓位虽小，但也可利用，尤其适用于要求标志全部朝外的件杂货，如日用百货、小五金、危险品等，方便检查是否混唛；缺点是垛底面积小，不能堆高，且垛数多，留垛距也长，有效面积浪费较大。

4. 宝塔形垛

宝塔形垛是将底层货件整齐排列后从垛底向上每层四面减数压缝堆垛，即上层的每件货物压住下层的4件货物，使货垛呈现下大上小的宝塔形状（棱锥状）。这种垛型适用于包装松软、光滑或货物外形不易按重叠方法堆垛的货物，如缸或坛装的酒、榨菜等。其优点是货垛稳固；缺点是库场面积利用率差，点数较难。

5. 梯形垛

梯形垛是将底层货件整齐排列后，从垛底向上每层两面减数压缝堆垛，即将上层的每件货物压住下层的两件货物中间位置，即收长不收宽或收宽不收长。货垛两面呈梯形或三角形。这种垛型适用于内外横卧或直立堆码的桶（筒）状货物，如汽油桶、烧碱桶、卷筒纸、盘圆等。其优点是垛型较稳固，易于点数；缺点是库场面积利用率稍差。横放桶（筒）货堆垛时，底层两端必须用木楔垫紧，以防滑动。

6. 井形垛（十字垛、格子垛）

井形垛是将货件一层横一层直地堆垛，每层件数相同或每两层件数相同，从垛顶俯视呈井字状。这种垛型适用于钢材、钢管、木材等长形货物。其优点是垛型稳固，易于堆高，且便于点清货件；缺点是操作较费工时，场地宽度要求大。在堆码井型垛时，应不超过库场安全技术负荷定额，要在每层两端用木楔卡牢，并用绳子捆扎，以防滚动。

五、库场内、车内作业注意事项

（1）在车上作业时，应指定专人配合机械作业。

（2）装棚车时，应优先配用带夹具的铲车。

（3）夜间装卸作业照明应使用低压灯。

（4）在选择用于装卸卡车或铁路平板车的叉式装卸车机型时，要注意货叉的长度、叉架的宽度和起升高度。货叉太短，难以把尺寸较大的货物放到车辆的中间或从车辆中把货物取出；叉架宽度不够或起升高度低，则薄钢板会因两端下垂太长而导致装车不便。

任务四　件杂货码头装卸工艺及装卸作业组织

任务导入

件杂货码头装卸工艺按货物的特征和包装形式可细分为袋装货、捆装货、桶装货、箱装货、金属锭、篓装货、长钢材、钢板、卷筒纸、托盘货等。每种货物的装卸工艺都由工艺流程、机械配置、作业人员配备、操作方法和要求等组成。港口装卸作业组织是指港口装卸公司（装卸队）根据调度指挥部门下达的装卸任务和作业要求（昼夜船舶装卸轮班作业计划、单船作业计划等），对其机械设备、工属具及人员等进行的具体安排。那么，怎样进行装卸作业组织呢？

子任务一　件杂货码头装卸工艺

一、典型件杂货的包装形式及主要装卸运输机械与工具配备

典型件杂货的包装形式及主要装卸运输机械配备如表 3-2 所示。

表 3-2　典型件杂货的包装形式及主要装卸运输机械与工具配备

货物名称	典型的包装形式	装卸机械	搬运机械	工具配备
袋装货	单件重量 25～100kg，以麻袋、布袋、纸袋和化纤编织袋包装	船舶吊杆、门座起重机、轮胎起重机、浮式起重机	牵引车挂车、叉式装卸车	网络或货板、方框架吊具、马钩等
箱装货	单件重量小于 3t，体积小于 10m³ 的木箱、纸箱	船舶吊杆、门座起重机、轮胎起重机、浮式起重机	牵引车挂车、叉式装卸车	木/铁质货板及其吊具、双扣钢丝绳套、马钩等
卷钢	卷钢、钢带、盘圆	船舶吊杆、门座起重机	牵引车挂车、叉式装卸车	L 型卷钢吊具、撑架、钢丝绳组合；C 型卷钢吊具、钢丝绳、起重环链组合；卷钢托辊、钢丝绳组合；长货叉、旋转吊具

（续表）

货物名称	典型的包装形式	主要装卸运输机械与工具配备		
^	^	装卸机械	搬运机械	工具配备
生铁	生铁块	船舶吊杆、门座起重机	牵引车挂车，配八角斗	抓斗、电磁吸盘网络、生铁网络、马钩、自动摘钩
卷筒纸	牛皮纸、新闻纸等	船舶吊杆、门座起重机	叉车	曲臂式/伸缩式/双调节式夹具、活络绳扣、网络、四脚钩

二、典型件杂货码头装卸工艺

件杂货码头装卸工艺按货物包装的特征，可细分为袋装货、捆装货、箱装货、桶装货、重大件货等种类。

1. 袋装货

袋装货是最常见的件杂货，在我国主要采用万能网络进行成组装卸搬运的方式。其操作方法与技术要求如下。

1）舱内作业

袋装货在舱内或火车车厢内，是按 30～50kg 一袋堆装的。在卸船时，舱内先由人力组关，即将袋装货按 8 个底、5 个高（共 40 包）的方式堆放在万能网络上。

2）岸边作业

舱内人力组关后，船舶吊杆或门机将成关的货物从船舱内吊出，在装卸工的配合下，放到码头前沿的牵引车挂车或卡车上，通过水平运输运到库场。

3）库场作业

牵引车挂车或卡车将货物拉到露天堆场或仓库后，由流动起重机在装卸工的配合下，按标准垛型进行堆垛，然后盖上油布。

2. 捆装货

不同货种的捆装货货件尺寸差别很大，其装卸工艺也不尽相同。

1）小尺寸捆装货

对铁路运来的小尺寸捆装货，一般用配备侧向夹持器的电动装卸叉车卸下，堆放到货板上成组，再用起重机装到船舱内。船舱内用带推货器的装卸车将货物从货板上取下，堆成紧密的垛型。

2）大尺寸捆装货

大尺寸的捆装货，如卷筒纸，有时单件重量可达数吨，所以不用货板成组，而是单件直接装卸。通常使用起重机，借助夹钩式吊货工夹具，将货物直接装到舱口直下位置，舱内用配备侧向夹持器的装卸叉车，将货物堆成紧密的垛型。

在船舱高度很高的情况下，在船舱甲板下空间一般可采用先堆放装卸车起升高度够得着的几层，然后在货物上面铺厚木板，将叉车吊到厚木板上继续作业。在舱口直下的空间，则可借助夹钩式吊货工夹具，由岸臂起重机或船舶吊杆直接堆放。

起重机装卸圆筒纸要根据货物立放或平放而采用相应的立式卷筒纸夹具或平放卷筒纸夹具。装卸车则用侧向夹持器。在需要变换圆筒纸堆放状态的场合，则需要使用配备旋转器的电动装卸车。

3. 箱装货

小箱货（单件重量通常在50kg以下）的装卸一般用货板或托盘成组，用叉车装卸，在仓库成组堆装。

对于尺寸较大不宜成组的箱子，可以单件装卸。将箱子从车辆和船舱内取出或在仓库内堆垛时，可使用配备侧向夹持器的叉车作业。为提高效率，可以先用电动装卸车将几个箱子堆放成一个货组，然后由内燃机装卸车一次夹持几个箱子运往仓库堆垛。

在船舱内不便用装卸车的场合，可以用铝合金制的轻便滚柱输送机，也可以用人工将箱子从舱口直下位置送到堆垛处，人工堆垛。

4. 桶装货

单件重量在100kg以下的小桶，可以堆放在货板上成组，然后用叉车装卸。而单件重量在100kg以上的大桶，通常不采用成组方式。库场和船舱内的水平运输一般使用配备鹰嘴钳或真空吸盘吊货工夹具的装卸叉车；岸边装卸船舶的垂直运输则使用配备立式油桶吊具或卧式油桶吊具的起重机。在装卸火车敞车和棚车时，可相应地使用配备各式吊货工夹具的起重机和电动装卸车，大桶可以用配备侧向夹持器的装卸叉车。

5. 重大件货

装卸重大件货较复杂，装卸过程中最重要的是安放吊货钢丝绳。如果吊货钢丝绳的安放位置不正确，会造成货物在装卸过程中滑落、转动或损坏。吊货钢丝绳应按照货物包装上标记的捆绑点，正确而牢靠地安放。如果货物包装上没有捆绑点标记，则应在随同货物运输的有关文件中查明。吊货钢丝绳不可扭结，安放时要采取措施，防止货物的尖角勒坏钢丝绳。在货物和吊货钢丝绳的接触处要安放垫物。

起吊重大件货时速度要慢，当货物离开地面时，要检查吊货钢丝绳安放得是否正确、可靠，确认安全后才可下令起吊。

重大件货通常装在舱口直下位置或甲板上。当成批装卸、舱口直下位置面积不足以堆放时，要用叉车或船舶吊杆绞车、开口滑车和滚柱将货物拖拉到船舱深处。

子任务二　件杂货码头装卸作业组织

一、件杂货码头装卸作业线配工人数和生产能力的确定

1. 装卸作业线配工人数的确定

件杂货码头装卸作业线合理配工人数的原则是在充分发挥前方装卸船舶环节的生产能力的前提下，合理平衡作业线各个工序的生产率，以此为基础，给各工序配备恰当的机械和工人数。

2. 装卸作业线生产能力的确定

一条作业线往往由几个作业环节（工序）组成，装卸作业线生产能力应该是各个作业环节都能达到的。

二、件杂货码头装卸作业基本组织程序

1. 指泊计划

指泊计划是指港口生产调度部门接到船舶到港的预报后，认真分析船舶积载情况，根据船舶尺寸和吃水要求、船上所载货物的种类及保管要求、特殊货物（长件货物、重件货物、易腐货物等）的装卸要求及其在各舱的分布，以及重点舱情况等，结合港口条件［包

括泊位条件、机械设备条件、库场保管条件〕和各泊位当前作业情况等，寻求能力与任务的平衡，对该船舶所做的停靠泊位计划的安排，即确定船舶的具体停靠位置，并纳入船舶装卸昼夜轮班作业计划和单船作业计划。

2. 根据港口装卸工艺标准配置装卸作业线

港口装卸工艺标准又叫作业技术标准（或称工艺卡），是船、车装卸、堆码的技术文件，是指在一定的生产技术和生产组织条件下，以泊位区的专业方向为基础，根据不同的货种、船型、车型和装卸作业条件，制定的不同装卸工艺流程、操作过程和搬运方法的标准。

经过港口的主要货物都要按进口和出口编制工艺卡。工艺卡按规定的格式编制并装订成册。港口的计划、调度、安全监督、劳动工资等部门都应备有工艺卡汇编。工艺卡汇编有两种类型：一类是规范型的，它反映港口已经实行的工艺流程；另一类是试验型的，适用于初次到港的货物，或者用来在现有营运条件下检验新设计的工艺。

工艺卡是港口推行先进工艺、实施工艺管理、监督工艺纪律的重要手段，是衡量港口车船装卸作业的质量、效率、成本的综合标准，是组织生产的依据。工艺卡一般包括如下内容：分配各作业环节的人数、计算作业线生产率、规定作业标准和安全事项等。

【例3-2】某港作业区3号泊位港口装卸工艺标准如表3-3所示。表中给出了该泊位作业机械化系统。现根据"长治3号"轮的到港指泊及相关作业安排过程说明如下。

"长治3号"轮载有袋装精盐2 720t，确报5月5日14:30抵港。船舶各舱载货量分别为一舱400t、二舱1 000t、三舱800t、四舱520t。计划在港停留18小时。

1. 安排泊位（指泊计划）

纳入昼夜船舶装卸轮班作业计划、单船作业计划，其考虑的依据有以下几个。

（1）考虑是否能停靠专业化泊位。本例中的3号泊位恰好是进口袋装精盐的专用泊位，包括仓库等，并有完整的港口装卸工艺标准，可直接参照执行。操作过程为船→库。拟采用的装卸工艺流程为船（人力组关）→门座起重机→牵引车挂车→库（人力堆码）。

（2）为了合理调配机械和人力，满足船期为18小时的时间要求，合理地配置装卸作业线的能力，其主机台数（或同时开工舱口数）为：

$$N_{主} = \frac{q}{T \times P_{主}} = \frac{2\ 720}{18 \times 40} = 3.78 \approx 4（台）$$

式中：$N_{主}$——计算所需主机台数，台；

q——船舶载货吨数，t；

T——船舶要求的装卸时间，h；

$P_{主}$——主机小时生产率，t/（台·h）。

事实上，该泊位可同时开5条作业线，根据装卸标准规定时间18小时的要求，开出4条即可满足作业要求。

2. 有关装卸工艺标准的计算

该精盐为尼龙袋包装，每袋净重为50kg，舱底作业采用人力装网络（1.7m×1.7m），标准关为40袋（2t）；吊机平均周期为180s，牵引车平均每次拖带4t，平均周期为320s；船舱内每两人一组，每组一关货物花费340s（包括摘挂钩时间）；库场堆码作业每两人一组，堆码一关货物平均需要335s。

表3-3 港口装卸工艺标准

某作业区3号泊位　　　　　　　　　　　　　　　　　　　　　　　　　　类别：规范型

货种： 袋装精盐	规格： 80cm×40cm×30cm	件重： 50kg

码头作业机械化系统

标准关：8×5=40袋（2t）；网络标准：1.7m×1.7m

主要操作过程	作业线主要技术经济指标
船（人力组关）→门座起重机→牵引车挂车→库（人力堆码） 可同时开5条作业线	作业线各环节人数为13人。其中，门机司机2人，牵引车司机1人，舱内人力组关4人，码头前沿摘挂钩2人，库内堆码4人 作业线生产率：40t/h 工班定额：244t（工时利用率90%） 每个人的工班产量：18.8t 机械操作比重：50%
船（人力组关）→门座起重机→驳（人力堆码） 可同时开5条作业线	作业线各环节人数为15人。其中，门机司机2人，舱内人力组关6人，驳船内人力堆码6人，桥板指挥手1人 作业线生产率：60t/h 工班定额：366t（工时利用率90%） 每个人的工班产量：24.4t 机械操作比重：33%

说明：船→驳直接外挡过驳时，每条作业线需设桥板指挥手1人。库内货物堆码形式为齐缝式紧密垛，垛高12层。

1）主机生产率

$$P_{吊} = 3\,600 \div 180 \times 2.0 = 40\ (\text{t/h})$$

2）水平搬运机械的配置

牵引车台时生产率：

$$P_{牵} = 3\,600 \div 320 \times 4.0 = 45\ (\text{t/h})$$

牵引车台数配置：

$$n_{牵} = 40 \div 45 \approx 0.89\ （台），取1台$$

3）装卸工人数配置

舱内工人配置：

$$P_{舱} = 3\,600 \div 340 \times 2 \approx 21.2\,(\text{t/h})（每组两人）$$

$$N_{舱工} = 40 \div 21.2 \times 2 \approx 3.8\,（人），取 4 人$$

库内工人配置：

$$P_{库} = 3\,600 \div 335 \times 2 \approx 21.5\,(\text{t/h})（每组两人）$$

$$N_{库工} = 40 \div 21.5 \times 2 \approx 3.7\,（人），取 4 人$$

则该操作过程每条作业线所需要装卸工人数为 13 人，其中，舱内作业 4 人，开关手和岸边摘挂钩 2 人，库内作业 4 人，起重机司机 2 人，牵引车驾驶员 1 人。

4）工班纯作业时间

$$t_{纯} = (8 - t_{工范}) \times f_{修正} = (8 - t_1 - t_2) \times f_{修正} = (8 - 0.67 - 0.67) \times 0.9 \approx 6.0\,(\text{h})$$

式中：$t_{纯}$——纯作业时间；

$t_{工范}$——工时规范时间；

t_1, t_2——分别为工人吃饭休息时间、准备和结束等辅助时间，各为 40min；

$f_{修正}$——作业修正系数，取 0.9。

5）工班作业量

$$P_{班} = t_{纯} \times P_{线} = 6.0 \times 40 = 240.0\,(\text{t/工班})$$

机械司机要求持证上岗，按专机专人配备，值班司机人数对不同的机械有不同的要求，具体要求如表 3-4 和表 3-5 所示。

表 3-4 胶带输送机司机配工表

机械名称	每组台或米数（台或米）	每组每班值勤司机人数（人）	定员（人/组） 一班制	定员（人/组） 二班制	定员（人/组） 三班制
移动胶带输送机	3	1	1	2	3
固定胶带机	100	1	1	2	3

表 3-5 起重机械、装卸机械司机配工表

机械名称	每班执勤司机人数（人）	定员（人/组） 一班制	定员（人/组） 二班制	定员（人/组） 三班制
门座起重机、龙门起重机、集装箱装卸桥、集装箱跨运车、汽车起重机、轮胎起重机、履带式起重机、浮式起重机、单斗装载机	2	$2\frac{1}{3}$	$4\frac{2}{3}$	7
叉式装卸车、牵引车、蓄电池车、小型简易起重机（如苏州吊）、螺旋卸车机、链斗卸车机、螺旋喂料机、堆料机、滚龙机、链斗式装载机	1	$1\frac{1}{6}$	$2\frac{1}{3}$	$3\frac{1}{2}$
门式滚轮堆料机、翻车机、斗轮取料机、吸粮机、袋货装船机	2	$2\frac{1}{3}$	$4\frac{2}{3}$	7

三、船舶装卸作业组织——组织平行作业

船舶装卸作业组织的任务是在一定的泊位、库场等基础设施条件下，通过科学、合理地组织，以较少的劳动力、装卸机械、能源等资源的投入完成装卸任务；或者通过科学、合理地组织港口现有的设备、劳动力、装卸机械等资源，最大限度地发挥其效能，在尽可

能短的时间内完成船舶、车辆的换装作业。

平行作业的含义包括：①凡是可以在装卸作业的同时进行的辅助作业、技术作业，应该组织安排其与装卸作业同时进行；②凡是辅助作业或技术作业及各项目之间可以平行进行的作业，应尽可能组织平行进行。例如，船舶供应可以与装卸作业平行进行，移泊与清扫舱可以同时进行，供油与供水也可以同时进行，等等。组织平行作业虽然不能提高装卸效率，压缩装卸作业时间，但是由于可以使辅助作业、技术作业在装卸作业时间内完成，所以可以大幅缩减船舶的总停留时间。

平行作业的组织工作是船舶装卸业务员的实践经验同生产组织理论的结合与应用的结果。随着装卸作业与其他辅助作业、技术作业的推进，实际生产的各种因素会发生变动，这种变动能否被掌握并被利用，将主要取决于业务员的组织工作能力。

在单船作业过程中注意平衡各舱的作业时间，是为了充分发挥泊位设备的能力，合理安排船舶作业线的生产能力，追求各舱作业的同时完成。在同等资源条件下，平衡各舱的作业时间可以提高船舶的装卸效率，缩短船舶的在港停留时间，充分发挥泊位的潜力。

船舶装卸作业的平衡是指各舱口装卸延续时间的平衡。在作业组织上，应该力求各舱在大致相同的时间内完成装卸，或者使重点舱的装卸作业时间最短。

【例3-3】"长治3号"轮载有袋装精盐2 720吨，船舶各舱的载货量分别为一舱400吨、二舱1 000吨、三舱800吨、四舱520吨。计划安排4台生产率均为40t/（台·h）的门座起重机进行装卸。请据此做出装卸作业安排。

解： 首先求出全船最短装卸作业时间。

$$T_{最少}=载货量/装卸生产率=2\ 720/（40×4）=17（h）$$

其次求出各舱需要的作业时间。

一舱：$t_1 = 400/40 = 10$（h）

二舱：$t_2 = 1\ 000/40 = 25$（h）

三舱：$t_3 = 800/40 = 20$（h）

四舱：$t_4 = 520/40 = 13$（h）

显然，二舱和三舱不能按照全船最短的装卸作业时间完成，必须重新分配每台起重机在各舱口的作业时间。具体安排时间如表3-6所示。

表3-6 作业机械舱时分配

舱别	载货量	作业进度（h）																
		1	2	3	4	5	6	7	8	9	10	11	12	13	14	15	16	17
一舱	400t（10h）	1111111111111111111111111111111																
二舱	1 000t（25h）	1111111111111111111111111 22222222222222222222222222222222222222222222 33																
三舱	800t（20h）	33333333333333333333333333333333333333 4444444444																
四舱	520t（13h）	44444444444444444444444444444444444444444																

注：表中1111……2222……3333……4444……分别表示各号起重机及其在各舱的工作时段。

由表3-6可知，各舱作业时间分配如下。一舱：1号起重机在本舱作业10h后，移至二舱作业7h。二舱：2号起重机在本舱作业17h，1号起重机在本舱作业7h，3号起重机在本舱作业1h。三舱：3号起重机首先支援二舱作业1h，然后回至本舱作业16h，4号起重机在本舱作业4h。四舱：4号起重机首先移至三舱支援作业4h，再回至本舱作业13h。

若船舶有速遣要求或港口有压港现象，港口必须充分利用码头的装卸船能力，尽可能快速装卸船。

【例3-4】某船舶有4个舱口，各舱的载货量分别为一舱800t、二舱2 200t、三舱1 800t、四舱1 200t，全船共载货6 000t，所载货类各舱相同，使用岸上5台门机装卸，台时生产率为50t/（台·h），并假定每一舱口开双头作业时，门座起重机装卸互不干扰。求全船最短作业时间及门座起重机在各舱作业时间的分配。

解：首先求出全船最短作业时间。

$$T_{最小}=\frac{全船载货量}{船舶装卸生产率}=\frac{6000}{50\times5}=24（h）$$

其次求出各舱所需装卸时间。

一舱：$t_1=800/50=16$（h）

二舱：$t_2=2\,200/50=44$（h）

三舱：$t_3=1\,800/50=36$（h）

四舱：$t_4=1\,200/50=24$（h）

最后求出门座起重机在各舱作业时间的分配，如表3-7所示。

表3-7 作业机械舱时分配

舱别	载货量	作业进度（h）
		2　4　6　8　10　12　14　16　18　20　22　24
一舱	800t（16h）	1111111111111111111111111111111111
二舱	2 200t（44h）	11111111111111111111 22222222222222222222222222222222222222222222 333333333333333333333333
三舱	1 800t（36h）	3333333333333333333333333 444444444444444444444444444444444444444444444444
四舱	1 200t（24h）	555555555555555555555555555555555555555555555555

注：表中1111……2222……3333……4444……5555……分别表示各号起重机及其在各舱的工作时段。

由表3-7可知，各舱作业时间分配如下。一舱：1号门座起重机在本舱作业16h后，调至二舱作业8h。二舱：1号门座起重机在本舱作业8h，2号门座起重机在本舱作业24h，3号门座起重机在本舱作业12h。三舱：3号门座起重机在二舱作业12h后，调至本舱作业12h，4号门座起重机在本舱作业24h。四舱：5号门座起重机在本舱作业24h。

现在很多件杂货船舶都自备有船舶装卸设备。当港口繁忙、装卸机械数量紧张时，船舶可以利用自备的装卸设备自行装卸，同时可以降低装卸成本。

一般来说，船舶自备装卸设备为固定式的，即不能移动，对平衡作业组织不利。这时船舶可以少量租用港口装卸设备，协同平衡作业组织，对提高船舶装卸效率、缩短船舶停留时间、降低船舶装卸成本能起到更好的效果。

【例3-5】某港区某泊位将装卸一艘有5个舱口的船舶。各舱室的载货量分别为一舱 1 000t、二舱 2 000t、三舱 1 800t、四舱 1 600t、五舱 1 200t。各舱船舶吊杆生产率为 20t/（台·h），同时配备一台生产率为40t/（台·h）的门座起重机，且起重机与船舶吊杆在同一舱室作业互不干扰。求全船最短装卸作业时间和门座起重机在各舱室作业时间的分配。

解：首先求出各舱使用船舶吊杆时要求的装卸作业时间 t_i。

$$t_1 = 1\ 000/20 = 50\ (\text{h})$$
$$t_2 = 2\ 000/20 = 100\ (\text{h})$$
$$t_3 = 1\ 800/20 = 90\ (\text{h})$$
$$t_4 = 1\ 600/20 = 80\ (\text{h})$$
$$t_5 = 1\ 200/20 = 60\ (\text{h})$$

其次求出按机械生产率计算的全船最短作业时间 $T_{最小}$。

$$T_{最小} = \frac{\Sigma q}{\Sigma p} = \frac{1\ 000 + 2\ 000 + 1\ 800 + 1\ 600 + 1\ 200}{20 \times 5 + 40} \approx 54.29\ (\text{h})$$

比较 t_i 与 $T_{最小}$，因为 $t_1 < T_{最小}$，故一舱使用船舶吊杆可在全船最短作业时间内完成卸货，不需要门座起重机帮助作业，所以可以略去不计。计算除去一舱后的全船最短作业时间 $T_{余最小}$。

$$T_{余最小} = \frac{\Sigma q - q_1}{\Sigma P - P_{吊1}} = \frac{7\ 600 - 1\ 000}{140 - 20} = 55\ (\text{h})$$

最后求出门座起重机分别在二~五舱的装卸作业时间。

$$t_{门2} = \frac{2\ 000 - 20 \times 55}{40} = 22.5\ (\text{h})$$

$$t_{门3} = \frac{1\ 800 - 20 \times 55}{40} = 17.5\ (\text{h})$$

$$t_{门4} = \frac{1\ 600 - 20 \times 55}{40} = 12.5\ (\text{h})$$

$$t_{门5} = \frac{1\ 200 - 20 \times 55}{40} = 2.5\ (\text{h})$$

门座起重机作业舱时分配如表3-8所示。

表3-8 门座起重机作业舱时分配

舱 别	载 货 量	作业进度（h）										
		5	10	15	20	25	30	35	40	45	50	55
一舱	1 000t											
二舱	2 000t（22.5h）	━━━━━━━━━━━━━━━━━━━										
三舱	1 800t（17.5h）						━━━━━━━━━━━━━━					
四舱	1 600t（12.5h）									━━━━━━━━━		
五舱	1 200t（2.5h）											━

注：━━ 表示门机及门机在各舱的工作时段。

由上可知，如果不增加一台门座起重机，而仅用船舶吊杆作业，则船舶装卸时间为 100h（第二舱的作业时间）。增加一台门座起重机后，全船作业时间为 55h，减少了近一半的时间。可见合理安排机械组织船舶装卸，有效平衡舱时，可显著缩短船舶在港停留时间。

经典案例

某港口袋装化肥装卸工艺技术要求

一、适用范围

本标准适用于某港口袋装化肥的装卸作业。

二、包装形式

袋装。

三、规格

800mm×500mm×180mm。

四、件重

50kg/件。

五、装卸工艺方案

工艺过程为船⇆库场⇆车。

具体装卸方案如表 3-9 所示。

六、操作方法与技术要求

1. 船舶作业

进行卸船作业时，作业人员使用成组网络码成组，做到定钩、定量、定型。作业人员在挂钩时，必须将兜系挂牢，吊停后系好小绳。当确认无误，人员闪开后，再示意起吊。舱内作业人员要按票卸货，梯形落高，要做到以整个舱为标准，甩货高度不得超过 15 件货物高。作业人员要把舱内的洒漏货物及时清扫灌袋，把残损货物甩出，集中出舱，一班一清。

进行装舱作业时，当每钩货物落至距落货面 400mm 以下时，应停止下落，待作业人员上前把钩扶正后再示意落钩。若使用成组货盘作业，舱内作业人员须把装船作业回空的成组货盘码放整齐并随时卸下船，每次吊卸货盘不得超过 10 只。挂钩必须钩口朝外，并分别挂牢同一只货盘的 4 个吊环，装船作业完毕，须使整舱货面平整。

2. 甲板作业

船舶吊杆或门座起重机司机必须按指挥工的手势操作，要做到起吊慢、运行稳、落钩稳准。货钩经过舱口围、船舷时，最低点要与舱口围、船舷上方相距 300mm 以上。作业人员码钩不符合定钩、定量、定型要求，挂钩不牢的，指挥工不得指挥起吊。指挥工要随时清扫甲板上的洒漏货物。

3. 船边作业

船边作业人员要指挥牵引车或叉车司机行驶到船边起落钩的位置。在装、卸船作业中，在作业条件允许的情况下，可采用双钩或多钩作业。船边作业人员要指挥作业机械把装船回空的成组货盘或成组网络及时送回指定的存放地点。要随时清扫船边的洒漏货物和杂物。

表 3-9 袋装化肥装卸方案

序号	操作过程	工艺流程	机械配备（台）									工人配备（人）					工属具配备				装卸效率(t/h)
			门座起重机		牵引车		挂车		船吊	吊车	叉车	舱内	船边	指挥工	船吊司机	库场	火车	汽车	成组四钩(挂)	成组网络吊钩(只)(挂)	成组货盘(只)	防护网(片)	
			16~25t	10t	40~60t	25t	40~60t	25t														
1	船⇌场	船→门座起重机⇌船舶吊杆→牵引车⇌吊车→场	1	—	1	—	3	—	(1)	1	—	8	2	1	(1)	3	—	—	4	若干	—	1	70
1*	船⇌场	船舶船舶吊杆→牵引车⇌吊车→场	—	1	—	1	—	3	(1)	1	—	8	2	1	(1)	3	—	—	4	若干	—	1	70
2	场⇌船	场→叉车→门座起重机/船舶吊杆→船	—	1	—	—	—	—	(1)	—	2	8	2~4	1	(1)	2	—	—	—	—	若干	1	60
3	船→火车	船舶船舶吊杆→吊车→火车	—	1	—	—	—	—	(1)	1	—	6	—	1	(1)	—	4	—	2	若干	—	1	65
4	场→火车	场→吊车→牵引车⇌吊车→火车	—	—	—	—	—	—	—	1	—	—	—	—	—	2	6	—	1	—	—	—	65
5	场→火车	场→吊车→牵引车⇌吊车→火车	—	—	—	1	—	3	—	2	—	—	—	—	—	3	5	—	2	—	—	—	60
6	汽车→吊车	汽车→吊车→场	—	—	—	—	—	—	—	1	—	—	—	—	—	2	—	2	1	—	—	—	40
7	汽车→场	汽车→叉车→场	—	—	—	—	—	—	—	—	1	—	—	—	—	1	—	4	—	—	若干	—	26

注：①序号中带"*"的为首选装卸方案。②表中带"( )"的参数，依作业条件选用。

4. 水平运输作业

牵引车、叉车司机应做到行驶平稳，运输中如有掉包、掉件，要及时通知并协助装卸作业人员拾起。叉车每次铲运货物的高度不得超过二盘；挂车上摆放的货物高度不得超过二钩货高。

5. 装火车作业

装火车时，吊车司机要操作平稳，严禁货物碰撞车帮。装卸作业人员在车内摘钩时要按要求操作，并在摘钩前把网络小绳解开，严禁用吊钩挂断或用刀割断网络小绳。车内要装严、装平，严禁抖钩作业。货物装到超出车帮时，车帮以上的货物要缩批、起脊码放。装卸作业人员要随时把装车回空的成组网络用人力卸下车，集中码放在距离铁道中心线2 300mm以外的地方。装车完毕后，要按要求进行加固或苫盖篷布。

6. 装卸汽车作业

使用吊车装汽车时，装卸作业人员在汽车上作业时，摘钩要按要求操作，并在摘钩前把网络小绳解开，严禁用吊钩挂断或用刀割断网络小绳。车上货物要码放平整。随时把装车回空的成组网络用人力卸下车，并集中送回指定存放地点。使用货盘卸车码成组作业时，叉车司机要协助作业人员将货盘落高，严禁从高处摔落货盘。码货时要做到每层码8袋，隔层变批，共码5层，每盘共计码40袋，必须确保定量、定型。港外使用网络成组的货物卸车时，作业人员要整好钩形，系好小绳，严禁货钩经汽车驾驶室上方运行。

项目训练

一、单选题

1. 下列货物不属于件杂货的是（　　）。
   A. 金属及其制品　　　　　　B. 生丝
   C. 煤炭　　　　　　　　　　D. 茶叶
2. 下列（　　）不是件杂货的舱位选择原则。
   A. 上轻、清，下重、污　　　B. 上脆弱，下牢固
   C. 小、软配船中，大、硬配船首、尾　D. 按装卸工艺合理选择舱位
3. 件杂货码头的业务流程管理包括（　　）。
   A. 调度管理　　B. 库场管理　　C. 理货管理　　D. 货运监控管理
4. 货物在港口的交接方式有（　　）。
   A. 船-港交接　B. 港-货交接　C. 船-货交接　D. 船-驳交接
5. 件杂货码头最常用的起重机械是（　　）。
   A. 门座起重机　B. 船舶吊杆　　C. 流动起重机　D. 浮式起重机
6. 下列不属于通用工夹具的是（　　）。
   A. 马钩　　　　B. 网络　　　　C. 货板　　　　D. 油桶夹
7. 货物在港口的间接换装作业是由（　　）操作过程组成的。
   A. 1个　　　　B. 2个　　　　C. 2个或2个以上　D. 3个
8. 船→库，袋装化肥2 000吨，先用人力在船内进行组关并挂钩，再用门座起重机把袋装化肥从舱内吊起放在牵引车上，用牵引车拖到仓库，仓库内用人力堆码。这次装卸作

业的机械操作比重是（　　）。

　　A. 50%　　　　B. 75%　　　　C. 25%　　　　D. 90%

9. （　　）是指货物装船或卸船时舱内的全部作业，包括在舱内的挂钩、摘钩、拆垛、码垛、拆关、组关、平舱、扫舱等。

　　A. 舱底作业　　B. 起落舱作业　　C. 水平搬运作业　　D. 库内作业

10. 船、车装卸、堆码的技术文件是（　　）。

　　A. 工艺卡　　B. 实配图　　C. 装货单　　D. 收货单

二、判断题

1. 茶叶可以与樟脑装载在同一船舱内。（　　）
2. 食品类货物不能与扬尘污染货物同舱积载，也不能与有气味的货物、散发水分的货物及危险货物同舱积载。（　　）
3. 因包装不固、不良造成的货物灭失、损坏事故，或者船体、船具的损失事故，港口不负责赔偿。（　　）
4. 流动起重机在装卸作业时，实际使用的起重量和标明的最大起重量一样大。（　　）
5. 码头前方作业地带的宽度不宜小于40m。（　　）
6. 浮式起重机既可用于码头前沿，又可作为堆场机械使用，一机多用。（　　）
7. 船舶吊杆可以在某些装卸条件不佳的港口及港口吊货机械不足时使用，用来提升装卸效率。（　　）
8. 操作过程是指货物从进港到离港在港口所进行的全部作业的综合。（　　）
9. 港口换装作业中各环节的生产率应服从主机的生产率。（　　）
10. 港口作业人员禁止在舱口、舱内及甲板上吸烟。（　　）

三、简答题

1. 在具体设计件杂货码头的装卸作业系统时，要注意调查哪些资料？其作用是什么？
2. 什么是间接换装工艺？什么是直接换装工艺？港内货物操作过程可归纳为哪几种？
3. 什么是工序？件杂货操作过程可划分为哪些主要工序？
4. 换装作业系统的合理组织原则主要有哪些？
5. 件杂货码头常用的吊货工夹具的种类及其特点是什么？
6. 门座起重机装卸船的工作特点有哪些？
7. 件货杂码头库场货物堆垛的垛型主要有哪些？各种垛型适合的货物种类有哪些？
8. 通过对叉车装卸卡车的基本操作过程的改进，举例说明其他装卸操作过程的改进应如何进行。

四、实训题

1. 某港区用4台台时效率均为50t的门座起重机装卸一艘有4个舱口的船舶。船舶各舱的载货量分别为一舱400t、二舱1 000t、三舱800t、四舱800t。求该船舶的最短作业时间和门座起重机在各舱的作业时间，在此基础上拟做出生产组织安排。

2. 某港区用5台台时效率均为40t的门座起重机装卸一艘有4个舱口的船舶。全船载货共6 000t，所载货类各舱相同。假定每一舱口开双头作业时，门机装卸互不干扰。船舶各舱的载货量分别为一舱 800t、二舱 2 200t、三舱 1 800t、四舱 1 200t。求该船舶的最短作业时间和门座起重机在各舱的作业时间，在此基础上拟做出生产组织安排。

3. 某港区装卸一艘有 5 个舱口的船舶，各舱的船舶吊杆生产率均为 20t/（台·h），同时配备一台效率为 40t/（台·h）的门座起重机，且起重机与船舶吊杆在同一舱工作时互不干扰。各舱的载货量分别为一舱 1 000t、二舱 2 000t、三舱 1 200t、四舱 1 600t、五舱 1 200t。求该船舶的最短作业时间和门座起重机在各舱的作业时间，在此基础上拟做出生产组织安排。

4. 结合本章经典案例中袋装化肥的装卸工艺技术要求，根据水泥的特点，设计一套袋装水泥的装卸工艺方案、装卸操作方法与技术要求。

项目四

散货码头业务与操作

学习目标

知识目标
- 了解散货的性质。
- 理解散货装卸作业系统的特点。
- 掌握散粮、煤炭装卸船作业。
- 掌握散货堆场作业机械系统。
- 掌握散货库场防尘防自燃措施。
- 掌握散货装卸车作业。

能力目标
- 会设计散货装卸工艺方案、装卸操作方法与技术要求。
- 能够对散货码头操作系统进行定性分析和定量分析。

素养目标
- 培养忠于职守、乐于奉献的职业风格。
- 培养吃苦耐劳、爱岗敬业的从业精神。
- 培养从业人员按照码头装卸作业安全操作规程操作的意识,规范操作。

任务一 散货相关知识认知

任务导入

大连港散粮码头公司隶属大连港集团有限公司,公司由大窑湾和甘井子两个作业区组成。大窑湾作业区作为国际性深水枢纽港,与经济技术开发区、保税区、出口加工区和国际物流园毗邻。甘井子作业区与吉林粮油运销总公司、中央储备粮大连直属库相邻,铁路、公路四通八达,集输运极为便利,是东北三省和内蒙古地区粮食进出口的主要集散地,主要从事散粮散货转运业务,同时兼顾水泥、煤炭、钢材、杂货等散货转运业务,现已形成综合功能完善的现代化散货转运体系。那么，散货有哪些特性？散货码头装卸作业系统有什么特点呢？

子任务一　散货概述

一、散货的定义

散货，又称散装货物，是指在运输过程中不加包装而散运的货物。散货一般批量较大，因其没有包装，可节约包装费用，比较充分地利用货舱容积，更有利于机械化装卸作业。与件杂货按计件形式装运和交接货物不同，散货是按计量形式装运和交接货物的。

散货包括散装固体货物（固体散货）和散装液体货物（液体散货）两种，固体散货如粮食、煤炭、矿石等，液体散货如石油等。本项目主要阐述固体散货，液体散货将在项目五中进行阐述。

二、散货的特性

由于散货物料容重、自然坡度角、块度、物料与承受面之间的摩擦系数、冻结性、发热和自燃性、扬尘性等与装卸工艺的选择有直接关系，因此下面从这几个方面阐述散货的特性。

1. 容重

物料的容重是指物料自然堆积状态下的单位体积重量。

2. 自然坡度角

自然坡度角即自然堆积角，是指货堆自然形成的角度。

自然坡度角反映了物料的流散性。自然坡度角越小，物料的流散性越好；自然坡度角越大，物料的流散性越差。对煤炭、矿石的装卸来说，物料的自然坡度角可影响储料漏斗壁倾角的确定，即选择的漏斗壁倾角一定要大于货物的自然坡度角，否则物料就不易从漏斗漏出。煤炭的自然坡度角约为45°。

3. 块度

物料的块度与机械和抓斗的选用有关。例如，选用螺旋式卸车机，当物料的块度直径大于螺旋的螺距时，大块度的物料就不能卸下；选用抓斗时要考虑物料的块度，因为抓斗的张开度对物料的块度也有限制。同样，漏斗口尺寸的选择要考虑物料的块度。

4. 物料与承受面之间的摩擦系数

物料与承受面之间的摩擦系数越大，物料就越不易倾倒，因而要求料斗面光滑，料斗面的倾斜度也要增大，以减少物料下滑的阻力。

5. 冻结性

通常，煤炭和矿石的含水量较大。例如，煤炭未脱水时，含水率可达20%。而含水量大的物料在冬季易结冰，造成卸货困难。因此，在煤炭、矿石装卸工艺中要考虑物料的解冻方法，如增加破冰机械或设置加温设备。

6. 发热和自燃性

在堆场存放的煤炭，时间久了或当外界气温高时，煤堆内就会发热，当煤堆内温度上升到60℃时，煤温的上升速度加快。此时如不降温散热，煤炭就会发生自燃。通常的解决方法是将物料及时转堆、翻垛，避免煤堆温度达到自燃点。

7. 扬尘性

煤炭、矿石在装卸输送时会产生大量的粉尘，因此要求在港口的装卸系统中设置防尘装置，如在堆场场地上设置洒水防尘系统、采用加罩封闭式输送系统等。

三、散货的特性对装卸工作的影响

散货的特性，如块度、黏结性、流动性、容重、堆积角、自燃性、散落性等，与装卸作业有很大的关系，影响装卸机械设备的选用及相应技术措施的采纳。例如，用抓斗抓取大块煤炭就比抓取小块煤炭困难得多，并且在作业转运过程中容易造成漏斗堵塞和胶带输送机损坏等一系列问题。货物的黏结性和流动性对装卸机械的抓取效率和重力落料的通畅与否影响很大。黏结性大、流动性差的物料在漏斗中易于成拱，使其落料不畅甚至不能自流。我国早期建成的V形存仓散货堆场，在使用中经常由于物料成拱而造成作业困难。物料的容重、堆积角会影响所需堆场面积的大小、堆场的布置和使用机型的选择。对易自燃、易污染、易冻结的货物，应采取相应的技术和组织措施。

子任务二　散货装卸作业系统认知

一、运输工具的特点对装卸作业的影响

在进行散货装卸工艺设计时，对散货运输工具类型、结构的选用要考虑目前的和进一步发展的多种情况。以船舶运输来说，有专用船和通用船之分。大型专用散货船通常是大舱口，一舱到底，而且甲板上不设起重机和桅杆吊等起重设备。内河驳船则有矿石驳、甲板驳和舱口驳等之分。散货专用驳船有利于装卸。

现代运输的发展表明，船舶的大型化和专用化、铁路车辆的长大专列固定编组直达循环的运行组织，促进了港口装卸设备的大型化、专用化和高效化，所以港口装卸工艺既要考虑现实的情况，又要积极采用高效率的专用车船。

散货从产到销要经过许多环节，包括生产地的装卸、运输和换装、到消费地卸货。港口只是这一系统中的一个环节。因此，港口装卸工艺的设计必须从系统的观点去考虑，才能取得好的效果。

二、散货装卸作业系统的特点

大宗散货的装卸船作业基本采用由专用泊位、专用作业机械组成的专用作业系统。其主要作业工序为舱底作业（装船作业时为平舱作业，卸船作业时为清舱作业）、装（卸）船作业、水平运输作业、堆场作业（堆料、取料）、装卸车作业等。从操作过程来看，其水平运输作业工序主要采用胶带输送机系统。

大宗散货装卸作业系统最显著的特点是自动化、高效化、大型化。为了适应货运量增长和船舶大型化对提高船舶装卸效率的迫切需要，港口装卸机械正朝着自动化、高效化、大型化的方向发展，尤其是大型的专业化码头。

例如，秦皇岛港引进的全球领先的自动控制系统，可实现由翻车机、堆料机、取料机、带式输送机、装船机组成的流水作业系统的智能化管理和远程控制。

秦皇岛港是大秦煤炭专用线配套的大型煤炭输出港，港口拥有全国领先的自动化煤炭装卸设备，卸车和装船均实现了自动化管理。其东港区全部采用翻车机卸车工艺。煤三期、煤四期翻车机均可接卸万吨列车，并成功接卸了万吨和两万吨超长列车。运煤列车可直接

进入翻车机,在不摘钩的条件下进行翻车作业。秦皇岛港共有翻车机 10 台,单台最高装卸效率可达 5 400 t/h。港口有煤炭专用堆场,面积 128.33 万 m^2,最大堆存能力为 500 万吨,有煤炭专用泊位 13 个,设计煤炭通过能力为 1.15 亿吨;共有煤炭装船作业线 22 条,单线最高装船效率可达 6 000t/h。

1. 散货装船作业的特点

散货大多为散粒体,相互之间的内聚力很小,由高处下落时很容易向四面流散,这种特性被称为散落性。散落性的大小与货物本身的颗粒度、形状、表面的状态、含水率及外力等因素有关。现代散货装船作业所采用的装船机械均以带式输送机为主体。例如,内河甲板驳,舱面无甲板遮盖,货物经带式输送机直接抛送至舱口即可;其他船舶有甲板遮盖的舱室部分,则可利用平舱机等辅助机械抛送于甲板下空间。因此,散货装船作业的一个重要作业环节就是平舱作业。

散货装船作业方式和装船机结构形式的选择,一般根据码头停靠的船舶尺度来确定。对于小型船舶,一般采用定机定船或采用定机移船作业方式;对于海港等大型船舶,则采用定船移机作业方式。

所谓定机定船作业方式,是指码头前沿采用固定式装船机(如固定转盘式散货装船机),完全依靠装船机悬臂的伸缩机构、俯仰机构和回转机构的动作,将货物抛送到舱口范围内的任一位置,完成货物的装船作业。采用固定式装船机可以简化装船机的结构,大幅降低码头的造价。

所谓定机移船作业方式,是指在定机定船作业方式中,若船舶尺度较大,为增加装船机悬臂长度而采用的一种装船作业方式。也就是说,码头前沿采用固定式装船机,装船机悬臂的长度只需满足船舶舱口宽度的装船要求即可,船舶舱口长度方向和全船各舱的装船作业要求则通过码头前沿的绞船设施牵引船舶纵向来回移动而实现。这种装船作业方式相比定机定船作业方式,不但可以提高船舶长度方向装载要求的适应性,还可以进一步缩短装船机的悬臂长度,降低装船机和码头的造价。

对于海港大型船舶,其散货作业方式经常采用定船移机作业方式,即码头前沿采用移动式装船机。

2. 散货卸船作业的特点

现行散货卸船机的关键技术在于高效率的取料和如何将货物从舱内垂直提升。带式输送机作为散货装船机的主体结构,不但结构简单,而且生产效率高、使用成本低。然而,普通带式输送机受其最大允许倾角的限制而不能作为卸船机的提升设备。因此,现行散货卸船机间歇式作业方式仍多采用起重机抓斗卸船作业,如带斗门机、散货装卸桥等;连续式作业方式多采用链斗式提升机为主体结构的连续式卸船机,如 L 形链斗式卸船机、斗轮式卸船机等。

散货卸船机结构形式的选择,除主参数必须满足装卸要求外,还与货物的特性关系密切。例如,块度小、密度小、流动性比较好的散货(如煤炭、黄沙等)的卸船作业,选用连续式卸船机较好;块度大、容重大的矿石等卸船作业,则选用起重机抓斗为宜。

散货卸船作业中有一个重要的作业环节就是清舱作业。采用起重机抓斗进行卸船作业时,抓斗只能从舱口直下抓取货物,甲板下方的货物无法直接抓取。虽然普通散货都具有一定的散落性,但卸船后仍有大量的货物(货物总量的 10%~15%)需要从甲板下方运移至舱口面下，再由起重机抓斗抓取。这种作业过程被称为清舱作业。采用连续式卸船机作业方式，由于各船舶的结构形式不同、尺度不一，也存在清舱作业的问题。

一般来说，散货卸船作业初期阶段的生产率都比较高，清舱阶段的生产率则比较低。缩短清舱作业时间是提高卸船平均作业生产率的关键。

任务二　散货装卸船作业

任务导入

位于1号泊位的"丰源9号"散粮船正准备进行3 100t散玉米的装船作业，运往韩国釜山港。该如何装运这艘船舶呢？

散粮码头的装船工作要按照业务的先后顺序进行。要正确装运这批散玉米，需要熟悉散粮码头的装卸流程和作业注意事项。

子任务一　散粮码头装卸船作业

一、散粮卸船机

散粮卸船机是散粮港口的主要卸货设备，按其作业的连续性可分为间歇性散粮卸船机和连续性散粮卸船机两大类型。

1. 间歇性散粮卸船机

间歇性散粮卸船机是指作业过程简短的卸船机械，即在作业过程中，前一个作业周期和后一个作业周期是完全断开的，其典型机械类型是抓斗卸船机。

1）抓斗卸船机

（1）抓斗卸船机概述。船舶附属的船舶吊杆、码头的门座起重机、桥式起重机带上抓斗，都可以作为间歇性散粮卸船机。间歇性散粮卸船机主要为带斗门座起重机。散粮卸船码头时用的带斗门座起重机，在基本结构上与煤炭卸船码头、铁矿石卸船码头、散化肥卸船码头等类似，也是在常规通用门座起重机的基础上增加一个接料斗，缩短抓斗运行的距离，以提高作业效率。区别在于散粮密度较小，滑性更大，比重也较小，因此，散粮卸船使用的抓斗双颚闭合要求更高，每抓斗抓取的重量比煤炭等少。与其他散货的带斗座起重机一样，散粮带斗门座起重机在料斗下方也连接皮带机或刮板运输设备。散粮带斗门座起重机一般效率在400t/h左右。目前国内港口已有使用桥式抓斗卸船机用于散粮卸船（带斗桥吊），带斗桥吊的负荷大于带斗门座起重机，因此可以使用容积更大的抓斗，其卸船效率明显提高，可达1 000t/h。

（2）抓斗卸船机（包括带斗门座起重机、带斗桥吊）的使用特点如下。

① 机械的结构简单，造价低，维修保养方便。

② 对船型和货种的适应性强。

③ 抓斗闭合难以严密，卸船作业过程中有散粮洒落现象。

2）间歇性卸船机的特点

（1）由于作业过程间歇，装卸效率受到了很大的影响。

（2）与连续性卸船机比较，间歇性卸船机结构相对简单，造价低。

（3）间歇性卸船机通用性很强，可以同时用于多种干散货的装卸作业，更适用于专业性不强的干散货码头。

2. 连续性卸船机

连续性卸船机是指作业过程连续不间断的卸船机械，作业效率高，通用性差，因此主要用于货种单一、专业性很强的码头。散粮码头使用的连续性卸船机品种较多，各有特点，除了装卸散粮，有些还专门针对某个特定散粮码头的需求进行设计和改型。常用的连续性卸船机有气力吸粮机、夹皮带卸船机、埋刮板卸船机、螺旋式卸船机、波纹挡边带卸船机等。

1）气力吸粮机

（1）气力吸粮机概述。气力吸粮机是连续性卸船机的常见机型，南方港口应用较多，卸船效率是 400t/h。气力吸粮机的主要结构包括吸嘴、输送管、分离器、卸料器、风机和消声器等，因涉及气力输送，因而对风机的要求很高。气力吸粮机的工作原理是用气泵或多级涡轮产生的真空压差，使试管内空气急速流动，运动的空气流把速度传递给所要运送的物料，使空气和物料分离，物料再通过码头上的水平运输机械转运出去。

（2）气力吸粮机的优缺点如表 4-1 所示。

表 4-1 气力吸粮机的优缺点

优　　点	缺　　点
① 结构简单，造价低，操作方便，使用灵活 ② 对船型的适应性强，清仓量较小，工人的劳动强度低 ③ 易与其他运输环节衔接	① 噪声大 ② 粉尘大 ③ 能耗大 ④ 效率低 ⑤ 不宜装卸、输送易碎、不耐冲击的物料，如烘干玉米等

2）夹皮带卸船机（双带卸船机）

（1）夹皮带卸船机概述。国内应用的夹皮带卸船机大部分是 20 世纪 80 年代从英国西蒙-卡维斯公司引进的产品，目前仍在使用，可适应 8 万吨级散粮船。近期有改型产品，机械性能、卸船效率都有所提高，但国内尚未引进。

夹皮带卸船机的主要构件包括喂料头、主带、气箱、侧边密封件、离心风机、皮带张紧油缸等。夹皮带卸船机的工作原理是在两条垂直、同速向上运动的皮带的两个相对侧面均匀加压，使通过喂料器进入夹皮带机的两个夹皮带中间被夹带而同步向上运动，实现物料的垂直向上提升。在提升时，货物仅与皮带接触，而皮带是用密封装置与空气压力相结合的方式压紧的。由于主皮带与气箱底板、侧密封之间形成了气膜，因此运转阻力较小。在提升腿的顶部，夹运货物的两条皮带沿旋转臂改变方向，然后通过一组溜管和横向皮带机向码头岸边的水平运输皮带机卸料。

夹皮带的主、盖带均采用特殊工艺制成，尤其是盖带，要求横向伸展弹性好，使皮带夹粮后鼓起，纵向强度大，以适应大负荷的垂直提升物料。

（2）夹皮带卸船机的优缺点如表 4-2 所示。

表 4-2 夹皮带卸船机的优缺点

优　点	缺　点
① 相比气力卸船机，夹皮带卸船机卸船效率较高 ② 成本低。同其他形式的卸船机相比，夹皮带卸船机不仅在基本投资上有竞争力，而且由于重量轻，使码头的投资也相应减少 ③ 物料破碎少。由于物料是在两条相同的皮带之间传送的，因此不存在物料破碎问题 ④ 粉尘少。夹皮带卸船机卸料时，物料首先经过埋在物料下面的喂料器，然后由两条边部密封的皮带运输，因而粉尘极少 ⑤ 噪声低。夹皮带卸船机工作时噪声很小，实际上其噪声仅来自主驱动马达和液压泵 ⑥ 维修方便，能耗低	① 喂料器故障率较高 ② 变幅、摆臂采用固定式平衡配重，变幅油缸易损坏 ③ 和一些新式卸船机相比，卸船效率低

3）埋刮板卸船机

（1）埋刮板卸船机的主要构造和原理。埋刮板卸船机由喂料器、垂直提升机、水平输送机等部分组成。作业时，物料在喂料器的作用下，从垂直臂下端开口处流入箱体，受刮板的运动推力而上行至出口处卸出，流入水平输送机械，再转载到码头的接料装置中。

（2）埋刮板卸船机的工作特点。埋刮板卸船机与气吸式、螺旋式、夹皮带及链斗式卸船机等相比，其主要特点是：能耗比夹皮带式卸船机稍大，但比气吸式和链斗式卸船机要小得多；输送能力大，卸船效率高；输送系统封闭性好，可防止粉尘扩散，减少对环境的污染；刮板的速度快，不适用于装卸易碎、不耐冲击的物料。

4）螺旋式卸船机

（1）螺旋式卸船机的主要结构和工作原理。螺旋式卸船机的主要部件是垂直螺旋和水平螺旋输送机，螺旋式卸船机的卸粮过程是：物料先在喂料机的外螺旋作用下向下推送，然后由扇形取料螺旋向内螺旋挤送，进行垂直提升。被垂直提升的物料经水平臂架内的水平螺旋输送机运到卸船机顶部的分料环，然后将物料转运到接运皮带输送机，再至卸料点。

（2）螺旋式卸船机的使用特点：对货种的适应性强；密封性好，扬尘少；粮食的破碎性大；能耗大。

5）波纹挡边带卸船机

波纹挡边带卸船机是以波纹挡边输送带进行提升和输送物料的，是一种无须中间转载的连续式卸船机。在作业期间，物料和皮带无相对运动。这种设备既适合卸船，也适合装船。目前我国连云港和大连港均有这种设备，用于粮食装卸作业。

目前，在散粮专业码头，我国港口使用较多的是夹皮带、埋刮板、波纹挡边卸船机，主要是因为这几种卸船机具有相对高效、能耗低、重量轻、维修费用低等特点。

6）连续式卸船机的优点

连续式卸船机近年来在散粮专业码头得到了越来越多的应用，其具有如下几个优点。

（1）机械效率较高，可连续自行取料，在卸船过程中无起升和小车走行的反复过程，并可最大限度地减少清仓时的清仓量。

（2）机械冲击小，振动小，噪声小，可提高设备使用寿命。

（3）自重轻。同样能力的连续性卸船机与抓斗卸船机相比，自重轻了许多，可减少设备的投资和码头前沿的投资。

（4）能源消耗低。与抓斗卸船机相比，在同样能力的情况下，连续性卸船机的能源消耗要小得多。

二、散粮装船机

散粮装船机一般由臂架皮带机、伸缩溜尾车、塔架、俯仰装置、回转装置等组成。散粮装船机通常是连续装船作业，因此码头必须有与之配套的设备（如筒仓、顺岸皮带机等）提供连续的物料流，使装船机可连续装船。

1. 大连港散粮装船机

大连港机械有限公司与武汉交通科技大学（现武汉理工大学）、大连港口设计研究院有限公司共同开发研制的新型散粮装船机目前在北方大型散粮码头应用较多。该散粮装船机具有以下几个特点。

（1）输送系统采用了气垫式输送机，大大降低了皮带的运行阻力。

（2）采用了无尘伸缩溜管，可防止粮食破碎，有效地防止粉尘外逸，能满足各种船型的装船要求。

（3）设有粉尘回收隔离装置，可以有效降低粉尘污染。

2. 布勒散粮装船机

1）布勒散粮装船机的组成机构

布勒散粮装船机的组成机构主要包括以下3部分。

（1）装船机的主要动作系统，包括俯仰、踢摆、伸缩、大车行走。

（2）物料输送系统，包括尾车皮带、喂料皮带机、臂架皮带机、抑尘机，是装船机用来完成装船作业的部分。

（3）装船机的辅助系统，包括除尘器、空压机、电气装置等。

2）布勒散粮装船机的主要特点

（1）该装船机的物料输送系统采用全封闭式，并配置了完善的除尘系统，使粮食运输所产生的粉尘得到很好的控制，特别是在装船机伸缩溜管下部采用了抑尘头，这是瑞士布勒公司的专利产品，可以抵消粮食由高处下落产生的动能，使粮食由伸缩溜管下部平缓地溢出，有效减少粉尘的生成。同时，该装船机的伸缩溜管可根据船舱内物料的高度自动调节，使伸缩溜管始终紧贴粮食表面，极大地消除了装船过程中产生的扬尘。

（2）在司机室有一台显示器，用于显示该装船机的工作状态（如俯仰角度、踢摆角度、伸缩长度、大车走行距离及各独立部分的运行状态）、各种故障提示和警报信息，方便操作、维护和故障诊断。

（3）该装船机有3种操作方式，操作灵活。通常情况下，操作人员在司机室进行操作。需要时，在该装船机的每个独立部分均安装有本地操作开关，操作人员可以在维修和检查时单独操作。同时，该装船机带有一套无线遥控器，操作人员可以使用该无线遥控器在船舱甲板上对散粮装船的物料落料点实现准确的控制。

（4）该装船机的物料输送系统设计紧凑，不存在死角，更换物料时流程清洗方便。

3. 凯亚散粮装船机

1）凯亚散粮装船机的组成部分

凯亚散粮装船机由法国凯亚公司生产，设计连续装船能力为2 000t/h。该装船机由以下 3 部分组成。

（1）装船机的主要动作系统，包括俯仰、旋转、伸缩、大车走形。

（2）物料输送系统，包括尾车皮带、提升皮带机、臂架皮带机、伸缩溜管及抛料弯头，是装船机用来完成装船作业的部分。

（3）装船机的辅助系统，包括除尘器、空压机、电气装置等。

2）凯亚散粮装船机的主要特点

（1）该装船机有俯仰、旋转、伸缩、大车走行等动作机构，动作灵活。当安装在我国北方港突堤码头时，作业点可以在突堤码头的不同泊位之间切换，而无须使船只移位。大臂可伸缩范围大，装船作业半径变化范围广，可适应从 400t 左右船舶到 65 000t 左右船舶作业的需要。该装船机带有一个可伸缩溜管，溜管装有物料缓冲装置，可防止物料装船过程中可能发生的破碎，保证散粮装船作业的质量。

（2）该装船机装有一套伸缩溜管自动控制装置，该装置可根据船舱内物料的高度自动调节溜管的伸缩长度，使伸缩溜管始终紧贴粮食表面，以减少装船过程中产生的粉尘。

（3）在司机室和电气室各装有一块显示屏，用于显示该装船机的工作状态、各种故障提示和报警信息，方便操作、维护和故障诊断。

（4）与布勒散粮装船机一样，该装船机也有 3 种操作方式，操作灵活。一般情况下，驾驶员在司机室进行操作。需要时，操作人员也可以利用每个独立部分的本地操作箱进行操作。同时，该装船机带有一套无线遥控器，操作人员可以使用该无线遥控器在船舱甲板上对物料落料点实现精确的控制。

三、散粮装船作业

1. 散粮装船前的准备

1）系统流程检查

由于散粮装卸系统是由若干条皮带、翻板等组成的，而港口的筒仓、流程不可能为某一粮食货种作业而单独设立，因此，港口为避免出现不同货物相混事故，必须在启动该条作业流程前，对系统流程的头尾及沿线进行检查核实。检查内容如下。

（1）流程巡检人员上班后，应查看上一班次的交接班记录，对上一班次中使用过的流程头尾及沿线进行复查，确保其清洁，无杂粮、杂物。

（2）当出仓货种为非玉米货种时，作业前应确定装船秤和相应的作业流程线。流程巡检人员应对这条作业流程线进行全面检查。检查该批货物所在筒仓仓底至装船机沿线各流程头尾部下粮口及翻板（尤其是带缓冲板的翻板）中是否有杂粮，对所使用的秤及秤上斗进行检查。如有杂粮，应及时安排人员清扫。清洁后，方可通知理货人员安排使用相同的货种冲流程，经理货人员和作业委托人验收通过后，方可进行后续作业。

（3）玉米和非玉米货种同时出仓装船作业时，应提前检查交叉作业的重点翻板顶部是否靠紧，两侧是否有缝隙，翻板选对流程后，将其锁阀正确锁好。

（4）装船作业前，中央控制室操作人员应进行整个系统的联网试车，试车的部位包括秤、秤上斗、除尘设备等，以确定系统所有相关设备处于正常运行状态。如果是外贸装船作业，则应会同检验检疫部门人员对装船斗、秤进行载荷试验，检验结果应经双方签章确认。

2）对作业委托人的确认要求

（1）内贸出口装船作业前的确认要求。

① 装船作业前，作业委托人应到业务部门办理"港口作业合同"，持合同到仓库办理"放货联系单"。"放货联系单"中应载有放货单位名称、船名、航次、提/运单号、筒仓号及出仓顺序和要求等。

② 仓库筒仓管理员应审核办理"放货联系单"的作业委托人是否符合规定：火车集港的，应与铁路"货物运单"中的"收货人"名称相符；客车市入（指本埠货物集港，下同）集港的，应与"市入货物交接单"中的"交货单位"名称相符。如名称不符，应有相应单位出具的委托书，否则仓库不能让其配货装船。

③ 仓库筒仓管理员收到作业委托人符合要求的"放货联系单"后，按联系单内容向中央控制室操作人员书面下达"出仓装船计划表"，并与中央控制室操作人员做好交接工作。

④ 作业委托人在装船前变更"放货联系单"的，仓库筒仓管理员应根据作业委托人变更后的联系单内容，重新向中央控制室操作人员书面下达"出仓装船计划表"，并与中央控制室操作人员做好交接工作。同时，将原"出仓装船计划表"抽回，在上面做"作废"标识，以防止单证的非预期使用。

（2）外贸出口装船作业前的确认要求。

① 装船作业前，作业委托人应持海关开具的"装收货单"到港口办理"港口作业合同"。港口在审核"装收货单"时，应重点查验上面加盖的海关印章是否为该海关在港口备案的印章。"装收货单"符合要求后，方可办理"港口作业合同"。

② 作业委托人持审核后的"装收货单""港口作业合同"到仓库办理"放货联系单"。

③ 仓库筒仓管理员收到作业委托人符合要求的"放货联系单"后，按联系单内容向中央控制室操作人员书面下达"出仓装船计划表"，并与中央控制室操作人员做好交接工作。

④ 作业委托人在装船前变更"放货联系单"的，仓库筒仓管理员应根据作业委托人变更后的联系单内容，重新向中央控制室操作人员书面下达"出仓装船计划表"，并与中央控制室操作人员做好交接工作。同时，将原"出仓装船计划表"抽回，在上面做"作废"标识，以防止单证的非预期使用。

3）领取配载图，开好船前会

《港口货物作业规则》第四十七条规定："船方应当向港口经营人提供配、积载图（表），港口经营人应当按照配、积载图（表）进行作业。船方可以在现场对配、积载提出具体要求。"为保证船舶航行安全，维护港航双方利益，港口方应严格按照船方的配载图及配载要求进行作业。因此，在实施装船作业前，船舶业务员应做好以下两项工作。

（1）船舶靠泊后，船舶业务员应向船方领取货物配载图和装船要求，并根据货物配载图和装船要求编制船前会纪要。

（2）装船作业前，船舶业务员应组织装卸司机、装卸工组、检验人员等相关作业人员召开船前会，详细布置作业中的安全注意事项，提出明确的货运质量要求和货物装舱要求。

2. 散粮装船作业

1）船舶业务员在装船作业过程中应注意的事项

（1）船舶业务员应掌握装船速度，保持船舶平衡作业。

（2）船舶业务员应与船方保持有效沟通，对需要平舱作业的舱别，应合理安排平舱作业，以保证船舶稳性。

2）中央控制室操作人员在装船作业过程中应注意的事项

（1）应严格执行"出仓装船计划表"，关注流程系统是否正常运行。

（2）中央控制室作为散粮系统的中枢，应与船舶业务员、流程司机、理货员、巡检人员、机械司机等装船作业相关人员保持畅通的联系。

3）流程巡检人员在装船作业过程中应注意的事项

（1）在流程系统运行期间，应重点对流程、翻板、插板部位进行巡检，查看其是否有洒漏现象。如有洒漏，必须及时处理，并做好相关记录。

（2）如玉米和非玉米货种同时出仓装船作业，流程巡检人员应重点关注交叉作业的翻板，并及时与中央操作人员沟通，保持稳定的电流，提高作业效率。

（3）在装船过程中，若因故障造成流程急停的，流程巡检人员应对所有流程从头至尾进行检查，以确认流程中是否还有粮食。如有残粮，应及时组织装卸工人清理。无论流程中是否还有残粮，流程巡检人员都应将流程急停的时间、原因等情况做好详细记录，以便下一班次人员再次对相关流程做好复检，避免出现混质、短量等货运事故。

4）装船过程中作业委托人对出仓项目的变更处理

在装船过程中，作业委托人现场监装时，如要求变更出仓顺序或变更出仓号码，港口相关各类人员在操作时应注意以下几点。

（1）应先判断作业委托人提出的变更要求在港口操作时是否可行。如果是交叉作业，或者调整出仓号码会直接影响货运质量，应与作业委托人充分协商，或者不予变更，或者推迟作业。

（2）作业委托人提出变更要求，港口可予以变更的，应让作业委托人再出具一份"放货联系单"，除填写原内容外，还需注明变更事项和出具联系单的时间。其中，出具联系单的时间填写格式为"××××年××月××日××时××分"。此"放货联系单"上的作业委托人签章应与变更前"放货联系单"上的作业委托人签章一致。

（3）接到作业委托人出具的符合港口作业要求的"放货联系单"后，仓库理货人员应到码头中央控制室变更已下达的"出仓装船计划表"，在变更处签章，并注明变更的具体时间。

（4）码头中央控制室在接到变更指令后，应在流程系统合理的操作时间内予以变更。

5）船车直取作业

在散粮专用车直取作业中，仓库理货人员除按照散粮专用车卸车作业有关规定执行外，还应做好组织协调和检查工作。由船方与作业委托人直接进行双边交接的，仓库要提前通知作业委托人到现场同船方进行双边理货交接，记录好双方交接的数字，依据双边交接记录填写理货单，并注明"直取"字样。

如散粮专用车到港后，将货物卸入地沟，经装船斗秤衡重后装船的，则不能称其为"直取"作业。

6）装船粮食的检验

装船粮食的扦样，通常是指在流程中通过机械取样系统自动扦取粮食样品。如果流程中没有机械取样系统或系统发生故障，则可使用扦样器进行人工取样。

（1）外贸出口作业必须使用机械取样系统取样。按照检验检疫部门的要求，不同的粮食品种在各自规定的时间范围内自动取样，并将规定的样品份数混合成综合样品供检验检疫部门检验和封存。

（2）内贸出口作业取样后，将样品制成综合样品，一份用于检验，一份留存。样品检验主要检验粮食中的水分和杂质，查看其在进出港时的水分、杂质差异情况，以便计算出粮食因水分、杂质流失而产生的自然损耗量。

3. 散粮装船交接

1）船舶业务员在交接中应注意的事项

船舶装船完毕，船舶业务员应对船舶装载情况进行检查，重点查看以下内容。

（1）船舶是否超载。

（2）船舶是否为满舱，是否进行了合理的平舱。

（3）如船舶未满舱，是否采取了必要的防护措施以防止散粮移动（如在舱内压3层或以上的包粮、拉网等）。

（4）船舶是否横倾。

（5）船舶舱口盖是否能够关闭等。

船舶业务员应获得船方对港口方是否按船方配载图及相关要求进行装载作业评价的相关证据。

2）中央控制室操作人员在交接中应注意的事项

（1）核对作业人员是否已按"出仓装船计划表"的要求作业，并按出货筒仓打印衡重记录。衡重记录经复核无误后，与仓库理货人员做好交接工作。

（2）核对衡重记录中是否含有散粮专用车-地沟-装船斗秤衡重的装船作业模式，如有，应与仓库理货人员核对该批次车辆铁路衡重记录，看其误差是否在标准范围内；如误差超过标准，应及时反馈至业务部门处置。

3）流程巡检人员在交接中应注意的事项

（1）对于船舶作业完毕或当班不再作业的筒仓，流程巡检人员应将筒仓手动门及时关闭，对作业涉及的流程从头至尾全面检查一次，并将当班流程巡检情况及使用的流程线路图在交接班记录中记录清楚，做好交接工作。

（2）船舶作业完毕要清斗清秤，检查流程线路中的翻板是否还有存粮。如有存粮，应清理后归原批。

4）仓库理货人员在交接中应注意的事项

（1）如筒仓为清空作业，理货班长应安排理货人员会同流程司机到筒仓内检查是否已按要求出空。

（2）对于内贸货物，仓库检算人员应负责核对装船衡重记录，检验筒仓系统中体现的出仓数字，符合后，方可填制"港航非集装箱货物交接清单"，与船方办理交接手续。

（3）对于外贸货物，仓库理货人员应核对装船衡重记录与检验检疫部门出具的鉴重证明之间的关联性，数字符合逻辑关系后，依据鉴重证明填制"货物交接证"（一式三份），连同外贸出口手续一起与船方办理交接手续。

（4）仓库检算人员应将装船作业中发生的所有理货单据和交接单据合拢装订成单船单证，按规定期限保管。

四、散粮卸船作业

1. 散粮卸船前的准备

1）系统流程检查

流程巡检人员上班后，应查看上一班次的交接班记录，对上一班次中使用过的流程头尾及沿线进行复查。复查中应重点检查流程头尾、箱体、下粮口、翻板、插板等部位，确保清洁，无杂粮、杂物。若所选仓为空仓，则应重点检查仓底观察口和手动门是否关闭严密。

当进仓货种为非玉米货种时，作业前应确定卸船秤和相应的作业流程线。流程巡检人员应对这条作业流程线进行全面检查。检查该批货物涉及的卸船机沿线各流程，重点检查部位中是否有杂粮，对所使用的秤及秤上斗进行检查。如有杂粮，应及时安排人员清扫。清洁后，方可通知理货人员安排使用相同的货种冲流程。经理货人员和作业委托人验收通过后，方可进行后续作业。

玉米和非玉米货种同时卸船进仓作业时，应提前检查交叉作业的重点翻板顶部是否靠紧，两侧是否有缝隙，确认翻板选对流程后，将其锁阀正确锁好。

卸船作业前，中央控制室操作人员应联网试车，包括秤、秤上斗、除尘设备等，确保系统所有相关设备处于正常运行状态。如果是外贸卸船作业，则应会同检验检疫部门人员对卸船斗秤进行载荷试验，双方对检验结果签章确认。

2）船舶作业手续的确认

船舶靠泊后，如为内贸货物，仓库应向船方索取水路货物运单、货物交接清单、货物积载图等相关单证，并向船方了解起运港装舱、隔票等情况。仓库值班检算人员应对收到的单据进行核对，编制进口台账，并注明重点事项和要求。

如为外贸货物，仓库值班检算人员接到船舶代理人提供的货物积载图、载货清单（舱单）后，应进行单图核对，编制进口台账，并注明重点事项和要求。

内贸货物根据"水路货物运单"，外贸货物根据"载货清单"，由仓库编制"卸船进仓通知单"，与中央控制室做好交接工作。

通知检验人员按规定扦取检验样品。

对于内贸卸船散粮，港口检验人员自行在船舶作业前及作业中按规定扦取检验样品。将样品制成综合样品，一份用于检验，一份留存。样品检验主要检验粮食中的水分和杂质，以便在货物出港时进行损耗比对，计算自然损耗量。

对于外贸卸船散粮，港口检验人员应会同检验检疫部门人员一同到船上进行人工扦样，经检验检疫部门检验合格后方可卸船。在卸船作业中使用机械取样系统取样，并将规定的样品份数混合成综合样品一式三份，一份提供给检验检疫部门进行检验和封存；一份由港口检验人员自行检验；另一份留存。

2. 散粮卸船作业

卸船作业前，船舶业务员应组织装卸司机、装卸工组、检验人员等相关作业人员召开船前会，详细布置作业中的安全注意事项，提出明确的货运质量要求。

卸船作业中，船舶业务员应做好作业过程的监督检查，掌握卸船进度，保持船舶稳性。若发现货物有异状，对于外贸货物，应及时通知船方（代理）、检验检疫部门，并将检验检疫部门确认的检验结果填制到相关单证中；对于内贸货物，应及时通知船方、收货人，双方共同确认后，编制货运记录。

中央控制室操作人员应严格按照"卸船进仓计划表"的要求进行作业，关注流程系统是否正常运行。同时，应与船舶业务员、流程司机、理货员、巡检人员、机械司机等卸船作业相关人员保持通畅的联系。

流程巡检人员的工作重点包括以下几个方面。

（1）在卸船作业过程中应重点对流程、翻板、插板部位进行巡检，查看是否有洒漏现象。如有洒漏，必须及时处理，并做好相关记录。

（2）如玉米和非玉米货种同时卸船入仓作业，流程巡检人员应重点关注交叉作业的翻板，并及时与中央控制室操作人员沟通，保持稳定的电流，提高作业效率。

（3）在卸船过程中，若因故障造成流程急停的，流程巡检人员应对所有流程从头至尾进行检查，以确认流程中是否还有粮食。如有残粮，应及时组织装卸工人清理。无论流程中是否还有残粮，流程巡检人员都应将流程急停的时间、原因等情况做好详细记录，以便下一班次人员再次对相关流程做好复查，避免出现混质和短量。

3. 散粮卸船交接

（1）内贸散粮卸船交接时，仓库检算人员应核对本港卸船衡重记录，核对无误后，方可填制"港航非集装箱货物交接清单"，与船方办理交接手续。

（2）外贸散粮卸船交接时，仓库理货员应核对卸船衡重记录与检验检疫部门出具的鉴重证明之间的关联性，数字符合逻辑关系后，依据鉴重证明填制"总交接证"（一式三份），连同外贸进口手续及相关残损记录一起同船方办理交接手续。

（3）同一船舶的散粮在两个以上港口卸货时，应重点审核本港口是否已完全按单证标注的内容卸货，以避免发生误卸、漏卸事故。

（4）若作业委托人提出对整票货物进行分票作业，应由作业委托人提供书面分票申请，申请中应明确分票比例。若货物涉及第三方监管，港口应与作业委托人、第三方监管机构共同签订监管协议，明确各方的权利、义务及提货形式。同时，港口应建立监管的相关管理制度，加强内部沟通，确保监管协议的有效履行。

（5）仓库检算人员应将卸船作业中发生的所有理货单据和交接单据合拢装订成单船单证，按规定期限保管。

子任务二　煤炭码头装卸船作业

任务导入

煤炭卸船码头是从事煤炭卸船作业的码头。煤炭卸船作业是指煤炭通过船舶运输进入港口码头，经卸船堆存到码厂，然后通过自航船、驳船、火车、卡车等出栈的作业。我国的煤炭产地集中于北方，但南方人口密集，工业发达，民用和工业领域的发展需要消耗大量的煤炭。因此，"北煤南运"是传统的国内水路运输重点路线，长江以南地区建立了许多煤炭卸船港口。近年来，随着经济的快速增长和人民生活水平的提高，对煤炭的需求日益增加，我国已由煤炭的净出口国变成了净进口国。为此，沿海煤炭卸船港口又增加了进口煤炭船舶的卸船任务。那么，煤炭是怎样进行卸船作业的？

一、煤炭码头卸船主要机械

煤炭卸船码头的装卸机械规模相对较小，装卸效率相对较低。在码头前沿的垂直作业较少使用连续式煤炭卸船机械,一般使用间歇式煤炭卸船机械。在煤炭从码头前沿向后方堆场的水平运输中,煤炭卸船码头使用的是与装船码头基本类似的以皮带输送机为主的系列设备。

1. 垂直运输机械

1)连续式煤炭卸船机械

连续式煤炭卸船机械是指可以连续方式进行卸船作业的卸船机,主要形式为链斗式卸船机、螺旋式卸船机。链斗式卸船机(见图4-1)的基本原理是卸船机拥有一个链斗式卸货臂,链斗式卸货臂由绕过若干链轮的无端链条作为牵引构件,由驱动链轮通过轮齿将圆周牵引力传递给链条,在链条上按一定间距固接着一系列料斗,通过链条的圆周运动,可将煤炭从链条的有载分支的下部供入,由料斗把物料提升到上部卸料口卸出。卸船作业时,卸船机将链斗式卸货臂伸入煤炭船舶的船舱,就可以连续取料,实现连续卸船作业。

连续式煤炭卸船机械的优点是作业效率远高于间歇式煤炭卸船机械,其缺点是:初始投资大,结构复杂,维修困难;经常只适用于大舱口位的煤炭船舶作业,用于稍小的船舶作业很不经济;难以用于清舱作业,在配置该类卸船机的码头,船舶清舱作业成为一个瓶颈;尘与噪声大,而且难以治理。

链斗式卸船机械在我国的一些港口(如上海的煤炭卸船码头等)使用。

图4-1 链斗式卸船机

2)间歇式煤炭卸船机械

间歇式煤炭卸船机械是指以煤炭抓斗取料,一个个作业周期互相分隔,只能进行间歇式作业的卸船机。间歇式煤炭卸船机械是我国煤炭卸船码头使用的主要机型。煤炭卸船码头使用的间歇式煤炭卸船机械有以下几种类型。

(1)通用门机。码头常用的门机是桥式起重机的一种,一般由门架结构和起运机构两部分组成。通用门机(见图4-2)的吊索可以连接各种吊具,用于装卸各类货物,包括各种件杂货,因此通用性比较强。使用通用门机卸煤炭,码头前沿的船舶舱口边必须配备移动式漏斗,漏斗下用移动式皮带机接卸物料。门机通过抓斗从船舱取料,然后在漏斗上方释料,煤炭通过漏斗口进入皮带机,进入水平运输。由于接货漏斗在船舱外,导致门机的操作周期延长，使作业效率受到很大的影响。多用途码头一般使用通用门机卸煤炭船舶，这样可以提高码头的通用性，但会降低卸煤炭的效率。

图 4-2 通用门机

（2）带斗门机。带斗门机是通用门机的一种改进型，是通用门机直接与码头的水平运输皮带机连接。带斗门机专门用于散货卸船作业，可以有效提高作业效率，其优越性表现在以下几个方面：带斗门机将接料的漏斗移到了门机的门架上，这样大幅缩短了门机抓斗抓料时运行的距离，能有效缩短作业周期，提高效率；带斗门机的漏斗和附带的皮带机形成一个封闭的系统，在提高效率的同时，能有效解决除尘问题；带斗门机的皮带机可与码头高架水平运输皮带机系统直接连接，省去了码头移动皮带机系列的工作。

与通用门机相比，带斗门机只能用于散货装卸，使码头的通用性下降。因此，带斗门机通常只配置于专业的散货装卸码头，是我国南方沿海港口煤炭卸船码头的主力机型。

（3）带斗桥吊。比带斗门机效率更高的是带斗桥吊。带斗桥吊的框架机构、行走机构、俯仰臂架与一般桥吊类似，在井字式框架的外侧加一个漏斗，漏斗下配置卸料皮带机，卸料皮带机与码头高架皮带机直接连接。俯仰臂架上行走小车的吊索接抓斗。作业时，抓斗从船舱抓取煤炭，卸在桥吊附加的漏斗中，通过皮带机水平运输到码头高架皮带机系统。带斗桥吊与带斗门机提高作业效率的原理一致，都是缩短吊臂运转的距离，从而在单位时间内完成更多的操作周期。但带斗桥吊比带斗门机的负荷更大，可以使用容积更大的抓斗，效率更高。上海港某煤炭卸船码头使用的带斗桥吊，其卸船作业量可达 1 250t/h。

（4）轮胎（履带式）起重机。移动的轮胎起重机、履带式起重机配置抓斗后，也可用于煤炭卸船作业。小型码头可以使用这类起重机进行煤炭卸船。我国煤炭在内河运输时，经常使用舱口很大的专用驳船，使用移动式起重机卸这类船舶更合适。这类船舶所停靠的内河码头一般规模小，也不必投入大笔资金来配置高效率的煤炭卸船机械。

3）船舶吊杆

对于配置有船舶吊杆的小规模散货船舶，也可使用船舶吊杆卸船。使用船舶吊杆卸船时，码头前沿舱口边需配置移动漏斗接货。在移动漏斗下，应排列小型移动皮带机，并与堆场的高架皮带机连接。船舶吊杆的卸船效率明显低于带斗门机，一般只在小型码头采用。

2．水平运输机械

1）流动皮带机

皮带机是带式输送机的一种。带式输送机是用连续运动的无端输送带水平运输货物的机械。输送带的材质使用胶带的，称为皮带机。用于散粮、煤炭、散化肥等装卸的一般都是皮带机。皮带机的结构特征为：输送带既是承载货物的构件，又是传递牵引力的构件，皮带机依靠输送带与滚筒之间的摩擦力驱动运行，进行散货的水平输送。

流动皮带机是煤炭码头常用的一种皮带机，长度通常在10m左右，有7°～10°的坡度。若干台流动皮带机首尾相接，可以在码头前沿连续地灵活变向，进行货物的水平输送。当码头使用船舶吊杆、通用门机、轮胎（履带式）起重机卸船时，煤炭由抓斗进入舱口边的漏斗，在漏斗下，必须由若干台流动皮带机组合成临时的水平运输线路，将煤炭水平运输到堆场，或者连接到高架皮带机，再运输到堆场。

有时码头需要将船舶卸下的煤炭通过码头内侧装驳船（一般称为里档落驳），也需要通过若干台流动皮带机首尾相接，将卸入漏斗的煤炭水平运输到驳船中。在小型煤炭码头堆场，流动皮带机有时还用于煤炭堆场的货物转堆和装卡车。

2）高架皮带机

高架皮带机输送部分的结构与原理和流动皮带机基本相同，区别主要在于以下两点。

（1）高架皮带机用水泥柱的基座承托皮带机的输送部分，而且一般没有坡度，完全是水平的。

（2）高架皮带机一般较长，比流动皮带机长得多。如果是码头前沿配合装船机、卸船机的高架皮带机，长度通常与码头靠船岸线的长度一致；如果是码头堆场配合悬臂堆料机、取料机的高架皮带机，长度通常与煤炭堆场的长度一致。

高架皮带机的作用是完成煤炭在港区范围内的长距离水平运输。

3）清舱作业机械

（1）喂料机。早年煤炭卸船码头都用人工清舱，工人的劳动强度很大，后来逐渐改为机械清舱。最早使用的清舱机械是喂料机。喂料机由两部分组成，即取料部分和抛料部分。喂料机是我国早年煤炭卸船码头技术革新的产物，结构简单、自重小，通常不是由机械制造企业批量生产的，码头装卸企业小型机修部门就能生产。它的优点是适合在小型船舶和驳船的船舱内使用，只用小型码头岸机（或船舶吊杆、轮胎起重机）就能吊装入舱；缺点是效率较低，使用时的安全性需特别注意。在我国的一些小型煤炭卸船码头，尤其是一些河港，喂料机还在作为主力清舱机械使用。

（2）推扒机。煤炭卸船清舱作业目前基本使用推扒机。推扒机实际上是一种小型推土机，为履带式，便于在不平整的地面上提高对支撑面的抓取力，前面是一个可做俯仰变幅的推板。用于船舶清舱的推扒机功率较大，转弯半径小，动作灵活，以柴油内燃机为动力。它的任务是将甲板围下抓斗抓取死角的煤炭推扒到船舶舱口围，使卸船机械的抓斗可以抓取，直到把舱口四角的煤炭都推到船舱中间抓斗能抓取的位置，完成船舶的清舱工作。推扒机的动作主要有两个：一个是向前行驶，推板将煤炭推到舱口围中间；另一个是向后行驶，推板将煤炭扒到舱口围中间。

（3）人工清舱。人工清舱的工具是铁锹和网络，工人将抓斗无法抓取的煤炭用铁锹装入煤炭网络，然后用吊车吊出船舱。这种原始的人工清舱劳动强度大、效率低，大型船舶的清舱作业基本已不使用，但在一些小型港口，卸一些清舱作业机械无法进入的小型船舶时仍然需要使用。

二、煤炭码头装船主要机械

现代散货装船机械均以皮带输送机为主体。煤炭码头装船主要机械根据其结构形式和装船工艺的不同，可分为固定式装船机和移动式装船机两大类。

1. 固定式装船机

固定式装船机是指固定在码头的墩柱上的装船机，又称作墩柱式散货装船机。这种装船机的悬臂可以进行左右90°以上的旋转，还可以进行20°~60°的俯仰作业。装船机的悬臂带式输送机的长度取决于船舶的宽度，一般要求它能够伸到船舶的货舱中心。悬臂带式输送机的宽度和速度取决于散货装船机的装船效率。装船机的溜筒可以伸缩，以适应船型和水位的变化。在低水位时，装船机的溜筒伸长，降低物料的高度，以减少物料遭受的冲击和粉尘的飞扬。装船机在不工作时可以变幅和回转，主要是使臂架升起以避让船舶，或者旋转90°以上，使整机能够转回到码头的前沿线内。

固定式装船机结构紧凑，布置方便，性能可靠，可以节省码头投资。但是当船舶的宽度较大时，需要增加悬臂的长度和臂架的伸缩距离，才能满足装船作业覆盖面的要求。固定式装船机自重较大，对基础的承载要求较高，因此一般只适用于中小型船舶的装船。

2. 移动式装船机

移动式装船机基本上把固定的转盘式装船机安装在运行门架之上，因而可沿码头前沿运行。工作时，由码头前沿带式输送机送来的散货，通过装船机尾车架卸到装船机回转中心的漏斗之内，再通过悬臂带式输送机将散货装入船舱。移动式装船机具有较完善的回转、变幅、运行等机构，可以扩大其有效装载面积并适应多种船型。

移动式装船机具有灵活、机动、工作面积大，对船型变化的适应性强的优点，所以是国内外港口经常采用的一种装船机械。

散货码头在配置装船机时需要注意以下几个问题。

（1）要求装船机具有旋转、伸缩、俯仰的基本功能。

（2）高效率、少机头，是大型煤炭、矿石出口码头配机的原则。

（3）装船机效率的选择要与船型相匹配。

3. 装船辅助机械

1）皮带输送机

皮带输送机是煤炭、矿石专业码头装卸作业线的重要水平装运工具，它连接着装卸船、装卸车、堆场机械和各种存储、给料等作业环节。随着装卸工艺的不断发展，皮带输送机的效率不断提高。现在，常用的皮带输送机具有固定式、大容量、长距离和高效率的特点。

2）平舱机械

在煤炭、矿石的装船作业中，有些散货船舶的舱口较大，用岸上的装船机就可以把船舱装满，但有些散货船舶的舱口较小，仅用装船机垂直投送物料不能保证将船舱装均匀。为了更好地利用舱容并保证船舶的航行安全，需要进行平舱作业。

所谓平舱作业，就是把垂直投送的物料转为水平方向投向舱口四周的甲板下。平舱机械的主要机构有抛出机构和回转机构。抛出机构可以加快物料的输送速度，使物料向前方抛射；回转机构可使平舱机回转，根据作业的进度不断地改变物料的抛料方向。

三、煤炭卸船与过驳作业

1. 煤炭卸船作业

1）抓斗作业

煤炭码头卸船作业的第一阶段通常是抓斗作业。抓斗作业是指码头岸机或船舶吊杆使用抓斗直接抓取货物的作业。根据使用机械设备的不同，抓斗作业可分为以下几种情况。

（1）带斗桥吊或带斗门机的抓斗作业。带斗桥吊和带斗门机自身都带有接货漏斗，接货漏斗配置的皮带机可直接与码头高架皮带机相连接，将抓斗抓取的煤炭连续水平运输到堆场。因此，船舱边不必配置接货移动漏斗，码头前沿也不必配置流动皮带机，而且带斗桥吊和带斗门机司机的视野比较好，抓斗作业时，船舶舱口边不一定要配置指挥手。

（2）船舶吊杆或移动式起重机的抓斗作业。在没有带斗门机与带斗桥吊的小型煤炭卸船码头，只能使用船舶吊杆或移动式起重机（轮胎起重机、履带式起重机）。这时，码头前沿船舱边必须设置移动漏斗，以接卸抓斗抓取的煤炭。在移动漏斗下必须排列流动皮带机，完成煤炭在码头前沿的水平运输和进入堆场的水平运输。当使用船舶吊杆或码头移动皮带机进行抓斗作业时，由于司机的视野较差，船舶舱口边必须配置指挥手，指挥吊车司机作业。接货漏斗边和移动皮带机也必须配置工人进行控制和操作。

2）清舱作业

抓斗只能抓取船舶舱口围内的货物，船舶甲板围下的货物是抓斗作业的盲区。现代大型散货专用船舶舱口围都比较大，抓斗作业的盲区相对小，但仍然存在清舱作业的需要。清舱量的多少与船型、舱口大小、煤炭品种，以及采用的卸船机械有着密切的关系。通常采用抓斗作业，清舱量可达到10%以上；而采用连续式煤炭卸船机械作业，清舱量可减少5%左右。

（1）机械清舱。煤炭机械清舱使用喂料机、推扒机等，将船舱四角和边沿抓斗抓取盲区的煤炭抛投或推扒到舱口围内抓斗能够抓取的位置，由抓斗继续抓取，直到货物完全清空。用机械清舱时，除机械司机外，基本不需要配置其他工人。

（2）人工清舱。早年散货清舱作业多采用"人工-网络"方式，即通过人工使用煤锹将煤炭等装入网络，吊出船舱，效率很低。人工清舱会降低全船的平均生产率，延长船期。人工清舱要求船舱内必须配置一定数量的工人进行清舱作业，码头船舱边必须配置移动漏斗，漏斗下必须配置流动皮带机系统，完成货物的水平运输，舱口边必须配置指挥手。因此，人工清舱需要配置大量的人力，作业效率和劳动生产率都很低。

目前，在大型煤炭卸船码头已基本不使用人工清舱。但在小型码头，处理小型船舶作业时，由于清舱机械无法进入船舱，人工清舱作业仍然不可避免。

2. 煤炭过驳作业

煤炭过驳作业是指煤炭卸船后，不进入堆场，直接装入其他船舶的作业。在物流作业组织方式上，其被称为直取作业，是一种效率较高的作业方式。在我国南方沿海的主要煤炭卸船码头，卸下的煤炭经常由驳船通过内河运往使用地，因此在这些码头过驳作业经常发生。煤炭卸船码头的过驳作业有以下几种类型。

1）外档过驳

外档过驳就是驳船停靠在卸货船舶的外档（船舶的临水一侧），抓斗抓取煤炭，直接装入外档的驳船。这种过驳作业只能使用船舶吊杆进行，由于船舶吊杆操作人员无法看见外档的驳船情况，因此船舱边必须配置指挥手指挥作业。外档过驳驳船不占用码头泊位，是一种效率比较高的过驳方式。

2）里档过驳

里档过驳就是驳船停靠在码头边与卸货船舶相邻的位置，在卸货船舶的舱口边设置移动漏斗，漏斗下设置流动皮带机，一直连接到装货驳船的船舱，将抓斗抓取的货物通过漏斗、皮带机的接卸，装入驳船舱口。这种作业方式要占用码头泊位，配置的工人也比较多，作业效率低于外档过驳。但里档过驳可以使用岸机作业，这是其优于外档过驳的地方。

3）通过码头机械系统过驳

目前，在我国大型煤炭卸船码头，使用大型链斗式卸船机或带斗桥吊、带斗门机卸货，不可能组织上述里档过驳或外档过驳，但仍然存在大量煤炭通过驳船外运的需求，由此形成了码头机械系统，完成过驳任务。这类码头通常将泊位分成两类，如我国南方某突堤式煤炭卸船码头，最前沿的突堤水最深，用于停靠需要卸货的大型散货船舶，配大型链斗式卸船机和带斗桥吊。第一层突堤水较浅，用于靠泊装货的驳船，配置规模较小的煤炭装船机。卸船系统和装船系统以高架皮带机相连接，煤炭卸船后，可通过连续的水平运输，从卸船系统一直输送到装船系统，并通过装船机过驳。

四、煤炭装船作业

煤炭装船作业按照以下流程进行。

（1）中控操作员、现场巡视人员、大机司机认真检查参与作业流程设备的技术状况和状态。

（2）作业前将取料机移到所要装船的货垛，臂架回转到取料位置等候指令，理货和大机司机确认垛位。

（3）作业前将装船机移到所需的舱位，放下臂架，调整好臂架的伸缩位置和溜筒的工作位置等候指令。

（4）中控操作员确认所有设备正常、人员到位、信号无误后，启动流程。

（5）流程启动后，各岗位人员要向中控室通报流程启动情况。流程在空运转正常后，中控操作员通知取料机开始取料。

（6）取料机首先手动取料，当工作面形成后，改为自动取料。取料机作业时，应采用回转分层取料方式，防止皮带机的滚筒扎入货垛内。

（7）取料机取料流量的大小应听从中控操作员的指令，任何情况下，最大瞬时流量都不应超过6 700t/h。同时，在作业中，司机应随时调整转速，防止取料机的斗轮过载。

（8）取料机收底作业时，调度员及时指挥装载机进行归垛。

（9）装船机指挥人员指挥装船机作业时，应与装船机司机相互配合、呼应一致后再进行装船作业。

（10）装船机进行装船作业时，溜筒与舱内物料及舱口应保持适当的距离。

（11）装舱作业要从腰窝四周向当舱进行。

（12）作业完毕后，中控操作员应了解、掌握作业计划，做好相关设备正常作业前的准备工作，为下个工班的正常作业打好基础。

任务三 散货堆场作业

任务导入

堆场的主要作业是物料进出堆场的堆料、取料、转堆等作业的统称。由于物料品种、特性和堆存量是决定堆场机械和设备选取的主要因素,因而应用的机械和设备不同也会影响货物进出堆场的作业方式和堆存形式。那么,我国散货堆场作业方式有哪些?

子任务一 散货堆场作业机械系统

目前我国散货堆场作业方式主要采用双臂堆料机-坑道带式输送机系统作业方式和堆取料机地面作业系统作业方式。

一、双臂堆料机-坑道带式输送机系统

双臂堆料机-坑道带式输送机系统是我国长江中下游地区煤炭专用码头普遍采用的一种散货堆场作业方式,如南京浦口、芜湖裕溪口、武汉汉阳作业区 3 座大型内河出口煤码头堆场都采用过这种堆场作业方式,至今仍然在使用。该系统由 V 形坑道存仓、双臂堆料机和坑道胶带输送机组成。采用大型的 V 形坑道存仓的目的是使所有的物料在重力的作用下自流,避免采用结构复杂的大型取料机械导致的供料困难,且动力消耗少。物料的进场和堆放是由双臂堆料机完成的。这种堆料机有两个悬臂皮带机,接受纵向皮带机经机尾送来的物料,通过分叉漏斗,把物料向左或右任一方分配。由于悬臂可以做俯仰和整机移动,在一个新起堆的货位上投料时,悬臂应降下来,以降低投放高度,避免粉尘飞扬和物料破碎。随着一个货位被物料堆满,堆料机沿着轨道移动到另一个货位;或者由于物料品种不同,堆料机也要从一个货位移动到另一个货位。

双臂堆料机是 V 形坑道存仓的堆料机械,堆料机的尺寸参数主要取决于悬臂皮带机投料点的位置。该位置又取决于 V 形坑道存仓堆满物料之后的断面高度和距轨道中心的距离,以及物料抛出的距离。堆料机的轨道一般应高出地面 0.5~1m,轨道两边应留有 1~2m 的人行道。双臂堆料机结构简单,制造容易,自重小,堆高 5~10m,堆宽 10m 左右,堆量有限,仅在狭长地段的堆场使用。由于受机尾的影响,货堆长度小于固定送料皮带机的长度(约 20m)。

V 形坑道存仓断面取决于堆存量、堆场长度及容重和物料的摩擦角。V 形坑道存仓壁的倾角要能使物料从上面滑下来,为此不仅角度要足够大,而且表面要光滑。南京港 V 形坑道存仓的尺寸是:深 5m,仓壁倾角 50°,仓底宽约 1m。存仓中心线在堆料机最大外伸距以外约 1m 处。在保管物品种多的情况下,存仓的断面上应加有隔壁,这样可以防止物料混杂,同时增加存量。

出料口分布在 V 形坑道存仓的底上,每隔一定距离布置一个,如距离过大,不易将物料出清,有时加中间斜面台,但距离也不宜过小,一般为 3~6m。出料口一般为正方形,其尺寸应保证物料易于流出。对于块状物料,出料口尺寸应为标准块最大直径的 3~6 倍。由于物料受潮受压,易于结实,所以出料口一定得大一些,尺寸一般不小于 600mm×600mm,

如南京港和裕溪口煤码头均取 1 000mm×1 000mm。

出料口的下方为漏斗闸门，常用的有扇形、颚式、板式闸门。为避免物料外溢和堵塞皮带机，要求在作业过程中闸门开度大小能自由调节以控制流量。港口坑道中的闸门数量很多，一般不用人力开关闸门。应用较多的是一种沿轨道自行移动的电动顶推闸门小车。该小车有一个三角形或弧形的推举架，开度大小由小车与闸门的相对位置决定。

闸门下为皮带机，沿坑道全长布置。坑道宽度的设置，除应考虑皮带机的宽度外，在机架与坑道墙之间还应留有一定的间距，其中一边为人行道的宽度，另一边为便于检修所需的宽度。人行道宽一般为 1～1.5m，检修间距一般为 0.7～1m。坑道高度应满足人员通行和皮带机、漏斗闸门等布置的需要。此外，物料与漏斗闸门的最低点之间应留有足够的余隙以保证物料通过。同时，应考虑大型机件的安装与维修的可能，以及安装通风、照明、排水、通信等设施的需要。一般坑道宽为 3～4m，高为 2.5～3.5m。

大型 V 形坑道存仓的一个严重缺点是物料容易成拱，不能自流。为此，南京港采用了压缩空气破拱的方法，效果良好。这个方法是在距离出料口上方 1m 处（通常在此处易于形成拱面），四角装上 4 根管口向上的管子，由一个阀门控制。当物料成拱时，打开阀门，气流以 $7kg/cm^2$ 的力量冲击拱脚，煤即下落。采用压缩空气破拱方法需要备有空压机站和管阀等设备系统，设备比较复杂。

为了克服 V 形坑道存仓土建工程量大、易于成拱等缺点，发展了一种平坑道和螺旋喂料机堆场作业的机械化系统。该系统采用链斗卸车机和双臂堆料机相结合的物料进场堆垛方式，出场时利用物料自流和简易螺旋喂料机相结合的方式。物料堆存在地面上，螺旋喂料机贴近地面沿堆场移动，由螺旋向中间坑道喂料。螺旋喂料机较推土机等投资少，修造简单，费用低。

二、堆取料机地面作业系统

地面作业是指堆场作业均在地面进行。堆料机、斗轮取料机、斗轮堆取料机已成为露天堆场地面作业系统中应用最广泛的机械，我国近些年煤炭进出口码头地面堆场作业主要也采用这类机械设备。采用堆取料机作为地面堆场作业机械化的主要设备，基本上有两种工艺形式：一为堆、取分设，即堆料机堆料、斗轮取料机取料；二为堆取合一，即堆料和取料由一台机械来完成。堆取合一的机械称为斗轮堆取料机。

1. 堆料机

地面堆场作业系统所采用的堆料机一般为旋臂式（见图 4-3）。堆料机的机架跨在水平固定的胶带输送机上，并可在轨道上沿固定的胶带输送机移动。堆料机的尾车实际上是固定胶带输送机的卸料小车。堆料部分是机架上伸出的堆料悬臂，臂上没有胶带输送机，悬臂可变幅和左右回转。工作时，由固定胶带输送机运来的物料通过尾车卸至悬臂上的堆料胶带输送机，然后输送到悬臂端部卸出，堆放到货场上。

堆料机最主要的性能参数是生产率、堆料高度和工作幅度。生产率应与送料进场的胶带输送机相适应，由此确定悬臂的带宽和带速；堆料高度和工作幅度根据堆料要求而定，是确定悬臂长度的依据。有变幅、回转机构的堆料机可调整堆料高度和堆料位置，但变幅和回转机构都是非工作性的，其速度较低不影响生产率。堆料机的行走、变幅和回转机构可采用一般起重机的通用结构。

图 4-3　堆料机

2. 斗轮堆取料机

斗轮堆取料机是兼有堆料和取料两种性能的大型高效率连续式作业机械，但堆、取料作业不能同时进行。

为满足堆取料的要求，悬臂、尾部带式输送机都是可逆输送机。此外，尾车架通过挂钩机构与堆取料机相连接，尾部带式输送机（主带式输送机）在尾车架上的部分可用液压油缸升降。堆料时，用液压油缸将尾部带式输送机升高，将其运来的物料供给悬臂带式输送机堆料。取料时，先将尾车架与堆取料机脱开，并移动堆取料机，让开位置，使尾部带式输送机借助液压油缸降下，当调整到可接收悬臂输送机供料的位置时，再将堆料机与尾车架重新钩挂衔接，进行斗轮取料作业。依靠斗轮堆取料机回转、变幅、行走动作的配合，可逐层或逐点依次堆料，逐层或按阶梯形分层取料。

采用堆取料分开作业的堆场，在作业上比较灵活，物料的进场和出场可以平行进行，能保证卸车堆存、取料装船互不影响，尤其是当作业量达到一定规模时，其设备的使用情况将得到明显改善。但在堆存量大的情况下，需要的机械数量多，堆场面积有效利用率差。有时堆存量大，并不一定是因为吞吐量大，而是因为保管时间长，在这种情况下使用堆取合一的斗轮堆取料机就更加有利。采用堆、取料分开作业时，堆料机投送下来的物料可以形成较宽的货堆，而斗轮取料机的斗轮必须到达货堆的另一边才能将堆场物料全部取出，否则会形成死角。为了增加存量，通常采用两种方法：一种方法是采用推土机来扩大堆取料机的堆取范围；另一种方法是加长堆场长度。在有条件加长堆场长度时，加长堆场长度的方法更加有利。

3. 门式斗轮堆取料机

门式斗轮堆取料机（见图 4-4）是在滚龙机的基础上发展起来的一种新机型。它的堆、取料机构是相对独立的。堆料用的倾斜胶带输送机固定在跨越堆场的运行门架一侧的上部，其下面则有一条能正、反转的配料胶带输送机。堆料时，通过门架沿堆场的纵向运行、配料胶带输送机的横向移动及正反向输送，就可以堆出一个平顶的条形货堆。而套在水平受料胶带输送机架上移动的取料斗轮可在运行门架的另一侧升降，以适应从堆场的底部或从上部分层取料，以及从堆场任意位置取料。尾车通过伸缩机构连接在主体机架上，尾车绞结的头部插入受料胶带输送机机架下的支架内，并可随滚轮和受料胶带输送机升降。当尾车的头部升高并向内缩进到极限位置时，可由取料状态转换为堆料状态。

图4-4 门式斗轮堆取料机

该机型门架高、跨度大，可提高堆场堆存量，缩小占地面积，能适应较大块度散货的堆取作业，全部为机械传动，运转可靠，但结构庞大，轮压大，造价高，适用于运量大的条形堆场。

子任务二　散货库场管理

一、散货的堆存形式

1. 散粮的堆存形式

散粮的堆存多采用筒仓。为了尽可能多地储存粮食，筒仓一般较为高大。筒仓在装满粮食以后，其对地面的压力很大，因此，散粮筒仓对码头的建设要求较高，投资较大。为了尽量减少输送设备的投资及日常的消耗，筒仓应尽可能靠近码头泊位。

筒仓主要由圆筒的筒体和下部的圆锥形筒底组成。下部圆锥形筒底的倾斜角要根据所存放粮食的种类而定，由于粮食的自然坡度角是35°，因此，圆锥形底部的倾角一般大于35°，方便物料的流出。同时，筒仓的顶部和底部都设有皮带机，筒仓顶部的皮带机把粮食输送到各个筒仓的顶部，并通过卸料设备将粮食卸入筒仓。筒仓底部的皮带机可将物料输送至灌包机械，或者将散粮输送到港口其他地方，或者协助实现翻仓作业。

2. 煤炭、矿石的堆存形式

由于煤炭、矿石在露天环境下不会变质，故一般采用地面堆场堆放的形式。煤炭、矿石码头的地面堆场一般为长列堆场，分布在皮带输送机的两侧，堆放场地以水泥地面为佳，地面不宜铺垫空隙较大的炉渣等物，以防空气由此进入堆场而增加煤炭自燃的危险。堆场的地势最好比四周稍高一些，并在场地四周设置排水沟，以保证排水的通畅，减少水量积聚。煤堆的形状以屋脊式为佳，以减少阳光照射和雨水渗入。堆煤角度控制在40°～45°，顶部平齐。如果煤堆过高，一旦发生自燃，很难进行倒堆或喷水处理，故煤堆的高度一般不超过6m。

二、散货的计量

由于散货的运输批量大、装卸输送效率高，因此很难对其做出精确的计量。目前使用较多的计量方式有以下几种。

1. 水尺计量

水尺计量是通过测看船舶的水尺，计算其排水量，然后测定船舶自用物料的重量，并结合船舶的准确图表计算散货重量的一种计量方法。这种计量方法受观测角度、观测时间、船舶常数、船舶结构及海水密度等因素的影响较大，故用这种方法计量必须进行水尺校正。目前我国港口使用水尺计量的较多。

2. 地磅称重

地磅称重是利用计量精确度较高的地磅对装载煤炭的卡车进行称重，然后去除车皮的重量，得到散货重量的一种计量方法。这种计量方法不是很准确，但操作简单、实用，在实践中应用也较多。

3. 电子秤计量

电子秤是一种连续式计量设备，它可以对煤炭、矿石进行精确的计量。但是它使用压力传感器，结构复杂、难调整、易变形，所以在散货计量中较少使用。

三、库场防尘、防自燃

1. 散粮筒仓防尘

散粮多存于筒仓内，由于筒仓是全封闭的，如果仓库内的粉尘浓度达到一定水平，遇到火源将立即燃烧，燃烧产生的可燃气体会对密闭的筒仓产生压力，当压力超过筒仓壁的承受能力时，筒仓就会发生爆炸。例如，广州新港散粮圆筒仓在修理斗式提升机时，割下的铁块掉落到斗式提升机底部，扬起粉尘，粉尘遇上切割操作产生的电火花，引爆了斗式提升机，继而导致筒仓群爆炸。

因此，对筒仓的管理主要是防尘，通常采取的防尘措施有以下几种。

1）监测粉尘浓度

在筒仓管理中，应采用一定的技术方法，加强对筒仓中粉尘浓度的检测，防止粉尘爆炸事故的发生。

2）建立防尘系统

筒仓防尘系统的组成形式主要有两种：集中式和分散独立式。集中式防尘系统要求所有产尘点集中组成一组风网，所使用的设备是集中除尘器，这种除尘方式适用于对小型筒仓的除尘。分散独立式除尘系统要求每个产尘点单独配备除尘设备，所使用的设备是点式除尘器，这种形式的除尘系统适用于筒仓储运设备分散的情况。

对于除尘器所收集的散灰和颗粒，需要通过粉尘回收系统进行处理。收尘回灰气力输送系统是将系统中输料管道上的各个除尘器所收集的散灰和颗粒通过压缩空气吹送到集灰仓内，并定期用移动式粉尘灌包机进行灌包作业，然后将粉尘包集中运走，这样可以减少粉尘的二次污染。

2. 煤炭堆场防尘、防自燃

1）煤炭堆场防尘

煤炭露天装卸、露天堆放，会发生扬尘问题。有些煤炭品种，如块煤，扬尘问题更严重。煤炭扬尘影响装卸工的身体健康，也对附近居民的生活造成严重影响。解决煤炭的扬尘问题通常有以下几种方法。

（1）封闭装卸。煤炭在装卸过程中，由于处于移动状态，扬尘问题更加严重。如果在皮带输送机和装卸机械上装防尘罩，可以有效减少煤尘的扬起，如图 4-5 所示。

（2）喷水。煤炭在堆放时，大风会导致扬尘。对煤堆喷水，可有效减少扬尘。

（3）远离居民区。避免煤炭扬尘影响居民的根本方法，是让煤炭码头和煤炭堆场远离居民区，在煤炭码头、堆场与居民区之间建立绿化隔离带。这样可以彻底避免煤炭扬尘对居民的影响。

图 4-5　煤炭封闭装卸——"围裙"防尘

2）煤炭堆场防自燃

煤炭和一些矿石中都含有硫，如果堆场温度过高，或者堆放时间过长，会发生自燃。煤炭的自燃是一种从内部开始的闷烧，有时不容易被发现，闷烧后的煤炭会丧失其使用价值。而含硫矿石的自燃容易引发火灾。防止自燃的主要途径是隔绝空气、水分与煤炭的接触，防止温度或水分过度积聚。为防止煤炭与矿石的自燃，通常采取以下两种措施。

（1）测温。在天气炎热的时候，应对煤炭堆场的环境进行测温。可以在煤炭堆场中布置测温元件，以便及时控制煤堆的自燃。

（2）喷水。煤堆旁应布置足够的水喷淋装置，以便煤堆自燃或表面温度异常上升时降温。水喷淋系统的用水可采用电厂处理后的工业废水，以节约水资源。需要注意的是，采用水喷淋降温是防止煤堆自燃的下策，如果喷水量不足，可能会适得其反。

目前国内秦皇岛港、广州港等在散煤堆场普遍采用"抑风挡尘墙技术"防扬尘污染。该技术利用空气动力学原理，按照现场环境风洞实验结果加工出具有一定几何形状、开孔率和不同孔形的挡风抑尘墙，使流通的空气（强风）从外部通过墙体时，在墙体内侧形成上下干扰的气流，以达到外侧强风、内侧弱风、外侧小风、内侧无风的效果，从而防止粉尘飞扬。该技术目前在国内处于领先地位。挡风抑尘墙由独立基础、钢结构支撑、挡风板 3 部分组成。露天存放的各种煤炭、矿石、石灰等散流物料在遇到三级以上大风天气时经常粉尘满天，给周围环境造成严重污染。挡风抑尘墙技术不仅效果良好，外观漂亮，且一次投资多年受益，是目前解决散流物料扬尘污染的最佳措施之一。

任务四　散货装卸车作业

任务导入

铁路车辆的类型与构造及到港的运行组织形式对港口装卸工艺有着重要影响。装运散货的铁路车辆主要有敞车和自卸车两大类型。敞车是一种通用型车辆，除装散货外，还用于装运各种包装杂货，所以铁路车辆中大部分是敞车。自卸车造价高，回程不便于装运其他货物。敞车有木质车厢和钢质车厢两种，从装卸的角度来说，钢质车厢较好，因为它强度高，便于使用装卸机械。敞车的装货是从上方敞开部分装入，卸货既可以从上方敞开部分卸出，也可以从车厢侧门卸出。自卸车装货也是从上方敞开部分装入，卸货则从底开门卸出。那么，怎样进行自卸车作业呢？

在吞吐量大的港口，散货列车多采用专列直达，一般由 30～50 节车厢组成。铁路部门与港口对到港车辆的停留时间和车辆损坏都有赏罚的规约，对取送车的联系制度也有明确的规定，因此在确定装卸车工艺及效率时，对此应给予充分的考虑。

子任务一　散货卸车作业

对于港口散货的卸车作业方式，个别港口仍然有使用人力铁铲的。这种卸车方式劳动强度大，生产效率低，一辆车配 8 个人，效率为 30～40t/h。用起重机抓斗卸车，由钢丝绳牵引抓斗，控制比较困难，抓斗容易倾倒，流动起重机抓斗卸车效率仅 60t/h 左右，尚有 30%的余量需要人力清底。为解决起重机抓斗卸车的困难，可使用液压抓斗起重机。

港口高效率的散货卸车机械化方式主要有下列几种。

一、翻车机卸车系统

从车辆构造来看，对于敞车，最快的卸车方法莫过于将车辆旋转180°，将物料一次卸出。但列车到港时，几十辆车一列，并不能将几十辆车在同一时间内一次卸空，通常需要分解成单个车辆，一辆一辆地进行翻卸。

翻车机是使铁路敞车沿平行于运行轨道的轴线翻转而自侧面倒出车厢内所载散货的一种大型卸车机械。它具有卸车效率高、生产能力强、机械化程度高的特点。目前应用最广泛的是转子式翻车机。国产 KFJ-2A 型转子式翻车机的主要性能参数如下。

最大起重量：100t。
翻卸车速度：30 辆/h。
转子滚圈直径：7.3m。
最大旋转角：175°。
旋转周期：51.3s。
定位器阻抗力（液压铁靴式）：4t。
定位器缓冲行程：100mm。
推车器推力：250kg。

推车器推车速度：0.75 m/s。

推车距离：10m。

压车装置行程（液压锁紧式）：975mm。

要形成一个有效的翻车机卸车系统，除翻车机外，还需要相应的铁路线、空重车的调车设备，以及翻车机下方的漏斗和接运皮带机等。

南京港翻车机卸车系统采用折返式铁路线布置，并配有推车器（铁牛）和驼峰等送车与取车设施，翻车机下设漏斗、给料器、接运皮带机等。

由机车将车辆送入重车停车线后，将第一辆车的车钩和制动闸松开，然后由人力撬动车轮，沿坡度溜下，当车辆冲入调车绞车推车器（铁牛）沟槽后，即用铁鞋制动，以免车辆后退。接着开动调车绞车，钢丝绳通过滑轮组牵引推车器，将车辆推入翻车机内。车辆在翻车机内停妥后，开动翻车机旋转160°～175°，将物料卸出。

翻车机主要由承载摇架或转子框架、定位与推车装置、压车装置和翻转机构等部分组成。当重车辆溜入翻车机后靠液压定位器缓冲并停止，摇架或转子框架回转时，重车先靠于托架梁上，再由压车装置将其压紧固定。当翻转卸料复原后，由推车器将空车推出，沿驼峰坡度溜下，冲入反驼峰回溜，经弹簧道岔进入空车停车线。在进入空车线时，必须由制动员控制停车位置，以免与前面的车辆相撞。回到空车停车线上的空车，还需要清扫残留在车辆内的物料，如装运的是潮湿的煤炭，剩余量可达2～3t。每辆重车经上述过程后，在空车停车线上集结，经列检，由机车取回。为保证上述工艺过程的有效进行，配套设备在构造上、规模上、效率上必须相互适应。例如，停车线的长度必须适应到港列车车辆所需要的停车线长度；调车系统的效率应能保证及时为翻车机供应车辆。

国产转子翻车机每卸一辆车的周期约为2min，而翻卸的时间约为1min，物料从车辆中流出到卸空，仅需20～30s。翻车机与坑道皮带机之间设有存仓漏斗闸门，起缓冲作用。存仓漏斗的容量为车辆载重量的1.5～2倍。

为使物料易于从存仓漏斗中卸下，可以在钢板制成的仓壁上装振动器，较有效的位置是仓壁中心线距出料口约1/4的高度。仓壁的倾斜角一般在55°～70°。出料口尺寸从500mm×500mm到1 000mm×1 000mm不等，上口应保证卸料时不致使物料散落于仓外。为控制从存仓下料口流出的物料数量，可采用较简易的板式闸门。但为使供料均匀可靠，最好采用板式（或带式）给料机。给料机安装在出料口下方，物料是直接作用在给料机上的，所以给料机要比漏斗口宽，以免物料外溢。

有的翻车机存仓上口设有栅格，以免过大的块状黏质或冻结的大块物料落于存仓内而造成堵塞。此外还配有小型推土机，作破碎大块物料之用。

翻车机卸车系统的主要优点是：结构较简单，自重小；倾翻角度大，生产率较高；工作可靠，清扫量少；耗电量少。缺点是：地下构筑物较深，一般达15m左右，土建工程量及投资大；维修工作量大；易损坏车厢，等等。翻车机系统一般用于年卸车量大于500万吨的大中型港口。该系统还有一个较大的缺点是驼峰溜车制动员上下车劳动强度大，而且不安全。除上述南京港翻车机卸车系统中采用的取送车方式外，我国港口在翻车机卸车系统中还采用了牵车铁牛、摘钩平台、迁车台、空车铁牛等取送车方式。

采用这种系统的重列车可以不用人力摘钩。列车由铁牛从第一辆车开始牵引，当第一辆车进入摘钩平台后，后面的车辆由液压止挡器挡住。铁牛降下牵引臂与车钩脱开。位于摘钩平台上的车辆在摘钩平台后端上升 0.4m，这样可以与后面的车辆脱钩，同时溜入翻车机内。在翻车机内由止挡器止挡定位，然后翻卸。再由机内推车器将空车推出，溜入迁车台，止挡定位后，由迁车台将空车迁送到空车线推出。再由空车线上的空车铁车推送到空车线上。如此重复，直到一列车卸空。

用驼峰溜车的取送车方式，效率可达到 25 次/h。用摘钩平台和迁车台的取送车方式，每小时可翻卸 30~33 次，不仅效率高，而且所用人力少，作业安全。

要进一步提高翻车效率，可以从缩短工作周期和提高一次翻卸货物的数量两个方面去考虑。为缩短工作周期，不宜简单地用提高翻车机旋转速度的方法，因为翻车机旋转的行程很短，提高旋转速度所能节约的时间很少，而且速度过高会产生物料飞扬到存仓外面的问题。因此，缩短工作周期应主要着眼于重车的摘钩解体和空重车进出所占时间的节约。

为此，秦皇岛港采用了不摘钩连续卸车方式。要实现这种作业方式，需要做到以下两点。

（1）车辆之间的连接钩能够回转。

（2）翻车机的回转中心应与进车线和出车线上车辆之间连接钩的回转中心线一致。

使用此种作业方式，效率可达 30~40 次/h，同时避免了摘挂钩作业、绞车调车作业等许多人力作业环节。

另一种提高翻车机效率的办法是采用载重量大的车辆和一次翻卸 2~3 辆车。

二、螺旋卸车机系统

螺旋卸车机是一种简易而有效的卸车机械，基本方法是将螺旋插入物料中。当螺旋旋转时，通过螺旋斜面将物料从敞车侧边门推出。螺旋卸车机的形式主要有门式、桥式和单臂式 3 种。

在卸货过程中车辆不动，螺旋卸车机可以 15~20r/min 的速度移动。当物料层下降时，螺旋随之下降。螺旋的下降分为两种形式：一种是垂直下降；另一种是以弧形摆动完成下降。弧形摆动可使两个螺旋处于不同的高度，一次可卸两层物料，从而减少大车行走次数。

从车辆中卸下的物料落入轨道两边的漏斗中。由于漏斗只起集料的作用，所以容量不需要很大，且可以不设闸门。漏斗不设闸门固然可以降低造价，但在使用中存在因物料突然大量流下来而将皮带机压死的可能。

螺旋卸车机的卸车线长度需要根据每次到港列车的车辆数量决定，可以设一线、二线或三线，视场地条件而定。每线一般设 2 台螺旋卸车机。螺旋卸车机构造简单、投资少、效率高。

此外，可以从其他方面来分析翻车机和螺旋卸车机的优缺点。

（1）在对货种特别是大块物料的适应性方面，翻车机比螺旋卸车机好。

（2）在防尘方面，由于翻车机布置紧凑，防尘效果更好。

（3）在进一步提高自动化程度方面，翻车机较螺旋卸车机易于实现。

（4）在维修保养方面，由于螺旋卸车机台数多，机械同时发生故障的概率小，而且维修保养较简单。

（5）翻车机对车辆的损坏率较高，有的达到 10%。

三、链斗卸车机系统

链斗卸车机是跨在铁路线上以斗式提升机挖取物料，并通过其上部堆料的悬臂胶带输送机向铁路两侧堆料的卸车机械（见图4-6）。其堆料的胶带输送机有平移外伸悬臂式、俯仰外伸悬臂式和跨内横移式3种类型，其中俯仰外伸悬臂式的堆料量较大。

链斗卸车机的卸料装置由2排或4排垂直提升的料斗组成，料斗容积多为40～45L，料斗间距为400～500mm，料斗提升速度多为1～1.5m/s，效率为300～500t/h，料斗最低点位置离轨面1.2m，即靠近车厢底面，行程多为2.5～4m。对于大车运行速度，卸货时多为2～2.5m/min，空车行驶时多为12～18m/min。

由于链斗卸车机属于高处卸货，所以可以不用坑道皮带机配合，将物料直接投入堆场即可。它可以沿卸车线长距离走行卸货，也可以定点卸货，但这时需要移动车辆，并用其他机械接运物料。

图4-6 链斗卸车机

链斗卸车机作业方式的特点有：把取料、运卸合为一个连续的整体，并由一台单机完成，不需要任何辅助设施，不需要设置地下坑道；机型单一，作业环节少，设施简单，造价低，容易操作；链斗不伤车皮，设备维修简单，可以在卸车线上配置多台链斗同时卸车，具有很高的卸车能力。其主要缺点是：皮带机伸出有限，故物料一般只能堆放在铁路线两旁，作业范围不大；对堆存的货物要求迅速周转，轨道两旁要经常清理，否则易造成堵塞；悬臂皮带机投料点扬尘大，链斗噪声大，易磨损，有一定的卸车余量（1～2t）需要人力清扫。

四、底开门自卸车系统

底开门自卸车有平底式底开门自卸车和漏斗式底开门自卸车两大类，载重量多为60t。其卸车线有许多不同的布置形式：卸车线长度可以是2～3个车位的短卸车线，也可以是20～30个车位的长卸车线；卸车线有高出地面的和不高出地面的两种。如何接运从自卸车流出的物料是工艺布置中必须解决的问题。例如，用抓斗起重机把卸车线两边卸下的物料转运出去，卸车线两边的容量必须保证在第二趟列车到达之前出清，所以它的断面取决于这一卸车间隔时间内每个车位卸车的数量。

除抓斗起重机配合卸车线外，还有用坑道皮带机接运的方式。由于底开门自卸车的卸货速度比较快，而且一般是多辆自卸车同时卸车，进入坑道漏斗中的物料相当集中，所以坑道漏斗必须配有闸门加以控制，将物料均匀地供给皮带机。

当底开门自卸车停妥以后，由工人将车底门打开卸车。当物料因潮湿而黏结在车厢边角上时，还需要进行清扫，然后将车底门关闭。关闭车底门是一个比较费力的作业。例如，对于老式的 7 对底门结构的车厢，12 个人 1 小时只能完成 25~30 辆车关车底门的作业。

子任务二　散货装车作业

目前散货装车机械设备有 3 种类型，即周期性装车机械、连续性装车机械和装车存仓。

一、周期性装车机械

周期性装车机械主要有起重机、单斗车等。

1. 起重机

装卸车作业的方式往往决定了堆场作业的方式，故其机械的选型和工艺布置一般宜结合堆场作业进行全面、综合的考虑。门座起重机和桥式起重机是大型直立式码头的主要装卸机械，一般用在有车船直取作业的码头，跨越 1~2 条铁路线。堆场上布置双线门座起重机时，除满足装卸车工艺要求外，还要求二机最大吊幅相互交叠 5m 左右。该机在装卸车作业时灵活性大，取料范围大。

装卸桥因能跨越铁路和货堆，只占用很少的道路面积，可相应地提高堆场有效面积利用率，可全面承担码头的船舶、堆场和车辆的各项装卸作业，装卸机型单一，装卸过程简单。抓斗起重机装车的主要缺点是抓斗不易对准车厢，物料易外洒，对车厢冲击大，所以效率不高。此外，由于铁路线是固定的，货堆与铁路线之间的距离随着作业的进行而不断变化，因此采用流动起重机、挖掘机等在作业时很不方便。

2. 单斗车

单斗车的铲斗可依靠液压油缸驱动而升降和倾翻，能铲取散货并进行装车、搬运、清舱等作业。其动作迅速，操作灵活，铲斗容积为 1~4m^3，目前已较普遍地用于港口堆场散货装载汽车作业。

二、连续性装车机械

连续性装车机械有链斗式、斗轮式、蟹耙式等多种形式，它们大都以其取料装置的形式命名。连续性装车机械的作业方式可参考连续性装船机械。

三、装车存仓

装车存仓又称散货定量装车机，它是装车效率很高的、专门装火车的设备。用于装火车时，装车存仓可为单元列车批量装载货物，俗称装车楼。散货定量装车机集装车与计量为一体，采用静态斗称式计量形式。

散货定量装车机的装车能力可达 4 500t/h，每节车皮的装载量根据车皮型号的不同，为 50~100t。散货定量装车机能在满足计量精度要求的前提下，在 10~100t 内做任意装载量的设定。装车楼能够在最大限度地装载车皮允许重量的同时，防止车皮超载或亏吨。可以用有效的装载和运输操作方式，使每节车皮装到最大允许净吨，可以将物料装入正在移动的列车上。

通过由取料机、输送机和皮带秤组成的上游给料系统为散货定量装车机供料，散货定量装车机通过机内设备将上游连续的供料过程转换成适当的工作循环，实现对列车车皮定点、定量装车。散货定量装车机的装车方式为贯通式，装载过程中列车从装车机下低速通过，低速运行的列车每一车皮从散货定量装车机下通过，均对应装车系统的一个工作循环。车皮通过散货定量装车机下方的一定范围时,由定量斗通过装车溜管往车皮内装料。车皮连接处通过散货定量装车机下方的一定范围时,则由定量斗上方的缓冲仓网定量斗快速加料。

1. 由高架存仓漏斗构成的装车系统

对于采用高架存仓漏斗的装车系统(见图4-7),在高架存仓漏斗下可设一线、二线或三线停车线,每条线上有若干车位可以同时装货。

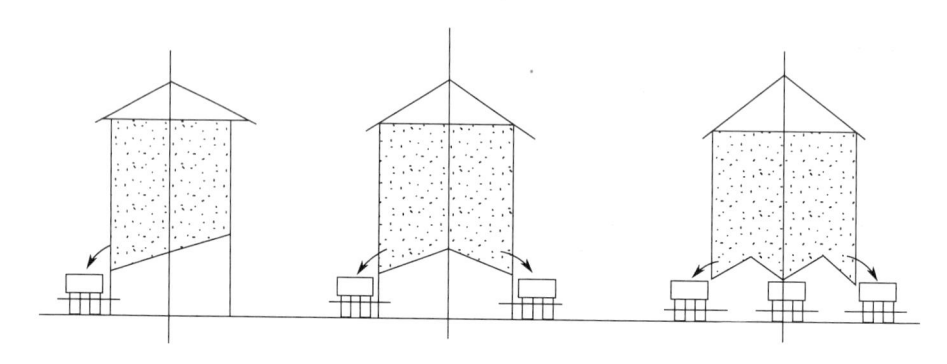

图4-7 高架存仓装车系统

2. 长装车线装车系统

如果采用长装车线,若干辆车同时装车,可具备很高的装车能力。该系统一般每3辆车组成一组进行装车。物料是由倾斜皮带机供给的,并由可逆带式输送机分配到各存仓中,由于存仓有一定的容量,所以向存仓中供料和装车作业都有相对的独立性。

子任务三 散货装卸车作业注意事项

一、采用翻车机卸车作业方式注意事项

采用翻车机卸车作业方式时,散货列车到达港口车站以后,须经过技术检查,查明车辆是否适合翻车机翻卸。在翻卸过程中,因车厢要承受液压锁紧式压车装置的压力,只有钢质车厢才适合翻车机翻卸。对不适合翻卸的车辆,应从列车中挑出,将适合翻卸的车辆根据货物品种和卸车次序加以编组,然后才能向翻车机停车线(重车停车线)送车。因此,采用翻车机卸车作业方式时,同样需要配备螺旋卸车机系统、链斗卸车机系统或人力卸车系统。正因如此,交通运输部港口机械技术政策规定,只有年卸车量大于500万吨的港口才采用翻车机卸车作业系统。

二、寒冷季节煤炭卸车注意事项

某些地区冬季寒冷,物料在运输中由于含水率较高和运输时间较长而产生冻结,严重时无法进行卸车。一个简单的解决方法是在物料中加一些防冻剂,如在煤炭中加一些重油,在矿石中加一定的生石灰。此外,可采取在车顶盖上草席、在车底和车厢四周侧板上涂蜡等办法,这对卸车情况有一定的改善。但当因水分过多、温度过低、时间过长而导致冻结严重时,上述办法效果不大。为顺利卸车,应建设解冻库,解冻库内的加热方式大致有以下两种。

1. 热风解冻库解冻

热风解冻库由燃烧炉、混合室、鼓风机室和解冻库房等组成。可以用焦炉煤气、低热值煤气(高炉煤气或发生炉煤气)或焦炉煤气与低热值煤气的混合气作为燃料煤气在燃烧

炉内燃烧,产生600~850℃的热废气。热废气在混合室内与循环废气混合后温度降到180~210℃,用鼓风机将其送入密闭的解冻库房内,以强制对流传热方式使停放在库内的煤解冻。解冻库的总长度根据工厂规模和一次来煤车辆数而定。解冻库一般为单排或双排布置,每排10~15个货位。库房内的两侧下方铺设热风管道,管道上每隔1.2~1.5m设有喷嘴,喷口正对车帮与车底的相交处。解冻时间的长短因来煤冻结情况和卸车方式而异。用翻车机卸车时,只要冻煤与车帮脱离即可,解冻时间可短些;而用螺旋卸车机等机具卸车时,则要求冻煤基本化冻,因而解冻时间要长些。热风解冻库的优点是工艺简单,操作可靠,能使用多种煤气。

2. 红外线解冻库解冻

红外线解冻库利用红外线辐射器所产生的红外线,以热辐射方式使冻煤解冻。其热源可利用电能,也可利用煤气。电力供应充足且价格低廉的国家或地区,都使用以电能为热源的解冻库。中国采用煤气红外线解冻库,一般为单排布置,库内有铁路贯通。铁路的两侧设立隔热墙,侧部辐射器布置在两侧的隔热墙上。一般4个辐射器为一组,由一根支管供给煤气。每组都可在操作走廊调节或关闭煤气。库内轨道中间设两排底部辐射器,每个辐射器都可在操作走廊局部关闭煤气。两侧和底部辐射器均采用电点火方式。解冻库两侧外墙和隔热墙之间为操作走廊,可供操作人员检查和处理事故之用。

煤气红外线辐射器根据燃烧网面的材质不同,分为金属网面红外线辐射器和陶瓷板红外线辐射器。现代焦化厂解冻库都采用前一种,它的操作或维修都比较方便。金属网面红外线辐射器由喷嘴、引射筒、壳体和双层金属网构成。金属网采用铁铬铝材质的合金丝编织而成。煤气以高速从喷嘴喷出并吸入空气,空气与煤气在引射管内充分混合。充满壳体的混合气体由金属内网向外扩散,进行无焰燃烧。当内网和外网温度达到800℃以上时,便产生红外线,辐射出大量热能。煤气红外线辐射器解冻效率高,可以控制局部温度,避免辐射热直接射到车辆的软管、制动缸、三通阀等部位,因此对车辆损坏较小。不足之处是煤气红外线辐射器维修工作量大,而且只能用净化的焦炉煤气,不能用低热值煤气。

解冻库应设在卸车线紧靠卸车机处,以便在物料解冻后立即卸车。解冻速度应该保证卸车速度。例如,某港口1台翻车机每个作业周期为90s,如用载重100t的钢质车厢,可设5个车位:在第一个车位处安设功率为1 800kW的电红外线加热器,每个加热器功率为35~45kW;第二个车位的加热器总功率可小些,为840kW,也由功率为35~45kW的加热器组成;其余3个车位为缓解车位。每个车辆的解冻时间为8min。解冻层达到2~3cm即可翻卸,如果翻卸下来的物料仍有冻结的大块,则留在翻车机漏斗格栅上,用小型推土机破碎。

经典案例

某港口散矿装卸操作

一、适用范围

适用于非连续作业的进口散金属矿的卸船作业。

二、包装形式

散装。

三、术语

（1）防护网（片）：拴挂于码头前沿与船舷，用于防止货物落水的专用护网（片）。
（2）当舱：舱口面积覆盖下的舱内作业面。
（3）清舱：在散货卸船作业时，清理舱底和舱内四周的剩余货物。
（4）荷载：作用在码头及库场上的外力，本标准所指的是每平方米库场有效面积堆存货物的吨数。

四、规格

块、颗粒、粉末。

五、容重

$1.8\sim2.7 \text{ t/m}^3$。

六、装卸工艺方案

工艺过程为船→堆场→车。

七、操作方法与技术要求

1. 作业前准备

在进行散矿卸船作业前，作业人员要把专用漏斗摆放在码头指定的位置。门机司机按调度员指定的位置将门机跑到位。作业人员应按作业线数量将散矿抓斗摆放到码头作业地点，做好门机与抓斗的连接工作。作业人员要把防护网（片）对正勾行线拴挂好，防护网（片）的上部、下部小绳均要系牢。

2. 卸船作业

在进行卸船作业时，门机司机应按指挥工的指挥先抓取当舱高处的货物，再逐渐向四周平衡抓取。抓取货物后，要先将抓斗闭严再起吊。作业中，抓斗进出舱不得碰撞舱口和船具。抓取当舱货物直至见船底时，观察是否具有下舱机械的安全作业回转余地，如果有，应安排装载机下舱作业。在吊装装载机下舱和出舱作业时，应使用专用吊具完成。

3. 甲板作业

指挥工应指挥门机司机合理抓取舱内货物。在舱内机械当舱作业时，不得指挥空抓斗进舱。作业人员应及时清理洒漏在甲板上的货物。

4. 清舱作业

进行清舱作业时，应采取装载机清舱的方法。当抓斗进舱抓取货物时，清舱机械应避让到安全处。当装载机进行清舱作业时，机械司机应注意观察作业环境，由专人指挥装载机清运货物。在清舱时，作业人员应将各角落的货物清扫干净，并注意闪开清舱机械的行走路线。

5. 船边作业

如使用专用漏斗进行装自卸汽车作业，门机司机要控制抓斗底部进入专用漏斗上口水平面后，再开斗落货，并不得碰撞漏斗。当漏斗下方无自卸汽车时，抓斗不得悬停在漏斗上方。在使用专用漏斗装自卸汽车时，作业人员要指挥自卸汽车行驶到专用漏斗的下料口下方正确的位置进行装货。

自卸汽车司机在水平运输货物时，要操作平稳、中速行驶，转弯或过道口时应减速。作业人员要及时清扫勾行线下洒漏的货物。

项目四 散货码头业务与操作

在冬季使用专用漏斗装自卸汽车时，作业人员要随时观察漏斗内的货物。如果发现漏斗下料口被堵塞，不得让自卸汽车强行穿过下料口下方，应指挥自卸汽车司机将车辆倒行至漏斗下料口位置，并及时清除冻结块。

6. 堆场作业

（1）前方堆场作业。作业前，作业人员应将堆场清扫干净，不得有杂物。堆垛应符合相关的技术要求，不得超过堆场的单位面积堆存定额。抓斗卸货时，应在距堆场或货面高度1米时开斗卸货。在配备装载机、自卸车向后货场倒货时，应避开门机抓斗的勾行线。

（2）后方堆场作业。自卸汽车在后方堆场卸货堆垛时，要有秩序地从堆里向外进行卸货。装载机司机要及时将自卸汽车卸下的货物堆高到规定的高度，不得超过堆场的荷载。货物堆垛完毕，货垛周围要保持干净、整洁。作业人员应及时清扫自卸汽车行驶道路上洒漏的货物。

7. 装火车作业

散矿装火车前，作业人员应清扫火车车厢内的杂物，并把杂物堆放到指定地点。装火车作业人员应检查火车车门，确认销好，待铁路部门画好车内装车线后，方可进行装车作业。

在装火车时，指挥作业人员应站在安全处，指挥司机按车厢内的画线要求均衡装载。

装载机司机在装火车时，要操作平稳，不得碰撞火车车帮，应做到不集重、不偏重、不超载、不亏吨。使用装载机装火车时，应在装载机货斗进入车厢后卸货。装载机装火车完毕，应安排专人对火车车厢内的货物进行平整，货面高度要与铁路部门画定的装载线高度一致。作业人员应及时清扫机械运行线上洒落的货物。

项目训练

一、选择题

1. 谷物、矿石与矿砂等散装固体货物发生横向移动后，(   )。
   A. 船舶稳性会提高　　　　　　　B. 船舶稳性会降低
   C. 船舶稳性不会发生变化　　　　D. 对船舶稳性的影响不能确定
2. 谷物、矿石与矿砂等散装固体货物发生下沉后，(   )。
   A. 船舶稳性会提高　　　　　　　B. 船舶稳性会降低
   C. 船舶稳性不会发生变化　　　　D. 对船舶稳性的影响不能确定
3. 专用煤炭船合理的装卸顺序应该是(   )。
   A. 由首向尾顺序进行　　　　　　B. 先首部，再尾部，然后中部
   C. 先尾部，再首部，然后中部　　D. 先中部，然后首、尾部交替进行
4. 间歇式煤炭卸船机械有(   )。
   A. 通用门机　　B. 带斗门机　　C. 船舶吊杆　　D. 链斗式卸船机
5. 煤炭的特性有(   )。
   A. 风化性　　　B. 自燃性　　　C. 流态化　　　D. 污染性
6. 散货清舱的机械有(   )。
   A. 推扒机　　　B. 喂料机　　　C. 起重机　　　D. 叉车

7. 下列属于连续式煤炭卸船机械的是（　　）。
   A. 门座抓斗卸船机　　　　　　　　B. 链斗式卸船机
   C. 斗轮式卸船机　　　　　　　　　D. 桥式抓斗卸船机
8. 在选择散货装卸机械时，从物理特性的角度应考虑物料的（　　）。
   A. 容重　　　B. 块度　　　C. 冻结性　　　D. 自然坡度角
9. 对粮食筒仓采取的防尘措施主要有（　　）。
   A. 喷雾防尘　B. 高压静电收尘　C. 检测粉尘浓度　D. 建立防尘系统
10. 解冻库内的加热方式有（　　）。
    A. 热风加热　　　　　　　　　　　B. 红外线加热
    C. 煤气红外线辐射器加热　　　　　D. 烧火加热

二、判断题
1. 斗式提升机是专门用来卸散料的机械。（　　）
2. 卸船时，链斗式卸船机比抓斗卸船机的物料损失量大。（　　）
3. 斗轮式卸船机适用于卸较大块、坚硬或潮湿、黏性的散料。（　　）
4. 物料的容重与密度的概念相似，容重越小，单位体积内的物料越轻。（　　）
5. 物料的自然坡度角越大，物料的流散性越好，适应的装卸设备就越多。（　　）
6. 在散货装船中，"定机移船"工艺过程采用的是移动式装船机。（　　）
7. 装卸煤炭用的缓冲漏斗壁的倾角一定要大于煤炭的自然坡度角。（　　）
8. 用电子秤计量货重很精确，故其在散货计量中应用较多。（　　）
9. 散粮筒仓可以在前方卸船作业和后方运输作业之间起到缓冲作用。（　　）
10. 集中式除尘系统适用于对大型筒仓的除尘。（　　）

三、简答题
1. 举例说明散货的特性对装卸工作的影响是什么。
2. 定机定船、定机移船作业方式中所采用的装船机结构形式主要有哪几种？各自的特点主要有哪些？
3. 散货装卸船作业的特点是什么？
4. 简述煤炭卸车装船的出口业务流程。
5. 简述间歇性散货卸船作业方式的主要优缺点。
6. 简述散粮装船作业过程。
7. 简述链斗式卸船机作业方式的主要特点。
8. 简述自卸船作业方式的主要优缺点。
9. 简述散货库场的防尘、防自燃措施。
10. 为什么说采用水喷淋方式给煤堆降温是下策？

四、实训题
1. 调查某码头定机移船作业方式、定船移机作业方式实例，并描述该码头散货装船的作业过程。
2. 举例说明某散货码头的主要操作过程，并给出基本评价。
3. 对某散货码头的操作系统进行定性分析和定量分析。

项目五

石油码头业务与操作

学习目标

知识目标
- 了解石油的种类、特性及石油码头的组成。
- 掌握石油及其产品的装卸船、装卸车方法。
- 掌握油港污水的处理方法。
- 掌握油库防火防爆措施。

能力目标
- 能够绘制原油和成品油装船、卸船的流程图。
- 能够绘制燃料油卸车装船的流程图。
- 能够掌握和运用油库防火防爆措施。

素养目标
- 培养吃苦耐劳、爱岗敬业的从业精神。
- 培养从业人员按照码头危险品装卸作业安全操作规程操作的意识,规范操作。

任务一 石油及码头相关知识认知

任务导入

1991年的海湾战争造成原油泄漏,油港油库被破坏,流入海湾的原油达100多万吨,海面漂浮着一层厚厚的浮油,海水几乎掀不起浪来,只能像泥浆般涌动着,发出汩汩声。波斯湾的海鸟身上沾满了石油,无法飞行,只能在海滩和岩石上等待死亡。其他海洋生物也未能逃过这场灾难,鲸、海豚、海龟、虾蟹及各种鱼类都被毒死或窒息而死,成为这场战争的最大受害者。那么,从石油方面来讲,造成这一巨大破坏性后果的原因是什么呢?

子任务一 石油概述

石油是当今世界的重要能源之一,其海运量居各货种之首。20 世纪上半叶出现的散装石油运输导致了现代化超级油轮的诞生,出现了港口石油专业化码头及其装卸工艺,带来了水上运输工艺的第一次革命,同时促进了世界石油运输业的发展。

一、石油的种类

石油是目前世界最重要的一种能源。汽油、煤油和天然气等石油衍生物的使用及其非能源的产品,如沥青和许多石油化工产品,从 18 世纪起有了惊人的增长。石油工业是世界最大的工业之一,有相当多的工业部门以多种方式同石油和石油产品的生产、运输、市场贸易及使用联系在一起。利用石油制造的产品种类繁多,有 2 000 多种,许多日常用品,如人们穿的一些衣服,都是用石油制造出来的。由于石油在现代社会中的广泛使用,其需求量大幅增加,成为人类生活中的一种十分重要的物质。石油具体可分为石油原油和石油产品两大类。

1. 石油原油

石油原油是直接从出油井中开采出来的一种有特殊气味的褐色或黑色黏稠的可燃性矿物油,是多种烃类(烷烃、环烷烃、芳香烃)的复杂混合物。它的碳含量为 84%～87%,氢含量为 11%～14%。此外,石油原油还含有少量的氮、氧、硫元素和各种微量元素。原油是未经加工的石油。

2. 石油产品

石油产品是原油经炼制加工,如分馏、裂解、重整等方法,获得的各种产品,又称成品油。具体的石油产品有以下几种。

1)汽油

汽油有航空汽油、车用汽油和溶剂汽油等品种。汽油按马氏法辛烷值分为 66 号、70 号、76 号、80 号和 85 号 5 个牌号;按研究辛烷值分为 90 号、93 号、95 号、97 号和 99 号等牌号。不同的牌号表示辛烷值的高低,牌号越高,汽油含辛烷值越高,抗爆性能越好。汽油内常掺有剧毒四乙铅,以提高其抗爆性能。为表示有毒,故将其染成红色或黄色,以引起注意。

2)煤油

一般情况下,煤油可分为民用煤油、动力煤油和重质煤油等。按其质量高低可分为优质品、一级品和合格品 3 个等级,用于航空、照明、工业溶剂等。

3)柴油

柴油只能作为柴油发动机的燃油,可分为以下几种。

(1)轻柴油。轻柴油可供柴油汽车、拖拉机和各种高速柴油发动机做燃料之用。按其凝点可分为 10 号、0 号、-10 号、-20 号、-35 号、-50 号 6 个牌号。10 号轻柴油表示其凝点不高于 10℃,依此类推。牌号越高,凝点越低,成本和价格也越高。

(2)重柴油。重柴油按凝点高低可分为 10 号、20 号、30 号 3 个牌号,分别表示凝点不高于 10℃、20℃、30℃,可供中速和低速柴油机做燃料之用。

(3)燃料油。燃料油按黏度大小可分为 20 号、60 号、100 号、200 号、250 号 5 个牌号。牌号越大,表示黏度越大。其中,20 号、60 号、100 号、200 号 4 个牌号的燃料油又称重油,可作为船舶工业和取暖锅炉的燃料；250号燃料油又称渣油，用于发电厂等大型锅炉。

4）润滑油

润滑油主要用于机械设备的摩擦部位，起润滑作用。有的品种还具有冷却、密封、清洁和防锈等作用。润滑油按黏度大小可划分为不同的牌号，可作为气缸油、车船用润滑油等。

5）沥青及其他

沥青呈固体状，是石油经提取油品后的剩余物，在运输和装卸时，以件杂货处理。

二、石油的特性

石油和石油产品具有易燃烧、易爆炸、易挥发和摩擦易产生静电等特性，这些特性会给储运、装卸带来危险。在实际生产中，只要熟悉和掌握了这些特性，并针对这些特性采取一些相应的安全措施，就能在石油和石油产品的储存及装卸过程中做到安全生产、文明生产、优质生产。

石油和石油产品在储运及装卸方面的特性主要有以下几个。

1. 易燃性

石油和石油产品的易燃程度可以用闪点、燃点和自燃点来衡量。闪点即在通常大气压力下和一定温度时，油品蒸发出来的油蒸气与空气混合后，与火焰接触闪出蓝色火花并立即熄灭时的最低温度；燃点即在通常大气压力下和一定温度时，油品蒸发出来的油蒸气与空气混合后，与火焰接触而着火并继续燃烧不少于5s时的最低温度，燃点一般较闪点高3～6℃；自燃点即在通常大气压力下，将油品加热到某一温度，不用引火（不接触火焰）也能自行燃烧时的最低温度。汽油的闪点为-50～10℃、自燃点为 415～530℃；柴油的闪点为80～120℃、自燃点为 350～380℃。油品的闪点、燃点、自燃点越低，越容易燃烧，发生火灾的可能性就越大。

2. 爆炸性

油品蒸发出来的油蒸气和空气以一定的比例混合以后，在一定浓度范围内与火焰接触就会发生爆炸，这样的混合气体叫作爆炸性气体，这个范围叫作爆炸极限。爆炸极限一般是用可燃气体在混合气体中的体积百分数来表示的。它的最低值和最高值分别叫作爆炸下限（或称低限）和爆炸上限（或称高限）。空气中所含油蒸气的量在爆炸上限和爆炸下限之间，才有爆炸的危险。如果低于爆炸下限，遇明火，既不会爆炸，也不会燃烧；如果高于爆炸上限，遇明火，虽然不会立刻爆炸，但能燃烧，并在燃烧过程中可能突然转为爆炸。这是因为油蒸气在空气中所占的体积百分比随着燃烧而逐渐降低，从而达到了爆炸上限。汽油的爆炸下限为1.0%，爆炸上限为7.5%；乙炔的爆炸下限为2.5%，爆炸上限为80.0%。油品爆炸下限越低，爆炸极限的幅度越大，其危险性也越大。

石油和石油产品是易燃易爆物，工作中必须坚持安全质量第一的方针，严格按照国家和港口有关安全规定与安全操作规程办事，严防火花的产生，防火防爆。

3. 蒸发性

石油和石油产品具有蒸发性。在通常的大气压力和气温的环境中易于蒸发的石油叫作蒸发性石油，否则就叫作非蒸发性石油。按照国际标准，凡闪点低于60℃（闭杯）的油品，为蒸发性石油，如汽油和绝大多数原油；闪点高于60℃（闭杯）的油品，为非蒸发性石油，如柴油、润滑油等。掌握石油的蒸发性对安全操作有重大意义。因为石油燃烧的是其气体而不是油液本身，所以越容易蒸发的油品越危险。

石油液体的蒸发不但会引起石油数量减少、质量降低（蒸发部分大多数是轻质成分），而且为燃烧、爆炸提供了石油蒸气。人过多地吸入油品蒸气会造成中毒。因此，在密闭容器（如油轮、油罐、油罐车）中装卸、运输、保管石油和石油产品时，必须在作业地点进行充分的通风，以避免危及人的生命安全。

4. 易产生静电性

石油沿管线流动摩擦，会在管壁上积聚静电荷；石油从油管中流出冲击金属容器的某个部位，就会在容器壁、容器底部和油流附近积聚静电荷；石油或石油微滴飞溅与空气摩擦，也会产生静电荷；石油在油车、油船中连续振荡，在其容器的各部位也会产生不等的静电荷。

影响产生静电荷多少的因素有很多。油品带电程度与油管内壁粗糙程度成正比，油管内壁越粗糙，油品带电越多；油品在管道内的流速越大，流动的时间越长，产生的静电荷越多，反之越少；空气的相对湿度（大气中所含水蒸气量）越大，产生的静电荷越少；油品温度越高，产生的静电荷越多。但是柴油的特性与此相反，温度越低，产生的静电荷越多，当静电积聚到一定电位时，会产生静电放电。这种放电的火花对聚有大量石油蒸气的作业场所来说，很容易引起石油蒸气着火或爆炸。对这一点必须有充分的认识，切勿掉以轻心。因此，为了防止静电积聚，油罐、油管、油泵等储油、输油设备必须有可靠的接地装置，将摩擦产生的静电导入地下。

5. 黏性

油品的流动性能叫作黏性。各种石油和石油产品的黏性是不同的，有的黏性小，容易流动，如汽油；有的不仅在低温下有很大的黏性，甚至在夏季气温较高的情况下仍是凝结的，如某些原油及不透明的石油产品。

油品黏度是表示油品流动性的指标，即表示油品黏性的大小。油品黏度常用动力黏度、运动黏度和恩氏黏度表示。

油品黏度对储运工作有很大影响。例如，储运燃料油或原油时，黏度大则难以装卸，一般轻质油的黏度小，流动快；重质油的黏度大，流动慢。温度对油品的黏度影响也很大，温度升高，油品黏度变小；温度降低，油品黏度增大。因此，在装卸的时候，要采用加热的办法来降低油品的黏度。加热的温度越高，油品的黏度越小，流动越快，装卸也越方便。但加热过高，不仅会使大量的轻质成分被蒸发掉，影响油品质量，还会产生气阻，从而降低流速，甚至影响油泵的运转，同时损伤船体。

某些高黏易凝原油及重质油品含蜡量高，黏度大，流动性受到影响，储运中普遍采用加热的方法降低其黏度，并对管线进行保温，防止热量的散失，以利于装卸。在气温低的情况下，一般采用高温的蒸汽通入蛇形蒸汽管和热管进行加温。

6. 毒害性

石油蒸气对人体健康很有害，因石油中毒或因吸入石油蒸气而中毒的案例较多，大量吸入石油蒸气甚至会造成死亡。石油蒸气从皮肤或黏膜渗透人体内造成中毒的案例也时有发生，如含四乙基铅的汽油蒸气毒害性很大，它可以通过皮肤接触使人中毒。石油的毒性与其蒸发性有密切的关系。易蒸发的石油比难蒸发的石油毒性大。

石油在储运过程中，如不注意，往往会发生溢漏事故。石油一经溢漏，流入水域，就会带来严重的后果，不仅造成大量石油漂浮在水面上，带来火灾的危险，也会严重污染水域。石油污水对生活饮水、水产养殖和农作物危害很大，应密切注意，采取有效的措施来防止石油对水域的污染。

预防油品中毒的措施有：减少石油蒸气和呼吸器官的接触；减少油品和皮肤的接触；培养良好的卫生习惯。

7. 膨胀性

因为绝大多数物质都是热胀冷缩的，所以它们的体积会随着温度的升高或降低而产生膨胀或缩小。石油和石油产品受热时，体积会因膨胀而增大，这种性能称为膨胀性。通常用膨胀系数来表示各种油品的膨胀性。所谓膨胀系数，是指温度升高（或降低）1℃时，油品体积增大（或缩小）多少倍。

液体的膨胀系数比固体的膨胀系数大得多，所以油品的膨胀性对储运工作有很大影响。当用油罐装油时，应根据具体油品的膨胀系数，在油罐内油面与罐顶间留出适当的空间做膨胀用，否则会因油品膨胀而发生外溢，造成油损和油污染。

因此，一切油罐均不能按其总容量储存油品，即不能全部装满，必须按安全容量储存油品。油品越轻（密度越小），膨胀系数越大。

8. 纯洁性

石油和石油产品要求具有高度的纯洁性，往往某种石油产品和另一种石油产品混合时，会失去原有的特性而发生质变。因此，在装卸过程中要特别注意不能让不同品种、等级的石油产品混在一起，并保持清洁，不要让杂物混入油内。

油船及油罐车装载过某一品种的石油再换装另一种石油时，要进行清洗。油罐和油管在有条件的港口最好按所装的油类专用，如不可能分类专用，在换装不同品种的油时，必须做好清洗工作。对清洗的要求根据换装的油类品种等级而定。清洗的方法一般有蒸汽冲洗、水冲洗和人工扫除等。其中以蒸汽冲洗效果最好，但成本较高，一般对清洗要求条件较高的油品（如汽油、润滑油等）才采用。由工人直接进入舱（或油库及油罐车）内进行清扫时，要特别注意做好防毒工作，尤其是在清扫装过汽油的舱（或油库及油罐车）时，要先打开阀门，把里面的汽油蒸气放掉，然后进行清扫，必要时还要戴防毒面具，穿防毒衣服。

石油装卸区必须与工业区和居民区分开，而且应设置在港区码头的下游地方，其分开的距离应根据石油等级和港口的具体条件而定。在石油装卸区内要设置专门的消防设备，配备足够数量的消防人员。在装卸和保管过程中要特别注意防火保安工作，生产人员必须严格遵守生产操作规程和有关安全条例，以确保石油装卸生产的安全和任务的完成。

三、石油安全操作注意事项

根据石油和石油产品的特性，油运存在一定的危险（主要是燃、爆和毒害的危险）。为确保安全，对油运的各个方面均制定有详尽的规章和作业规程，有关人员应严格执行。

油运安全的主要矛盾是油气可燃，油气与空气混合，在一定的浓度范围内可引起爆炸。为防止油船发生燃爆事故，最关键的是控制各类火种，其次是控制油气与空气混合。此外，某些油气具有毒性，也应有相应的防范措施。

油船和油码头作业场区严禁一切火种，包括能产生火星的一切机具。一旦遇有电暴，应停止一切作业，必须将所有油舱开口，并将透气桅管的旁通管全部关闭。若透气桅管口被雷击点燃，应将透气桅管底部的蒸气进口阀打开，或者直接向该桅顶喷水灭火（此时喷泡沫是无效的）。为防止因静电造成危害，在可能产生静电的部位均应有导线接地。

除严防火种外，控制气体状态也是确保安全的重要方面。油船作业时，对气体状态不加控制是危险的，提供惰性状态则可基本控制危险。

油气有毒，长期从事油运的人员应防止中毒事故，特别是在深入油舱做各种紧急检修时，一定要有足够的防毒措施。

子任务二　石油码头平面布局

一、石油码头前沿

由于石油经常使用管道进行全封闭的装卸和水平运输，因此使用人力较少，不需要使用件杂货码头和散货码头经常使用的拖车、皮带输送机等水平运输机械。码头前沿不需要设置大型岸机，不需要铺设铁轨，所以石油码头经常采用栈桥式结构。

所谓栈桥式（又称突堤式）码头，是指从岸壁建造栈桥伸入水中，栈桥与岸壁垂直。栈桥延伸到水中，达到一定的水深后，再建造一条或若干条与岸壁平行的栈桥。船舶沿着与岸壁平行的栈桥靠泊。

栈桥式码头的优点有以下两个。

1. 可降低造价

海岸或河岸边水都比较浅，达不到船舶靠泊所需的深度，所以在建造码头的岸壁时，需要在离岸较远的地方打桩，建造码头前沿，然后在中间填土，形成可以安装码头岸机、行驶装卸车辆、铺设铁轨的宽敞的位置。而栈桥式码头省去了填土的工程，避开了水浅的岸边，直接伸到水深足够的地方，形成泊位，可以大大降低码头的造价。但这样做存在一个明显的问题，就是栈桥肯定相当狭窄，如用作件杂货码头、集装箱码头，水平运输的车辆显然缺乏通道，从船舶卸下的货物无法运到场地。铁路的轨道也无法铺设到前沿，不能进行便捷的水铁联运。由于石油只需要使用管道进行水平运输，液体货码头不需要拖车，也不需要门机、桥吊等大型岸机，栈桥式码头就非常合适。栈桥上只需要铺设石油管道和人行道，因此可大幅降低码头的造价。

2. 可增加船舶的泊位

顺岸式码头只有一侧能靠船，而栈桥式码头的栈桥两侧都可以靠船，这样，同样规模的码头可以增加泊位数量。

同样的道理，散货码头也有采用栈桥式结构的，方法是在栈桥上建造皮带输送机，只需要很窄的宽度就可以。

二、石油码头库场

石油码头库场主要是指油库。在油库中，油罐是储存散装油料的主要容器。

1. 油库

1）油库的定义

油库是储存、转运和供应石油及石油产品的专业性仓库，是协调原油生产和加工、成品油运输及供应的纽带。

2）油库的作用

（1）基地作用：油库是国家石油储备和供应的基地。

（2）纽带作用：油库是协调原油生产、原油加工、成品油供应及运输的纽带。

除此之外，油库的作用还体现为以下4个方面：用于集聚或中转油料的生产基地，用于平衡消费流通领域的供销部门，用于保证生产，是企业部门，国家战略储备的一部分。

3）油库的种类

油库的种类有很多，根据不同的分类方法，大体可以分为如下几类。

（1）按管理体制和业务性质划分。根据油库的管理体制和业务性质，可以将其分为独立油库和附属油库两大类型。

① 独立油库。独立油库是指专门接收、储存和发放油品的独立企业或单位，包括民用油库和军用油库两种。其中，民用油库分为储备油库、中转油库和分配油库；军用油库分为储备油库、供应油库和转运油库。

② 附属油库。附属油库是指企业或其他单位为了满足自己的需要而设置的油库。它也包括民用油库和军用油库两种。其中，民用油库分为油田原油库、炼油厂油库、机场及港口油库、农机站油库和其他企业油库；军用油库分为机场油库和地面部队油库。

在上述各类油库中，储备油库平时主要担负战略后方和战役后方的油料、油料器材的储备，日常油料供应任务较少。储备油库的容量一般较大，多为隐蔽性好、防护能力强的山洞库或地下库。供应油库在储存一定数量油料的前提下，主要任务是保障一定区域内各单位的用油，其油库容量一般比储备油库小，但油料品种比较齐全，收发作业频繁。转运油库承担油料的中转任务，一般设在口岸或交通枢纽地区，将经水路或铁路运来的油料卸下，再经由铁路、水路或公路转运给用油单位。

（2）按容量和年供应量的收发量划分。按容量和年供应量的收发量，可将油库划分为不同的等级，如表5-1所示。

表5-1 油库的等级

等　　级	总容量（m³）	等　　级	总容量（m³）
一级	≥100 000	四级	1 000～10 000
二级	30 000～100 000	五级	<1 000
三级	10 000～30 000		

注：表中的总容量是指油库的公称容量和桶装油料设计存放量的总和，不包括零位罐、高架罐、放空罐及石油库自用油品储罐的容量；低于四级的油库是小型油库或加油站。

（3）按油罐的位置划分。还可根据油罐的位置划分油库的种类，这部分内容将在"油罐"这部分阐述。

2. 油罐

油料按照储运方式的不同分为散装和整装两种。凡是用油罐、车（铁路油罐车或汽车油罐车）、船（油船、油驳）、管道等储存或运输的油料称为散装油料。凡是用油桶及其他专用容器整储整运的油料称为整装油料。在油库中，油罐是储存散装油料的主要容器，也是油库的主要储油手段。油桶是储存整装油料的主要容器。

1）油罐的基本要求

油罐应由不燃材料制成，易于防火，与油品接触不发生化学反应，不影响油品质量；油罐应严密性好，不发生油品及其蒸汽渗漏问题；油罐的结构及附件应简单、坚固耐用，便于施工和管理。

2）油罐的类型

（1）按照建筑形式不同，可将油罐划分为地上、地下和半地下等各种不同的形式，我国常用的是地上油罐形式。

① 地上油罐是指油罐底的地面低于或高于附近地面最低标高的油罐，埋入的深度小于油罐本身的深度。

② 地下油罐是指罐内最高液面低于附近地面最低标高0.2m。

③ 半地下油罐是指油罐埋于地下的深度不小于罐高的一半，罐内液面不高于附近地面最低标高2m。

（2）按照结构形式不同，可将油罐划分为拱顶式、浮顶式和呼吸顶式3种。

① 拱顶式油罐是最常用的一种钢制油罐的形式。

② 浮顶式油罐的顶是浮动的，可随罐内油及油蒸气的多少而上下浮动，因此对于挥发性较强的油种是较适宜的。油罐顶的浮动可减少油气挥发的损失。这是因为在固定式（拱顶式）油罐中，当挥发的油蒸气增加时，由于油罐的容积有限，必定要排气以减少对罐壁的压力，而浮顶式油罐的体积可随浮顶的上下浮动而变化，这样便可减少排气损失。浮顶式油罐具有密封性能好、油品损耗小、安全性高的优点，适用于储存原油和轻质油品。

③ 呼吸顶式油罐的罐顶由2～3mm的优质钢板制成，既具有柔性，又具有所需的强度。呼吸顶式油罐的体积可以改变，但变化的范围不如浮顶式油罐，所以较浮顶式油罐更适合储存低沸点油。这是因为浮顶式油罐体积变化范围大，所以当油罐内液面上存在大量的低沸点油蒸气时，容易发生燃烧，造成事故；但呼吸顶式油罐的体积变化有限，所以可容油气的量也有限，对低沸点油种来说，较为安全可靠。

（3）按使用的材料不同，可将油罐划分为金属油罐和非金属油罐。

① 金属油罐。根据目前油罐的发展状况，应用较多的是立式圆柱形拱顶金属油罐、立式圆柱形浮顶金属油罐和卧式圆柱形金属油罐。立式圆柱形拱顶金属油罐是被广泛应用于储存各种原料油、成品油等的一种油罐。拱顶本身是承重结构，罐内没有桁架和立柱，结构比较简单，钢材用量较少，承压能力也较强。立式圆柱形浮顶金属油罐的特点是顶盖直接放在油面上，随着油品的收发而上下浮动，因此除顶盖和罐壁之间的部分环形空间外，几乎全部消灭了气体空间，从而大幅减少了油品的蒸发损耗。这种油罐被广泛应用于港区储存原油。它的建造容积一般都在5 000m^{3}以上。卧式圆柱形金属油罐在大型油库中常用来作为附属油罐使用，如用作放空罐、计量罐等。

② 非金属油罐。非金属油罐主要有土油罐、砖油罐、石砌油罐和钢筋混凝土油罐等。钢筋混凝土油罐是非金属油罐中的主要油罐，有圆柱形和卧式拱顶长方形（油池）两种。圆柱形钢筋混凝土油罐由于混凝土抗拉能力弱，容易产生裂纹，因而常在油罐试水和装油之前，将环形钢筋紧箍在罐壁上，使罐壁受到预加压应力，然后在钢筋外喷水泥砂浆作为保护层，从而既克服了混凝土抗拉能力差的缺点，又充分发挥了抗压能力强的优点。钢筋混凝土油罐的罐顶可做成拱顶、无梁顶或梁板顶。非金属油罐的防漏办法主要采取丁腈橡胶贴壁或薄钢板贴壁。

金属油罐和非金属油罐的比较如表5-2所示。

表 5-2 金属油罐和非金属油罐的比较

比 较 项	金 属 油 罐	非金属油罐
使用特点	① 使用安全可靠，不渗透，耐热性能好 ② 施工方便，便于维修保养 ③ 有关计量较准确 ④ 采用立式圆柱形浮顶金属油罐时，油品损耗小 ⑤ 耗钢量大，易腐蚀	① 耗钢量少，抗腐蚀性好，使用寿命长 ② 罐壁热惰性大，可减少油品呼吸，损耗小 ③ 造价高，施工期较长，维修较难 ④ 对地基的适应性差（不均匀沉降性地基），对温度的适应性较差 ⑤ 易渗透
适用范围	适用范围较广，尤其是立式圆柱形浮顶金属油罐	适用于地下式或半地下式油罐

由于非金属油罐可大量节约钢材，20 世纪 50 年代和 60 年代初曾在我国大力推广，主要用来储存原油和重油，最大的砖油罐的储油量达 40 000m³。对非金属油罐，做防渗处理后也曾用来储存轻质油品。非金属油罐除节约钢材料外，还有其他优点：由于非金属材料的导热系数小，罐壁厚，因而储存热油时热损失小，储存原油或轻质油品时可降低油品呼吸蒸发损耗；由于非金属油罐刚度大，承受外界压力能力强，适宜建成地下或半地下油罐，有利于隐蔽。它的缺点是抗拉强度低，油罐的高度受到限制。对于大型油罐，只能靠增加截面积来解决这一问题。此外，油罐占地面积大、施工期长、造价高；不易清洗和检修，一旦发生火灾，灭火困难，易发生油品渗漏等。因此，目前我国已经停止使用这类油罐，也不再新建这类油库。

为了便于生产管理，保证安全，油罐应设置温度、液位等控制仪表及报警装置。为了保证油罐正常工作，应设置必要的附件，主要有梯子、栏杆、人孔、透光孔、量油孔、进出油短管、机械呼吸阀、液压阀、放水底阀、防火泡沫箱等。为了安全，油罐还装有静电接地装置。大容积地面油罐还装有避雷针。

油罐的发展趋势是系列化、安全化、环保化、大型化。油罐大型化具有占地少、耗钢量少、便于操作管理的优点。目前，国内最大的拱顶、内浮顶油罐单罐容积达到 50 000m³，最大的外浮顶油罐单罐容积达到 150 000m³。近年来，随着到港油船的日益大型化，港口油库采用的油罐也越来越大。100 000m³ 的油罐在我国大连、青岛、宁波等港口油库中被大量使用。

总之，石油码头库场由若干大型油罐组成，周围配置一些辅助设施和输运通道。有些石油码头直接通过管道输入或输出石油等，码头库场相当于管道运输的一个中间站，只需配置一些加热、加压的设备、设施，连储存用的油罐都不需要。石油是易燃、易爆的危险货物，所以在石油码头库场必须配备完整的消防设备、设施。

任务二　石油装卸作业

任务导入

液化石油气的装卸根据其输送方式的不同，装卸方法也不同。由炼油厂通过管道直接输送到储配站的液化石油气，可利用管道的压力压入油罐。用罐车运输液化石油气时，可根据具体情况采用不同的装卸方法。那么，石油装卸作业的组织形式是怎样的呢？

子任务一　石油装卸设备

石油装卸设备主要包括输油泵、管线及附加设备、输油臂等。

一、输油泵

输油泵的作用是产生压能，使油品在压差的作用下流动。输油泵一般要求排量大，扬程较低。扬程高时，采用多级离心泵；扬程低时，采用单级离心泵。

输油泵主要有离心泵、往复泵、齿轮泵和螺杆泵等几种。油料黏度大、流动阻力大、流量较小（$30m^3/h$ 以下），只能用离心泵、往复泵、齿轮泵和螺杆泵输送。新建的大型油库，因黏油的收发量大，采用螺杆泵，流量通常为 $90m^3/h$ 左右。实际中油港输油通常采用的是离心泵，我国几个油港都采用这种泵型。离心泵、往复泵适用于精度较大的油品，如润滑油，也可用于冲洗管道。装卸黏度较大的油品时，可用往复泵。

输油泵一般根据原油性质和输油参数进行选择，通常宜选用离心泵。同一泵房内泵型应尽量一致，配用电机应优先考虑防爆型，电压力求一致。

二、管线及附加设备

石油装卸码头的管线有油管线、气管线（如压缩空气管线、真空管线）、水管线（如冷水管线、热水管线）、消防管线、惰性气体管线等几种，其中主要为油管线。

1. 油管线的种类

油管线是联系泵房、油罐、油码头及铁路装卸车台的主要设备。油管线的种类有钢管、耐油胶管、软质输油管等。固定输油管多用钢管；耐油胶管主要用于机动装、卸、输油设备，连接活动部位；软质输油管是一种新产品，由于其收卷方便，在野外作业中得到广泛应用。

1）钢管

钢管按其制造方法可分为无缝钢管和焊接钢管。无缝钢管又分为热轧和冷拔两种，油库常用的是热轧普通无缝钢管。它的主要优点是品种规格多、强度高、安全可靠。无缝钢管的规格用外径乘壁厚表示，如 159mm×4.5mm，表示外径为 159mm，壁厚为 4.5mm。

焊接钢管是先将钢板卷成圆筒，然后焊接而成。根据钢板卷制的方式不同，可分为对缝焊管和螺旋焊管两种，大直径管道采用螺旋焊管。按表面质量不同，可分为镀锌和不镀锌两种，镀锌的俗称白铁管，不镀锌的俗称黑铁管。焊接钢管价格较便宜，管壁较均匀，能制成较大的直径；缺点是焊缝强度往往不能完全得到保证，因而承受的压力较小。

2）耐油胶管

油库常用的耐油胶管主要有输油胶管、钢丝编织输油胶管等。

（1）输油胶管，即中间及外层都带螺旋金属丝的输油胶管，这种胶管由内胶层、内增强层、螺旋金属丝、中胶层、中间增强层、螺旋金属丝、外增强层及外胶层组成。输油胶管承压能力较强，可用作吸入管和排出管，适用于油船的装卸，也可用于军舰加油。

（2）钢丝编织输油胶管由内胶布缓冲层或棉线螺旋钢丝、中间胶层、钢丝编织层和外胶层组成，承压能力较强，工作压力为 980kPa。这种胶管没有接头，可以截断使用，可以作为排出管,也可作为吸入管。

3)软质输油管

软质输油管主要由能承受内压和拉力的编织骨架层和防渗内外保护层组成。编织骨架层采用锦纶涤纶作为主要材料,内外保护层采用橡胶作为主要材料。它的优点是重量轻、存放体积小、使用方便等。

2. 油管的伴热措施

为了使油品在输送过程中不冷凝和温降不过大,油管须采取伴热措施。伴热措施通常有蒸汽管伴热或电加热,目前国内较多地采用蒸汽管伴热。蒸汽管伴热有内伴热、外伴热和外伴随 3 种。

1)蒸汽管内伴热

蒸汽管内伴热(见图 5-1)是在油管内部通一根蒸汽管。其优点是热效率高;缺点是施工维修困难。蒸汽管支撑在油管内部,油品管线摩阻增大。同时由于两种管子内解质温度不同,热伸长量也不一致,故在蒸汽管弯头处及引出油管的焊缝处,常因裂纹而发生漏油现象。为克服上述缺点,通常在蒸汽管伸出处的油管上接一根短管,使蒸汽管的焊口全部露在外面,这样也便于蒸汽管的伸缩。

2)蒸汽管外伴热

蒸汽管外伴热是在油管外套一根蒸汽管。其优点是传热面大,热效率较高,多用于炉前管道;缺点是耗用钢材较多。

3)蒸汽管外伴随

蒸汽管外伴随(见图 5-2)是在油管外部伴随一根或多根蒸汽管,一起包扎在同一保温层内。其优点是便于施工检修,也不会发生油汽混窜的问题,但传热效率与内伴热和外伴热相比较低。

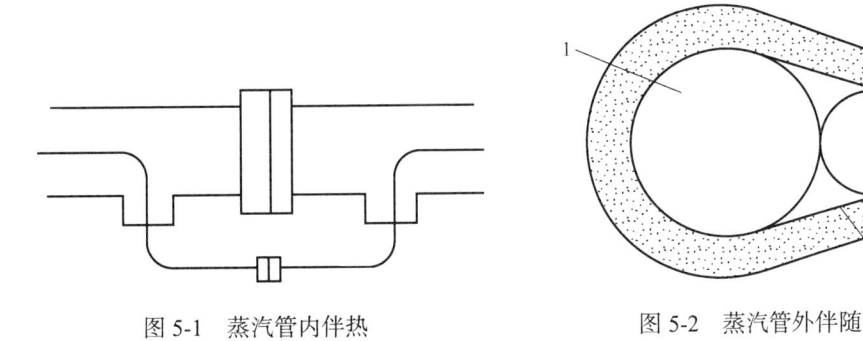

图 5-1 蒸汽管内伴热

图 5-2 蒸汽管外伴随

注:1—油管;2—蒸汽管;3—铁丝网保温层保护壳。

除了对油管线采用伴热措施,为了减少热损失,还必须对管线进行保温。油管线常用的保温材料有玻璃棉毡、矿渣棉毡和蛭石等。重油管线常采用蒸汽管外伴随,保温形状不一,较难采用蛭石预制块进行保温,用玻璃棉毡或矿渣棉毡在现场捆扎比较方便;如果重油管线采用蒸汽管内、外伴热,则可用蛭石预制块进行保温。保温层外面应加保护壳。

管线受温度变化的影响会发生胀缩现象,为了避免损坏管线,对地面敷设的热油、热水、蒸汽管线应每隔一定距离加补偿器,并在管线两端加固定支墩,补偿器的间距根据所用补偿器的补偿能力而定。补偿器的种类有波纹管补偿器 Π 型、Ω 型、Z 型、弯管等。油码头常用的是Π型、Ω型、Z型补偿器。

管线上还要附加必要的阀门、油筛、流量表等设备。

三、输油臂

输油臂是一种新型油港装卸设备。输油臂装卸油品时，连接船舶和码头前沿输油管道，将油品卸入储油罐的装卸设备。输油臂具有俯仰和旋转功能，臂上油管为有活动接头的钢管，管直径200～300mm。输油臂具有生产安全可靠、省力、使用年限长、效率高、维修费用低、有利于油港装卸自动化等特点。

四、车船装卸的连接设备

油罐车的装卸一般都设置装车台（栈桥）和鹤管。装车台根据油品性质和操作条件不同而分台设置。

根据每次装车的辆数确定鹤位数和栈台长度。为了减少占地和投资，一般采用双侧台。装车台的规模不完全取决于装车量，油罐列车的组成、编组和调车方式等也必须考虑。油船装卸可用橡胶软管作为码头和船舶之间的油流通道。橡胶软管具有挠度大、适应性强的特点，但维护费用较高，而且进一步增大橡胶软管的门径尺寸和油品流速会受到一定限制。因为流速增大到一定程度，就会使软管产生剧烈的振动，影响生产的安全，因此橡胶软管已不适宜作为大型油船高速、高效的装卸输油管线。

子任务二　石油装卸方式

港口石油的装卸方式一般包括油船装卸方式和油罐车装卸方式两大类。

一、油船装卸方式

石油码头油船装卸方式可分为靠码头直接装卸、通过水下管道装卸、水上直接装卸3种。

1. 靠码头直接装卸

靠码头直接装卸是指油轮靠泊在码头泊位，通过输油臂的软管连接，直接进行装卸。目前我国大部分石油码头均采用这种装卸方式。

2. 通过水下管道装卸

近年来，油船吨位不断增加，船型尺寸和吃水也相应加大，由于这些原因，近岸式油品码头已不能适应巨型油船的需要，因此油品码头开始朝外海发展，随之出现了通过水下管道装卸的装卸方式。通过水下管道装卸（海上泊地装卸）是指油船不靠码头，而是系泊在海面浮筒上，通过海底铺设的输油管线进行油品装卸。这一装卸方式又可分为单点系泊、多点系泊等方式。

1）单点系泊方式

单点系泊方式是油船的船首系在一个浮筒上的方式。在这种装卸方式下，随着风浪和潮流的变化，油船可绕浮筒做360°自由回转。该装卸方式用一根或数根水下软管将海底油管接至浮筒，浮筒与油船的集合管之间则用海上软管相连接。

单点系泊方式的特点是将油船直接系在装有活动接头的浮筒上，系泊的油船可随风浪和潮流运动，并可沿活动接头围绕系泊点自由旋转。浮筒和锚链固定在锚系混凝土块或锚地上。浮筒下方的海底设有分配器，该分配器上的接头管一方面与通往岸上的海底输油管道相连接，另一方面与浮筒中心室内管道相连接，直通浮筒顶部的输油管臂。装卸作业时，输油管臂通过浮在水面上的输油软管与油船上的集油管相连接。

单点系泊方式有如下几个优点。

（1）将码头由岸边移至海上，解决了世界绝大部分港口航道较窄、较浅、规模较小，不能与大型油轮和超大型油轮的发展相匹配的矛盾。这是单点系泊方式的最大优势。这在我国的原油接卸中具有重要的现实意义，因为在我国上百个炼油厂中，具备接卸25万吨以上油轮能力的原油码头不超过3个。

（2）具有漂浮式和旋转式特征，可以在7级大风、有效浪高3.5m的情况下进行原油接卸，而且可以360°不受限制地自由转动，不需要考虑风浪、潮流转变引起的影响，因此受气候影响较小；而一般靠岸式码头、岛式码头、栈桥式码头仅能在2m以下的风浪中进行接卸作业，受环境条件（风浪、潮流）的影响非常大。

（3）节约投资。以茂名25万吨级单点系泊原油码头为例，全部建设投资为2亿～3亿元。而一般情况下，建设同样等级的固定码头至少需要花费10亿元，是前者的3～4倍。

2）多点系泊方式

多点系泊方式是将油船的船首与船尾用数个浮筒保持在一定方向的系泊方式。海底输油管与油船的集合管由一根或数根软管相连接。

1994年，珠海桂山岛建设了一套多点系泊设施，该工程为5万吨级燃料油卸船泊位，船舶及船舰设6个系泊浮筒，船舷抛八字锚。泊位与陆域通过345m的海底输油管线相连接。

在具体的操作中，按水下输油管道连接软管作业的处理方式，油船通过水下管道的装卸方式可分为常设浮标方式、水下方式和浮沉方式。不同软管体系具有不同的特征（见表5-3），也适用于不同的系船方式（见表5-4）。

表5-3 各种软管体系的特征

软管体系	特 征
常设浮标方式	①在装卸作业中，油船的摆动引起软管在海面上摆动，故不能拖在海底，但由于软管经常浮在海面上，故会暴露在恶劣的海况和气象条件之下 ②在船舶往来频繁的地方易发生故障 ③为使软管浮在水面上，要设有浮子，软管体系的造价较高
水下方式	①当水深、潮流等当地条件优越时，设计比较简单，并且造价较低 ②当软管不使用时，可以沉入海底，故对软管的损伤较小，对其他船舶的航行功能无影响 ③装卸结束后，将软管沉入海底时，因被吊起的部分较长，如操作错误，易引起软管的弯折
浮沉方式	①能弥补常设浮标方式和水下方式的缺点，适合船舶航行频繁的港湾 ②需要使用浮沉装置，故软管体系的造价较高

表5-4 不同软管体系对应的系统方式

系船方式	软管体系	系船方式	软管体系
单点系泊	常设浮标方式、浮沉方式	多点系泊	常设浮标方式、水下方式、浮沉方式

1）常设浮标方式

常设浮标方式多用于单点系泊方式，连接在浮筒上的软管经常漂浮在海面上，装卸时将软管的前端吊起，再与油船的集合管相连接。如系泊位置距陆域较近，该装卸方式也可用于多点系泊方式。

2）水下方式

水下方式仅用于多点系泊方式。连接在海底油管上的软管在不进行装卸作业时将沉入海底；装卸时提起软管的前端与油船的集合管相连接。

3）浮沉方式

浮沉方式可用于单海底油管相连接的软管系泊，也可用于多点系泊。在不装卸时，将与浮筒或海底油管相连接的软管沉入海底；装卸时使之浮出水面，吊起前端与油船的集合管相连接。

3. 水上直接装卸

水上直接装卸是指油船不靠岸，在海上锚泊，通过船-船或船-驳直接装卸。海上大量石油运输都是用专用油船来进行的，油船都具有高效率的油泵。10万吨级油船的自卸油时间为12～22h，5万吨级油船的自卸油时间为10～17h，所以可以很方便地通过船上的油泵进行船-船过驳作业。水上直接装卸不占用码头泊位，是一种成本较低的作业方式。

二、油罐车装卸方式

1. 装车方式

目前我国大部分铁路轻油罐车都采用鹤管上装的装车方式。罐装方法有泵装和自流装车两种。自流装车是指在有条件的地方，利用地形高差自流罐装。

2. 卸车方式

1）原油和重油的卸车方式

原油和重油的卸车方式有密闭自流下卸方式、敞开自流下卸方式及泵抽下卸方式等。

（1）密闭自流下卸方式流程：油罐车→下卸鹤管→汇油管→导油管→零位罐→油泵→油罐。

（2）敞开自流下卸方式流程：油罐车→卸油槽→集油沟（或导油管）→零位罐→油泵→油罐。

（3）泵抽下卸方式流程：油罐车→下卸鹤管→集油管→导油管→卸油泵→油罐。

2）轻油的卸车方式

轻油的卸车方式均为上卸，需设卸油台，上卸的方式分为虹吸自流上卸和泵抽上卸两种。

（1）虹吸自流上卸：当油罐位于比油罐车低的位置时，可利用卸油竖管作为虹吸管，将油罐车中的油品卸入油罐，缸吸管中的负压由真空泵形成。

（2）泵抽上卸：当油罐车的位置无法使油品自流入油罐时，可采用泵抽卸油。

子任务三　石油装卸操作

一、石油码头作业

石油码头作业主要有卸船进罐、装船、船-船直取、车-船直取作业等，还有吹扫放空、置换等附属工艺作业。

1. 卸船进罐作业

该作业主要利用船泵的压力接卸，将所载油品直接送入港区储罐。这一流程要求平面与高程的设计要以船泵按正常流量卸油时的扬程大于进罐的全管路系统水头损失为前提。一般将接卸罐区设置在距码头 3~5km 范围内。对大型原油卸船码头，在地形条件有利的情况下，两者之间的距离可扩大到 5~8km；对于液化天然气码头，因介质气化、管线投资等原因，接卸罐区距码头一般不超过 1km。

随着大型原油深水泊位的建设，新建码头要拥有适宜的水深条件，往往要从岸线向外海延伸很远，如船泵扬程满足不了输送要求，需进行二次加压接力输送。对于卸船过程中的中间加压方案，因自控手段和机泵参数配合等原因，目前已建成的工程多采用旁接油罐加压方案，即在工艺流程上设中间罐和接力泵。这种方式需设置油罐，占地大，能耗高。国际上已有接力泵和船泵使用串联顺序输油加压的方式。例如，美国墨西哥湾的 LOOP 港，通过自动化控制手段实现了单点平台加压泵与卸油泵之间的串联作业，取消了中间油罐，降低了能耗。这种卸船工艺对设备控制与管理等提出了很高的要求。

工艺设备性能的提高为提高码头卸船效率提供了可能。特别是大型油船配泵的扬程较高、流量大，码头上的设备卸船效率高，大幅缩短了船舶在泊时间，提高了泊位通过能力。卸船效率主要依据船泵和陆上接收设施的能力确定。目前建成的大连、青岛、宁波等 36 万吨级油码头的卸船效率达到 10 000~12 000m³/h，净卸船时间在 40h 左右。青岛、大连的在建 30 万吨级油码头设计卸船效率为 15 000~18 000m³/h，可实现船舶在港快速卸船，提高码头利用率。

2. 装船作业

装船作业按照地形条件可分为两种装船方式：一种是港区设置高位储罐，利用有利的地形，使用重力流装船，这种方式可节省能量，降低装船成本；另一种是设置装船泵，将储罐内的油品泵送至船舱。

一般而言，陆域罐区与装船码头之间距离较远，两者之间的自动控制、通信和联动操作极为重要。在输油过程中，当罐区、码头和油船等环节发生故障时，必须迅速停泵、关阀，停止输油作业，以免发生事故。目前，国内大型石化码头均实现了以上控制功能。

近年来，随着环保和节能要求的提高，利用油气回收法来降低油品装卸过程中的蒸发损耗的技术日趋成熟。美国、欧洲等国家和地区的港口与船东已全面推广油船装载过程中的油气回收技术。目前我国沿海的原油、成品油装船港尚无油气回收系统在工程中应用的实例。如果码头装船作业采用全封闭装卸工艺（循环回路），船舶需要配置用来收集各货舱挥发气体的独立管路。而我国沿海运输的液体散货船舶，除运输蒸汽压力较高的液化石油气、液化天然气船，部分运输毒性强、货物价值高的化工产品的船具有返回码头上的回气管路外，绝大部分原油、成品油船的货舱透气系统均未形成封闭管路，无法实施回收作业，这是导致油气回收技术未能在港口应用的主要原因。油气回收技术的应用问题需要结合新船舶建造技术规范的推广，在港口工程设计中加以研究解决。

3. 船-船直取作业

船-船直取作业将满载船舶的货物油通过合理的工艺流程，直接装运到预先靠泊的空载油船上。该作业流程不仅可以提高码头的泊位利用率，减少对港口设施的占用，降低能耗，缩短货物在港时间，减少费用，而且有利于港口生产安全。此作业在栈桥式两侧靠船的情况下尤为优越。该作业在青岛油港、秦皇岛油港等得到采用。

4. 车-船直取作业

车-船直取作业适用于铁路油槽车、油船联合作业的情况。通过合理调度，将到港铁路油槽车内的油品直接装载到油船中，或者将油船中的油品直接装载到油槽车中。该作业在秦皇岛油港得到采用。但这种方式的装卸效率受到限制，大型油品码头很少采用。

5. 吹扫放空作业

码头工艺管线的吹扫放空作业目前较多采用自流排空加泵抽吸工艺，或者按照油品的火灾危险等级采用惰性气体、压缩空气、水等介质进行吹扫置换。随着管线种类的增多，为满足多货种公用管线的要求，管道清管器吹扫新工艺逐步被采用。目前国内的一些港口，如营口、天津、宁波等石化港区，在油品装卸系统中应用了此技术。清管器吹扫时利用背压作为动力，推动清管器在管线内行进，从而将管道内的残液排出管外。此种工艺操作简便，可保证管道输送介质的质量，实现设备和管道的有效利用。

二、原油和成品油装卸

1. 原油和成品油装卸流程

油港原油和成品油装卸一般有下列几种主要流程，设计时应根据具体条件予以考虑。设计时可先画出方框图，然后根据方框图画出流程图。

1）装船流程

装船的来油情况可分为油罐车来油、长输油管来油等不同情况。长输油管来油又可分为先进油罐再装船和直接装船等不同情况，来油有时还需要加热。情况不同，装船流程也有区别，如图5-3所示。

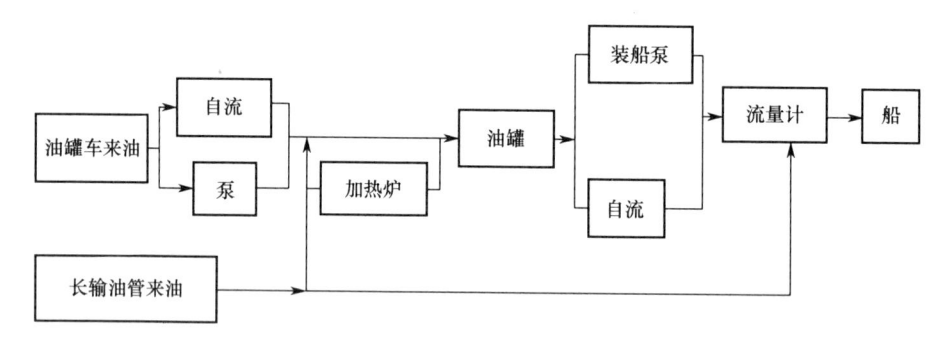

图5-3 油品装船流程

2）卸船流程

卸船一般用船上油泵进行，根据油品是否进油罐，以及去向是装油罐车还是炼油车间等情况，组成不同的卸船流程，如图5-4所示。

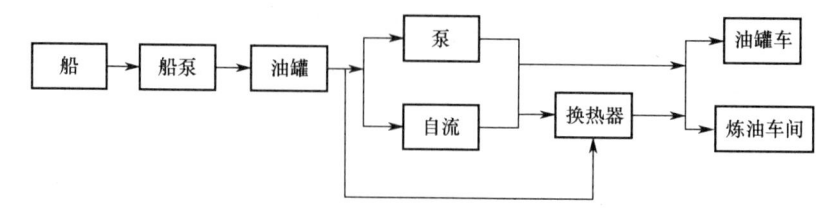

图5-4 油品卸船流程

3）循环流程

石油码头建成后，在正式投产前一般要进行试运转，将油品在油品码头内打循环，检查各环节运转是否良好。油品码头投产后，为避免原油在油管内凝固，在不进行船舶装卸作业时，通常也要保持码头油库及油管内原油不断循环流动。循环流程如图5-5所示。

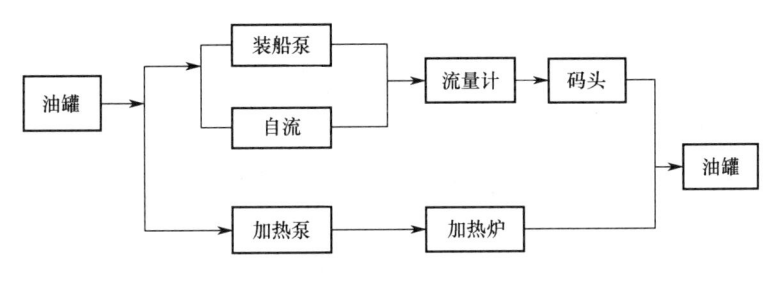

图5-5 油品在码头的循环流程

4）倒罐流程

在石油码头的经营管理中，有时需要将某一油罐的剩油供到另一油罐中，称为倒罐，流程如图5-6所示。

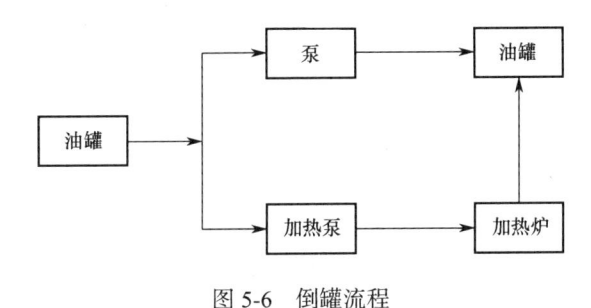

图5-6 倒罐流程

5）反输流程

在长距离输油管线来油的情况下，为了在码头油罐和末站之间打通循环，以及通过输油管道末站计量罐为外输油品计量，需要实施反输流程，如图5-7所示。

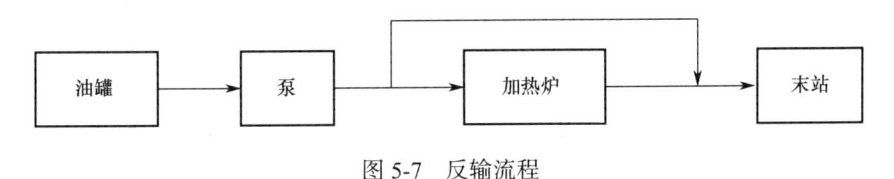

图5-7 反输流程

2. 原油装卸操作

原油装卸所需的设备、人员、工具配备如表5-5所示。

表5-5 原油装卸（船—罐）所需的设备、人员、工具配备

设备配备	人员配备			工具配备	
输油臂250~400mm	装卸工	安全员	电话员	发信器	对讲机
4台	6人	1人	1人	1台	2部

资料来源：杨茅甄等.港口企业装卸实务[M].北京:中国物资出版社，2009.

原油装卸油船操作方法如下。

1）装卸船作业前准备

（1）船舶靠好后，港口方有关人员与船方进行船、岸安全检查，只有符合安全规定方可进行装卸作业。

（2）连接静电接地线，并测量接地电阻不大于4Ω。

（3）按照安全技术操作规程中的原油装卸作业规程做好各项准备工作。

（4）操纵发信器，将输油臂接头移动至船上的法兰接口处对接。

（5）输油臂对接前，在接口下放置一个容器，防止输油臂中的存油洒漏。

（6）输油臂对接时，应至少有两人在船甲板上进行操作，一人操作发信器，另一人协助并监护。

（7）打开80型弯头下面的排气阀，排净余气后，拆下80型弯头盖板，操纵发讯器将快速接头与船上的法兰接口对准接好，然后将锁紧装置上紧。

（8）全部接好后，向输油臂内送气，进行气密性试验，在0.4MPa的压力下，持续5分钟，确保各接口不泄漏。

（9）具备作业条件后，通知船方和码头油罐区泵房开启有关阀门，做好卸油准备。

2）装卸船作业过程

（1）打开船前阀门。

（2）通知油库或船方开泵。

（3）作业开始，码头泵站开泵装船（或船上开泵卸油），控制初始流速在1m/s以内，正常作业最大流速不超过7m/s。

（4）按照输油臂的设计要求，250mm输油臂单台作业流量不大于1 560m³/h；长输油臂单台作业流量不大于2 250 m³/h；400mm输油臂单台作业流量不大于4 000m³/h。

（5）在作业过程中，应保持安全压力和安全流速。掌握温度、压力、流量等参数的变化和作业进度。

（6）对管线、输油臂、压力表、温度表进行巡回检查，发现异常及时通知调度、船方或油库进行调整，并对船方缆绳进行适当的照看。

（7）在卸船过程中，当船方准备降低流量时，及时督促船方采取降低流量措施，防止抽空引起输油臂振动。

（8）当船方需要提高卸油量或码头泵房加泵时，必须经调度统一协调并同意，得到接收方码头泵房或船方的确认后，方可提量或加泵，达到要求后应及时通知船方、码头泵房，并报告调度室。

（9）装卸结束前两小时应通知有关人员（货代或货主）上船，做好计量认可工作。

（10）在装船作业中，当油船离满载差500～1 000t时，及时通知码头泵房做停泵准备；满载前5min，通知码头泵房准备停泵；满载前1min，通知泵房停泵。

3）装卸船作业结束后的工作

（1）作业结束，关上船前阀。

（2）向输油臂内送气，将臂内存油扫到船上。

（3）打开80型弯头下面的泄压排液阀，将扫线余气排净，放松锁紧装置。

（4）操纵发信器，将输油臂收到收存位置，插上内臂，锁定插销，锁紧外臂。

（5）拆除接地线。

3. 成品油装卸操作

成品油装卸所需的设备、人员、工具配备如表5-6所示。

表5-6 成品油装卸（船-罐）所需的设备、人员、工具配备

设 备 配 备	人 员 配 备			工 具 配 备		
软管150~200mm	装卸工	安全员	电话员	扳手	撑杆	对讲机
1~8节	8人	1人	1人	4把	1副	2部

资料来源：杨茅甄等.港口企业装卸实务[M].北京：中国物资出版社，2009.

成品油装卸油船操作方法如下。

1）装卸船作业前准备

（1）船舶靠好后，港口方有关人员与船方进行船、岸安全检查，只有符合安全规定方可进行装卸作业。

（2）连接静电接地线并测量接地电阻不大于4Ω。

（3）将所有软管以两节或三节为一组对接好。

（4）对接时，将密封垫片垫正，法兰盘上的螺栓对称上紧。

（5）用船方的吊机将每组软管吊起与船上法兰对接。

（6）在对接时，要轻搬轻放，避免与甲板碰撞。

（7）对接完毕，用船舶吊杆将撑杆和用专用垫子保护好的软管分两段吊起，防止软管与船体摩擦。

（8）打开送气阀，向软管内送气，进行气密性试验，在0.4MPa压力下保持5min，以不泄压为准。

2）装卸船作业过程

（1）船方与油库打开输油阀门。

（2）开启船前阀，通知船方和油库开始输油作业。

（3）作业初始速度控制在1m/s左右，汽油作业初始流速不准超过1m/s。

（4）作业中最大流速不超过7m/s，最大工作压力不超过0.8MPa，正常工作压力控制在0.6MPa以内，最高温度不得超过80℃。

（5）根据潮汐的变化随时调整码头上的软管，防止拉坏软管。

（6）装船时，离满载差100t左右，通知油库做停泵准备，满载前5min通知油库泵房停泵。

3）装卸船作业结束后的工作

（1）装卸结束，关上船前阀。

（2）向软管或输油臂内送风，将余油向船上扫净。

（3）汽油船作业结束后，必须用氮气扫净管线。

（4）船方关上进舱阀后，拆除输油臂或软管。

（5）拆卸软管应由专人指挥，使用工具时要轻拿轻放，不准拖、拉、摔、碰。

（6）拆除静电接地线。

三、燃料油装卸

为船舶供应燃料是港口的任务之一。在油港或港口的石油作业区常建有燃料油供应系统。船舶常用的燃料油主要有内燃机燃料油、轻柴油、重柴油、渣油等几种，每种油品又各有不同的牌号。

由于油品性质不同，轻柴油、渣油、内燃机燃料油与重柴油分3套单独的管线和泵，内燃机燃料油与重柴油的管线和泵可混合使用。卸油时要用单独的管线和泵，分别进入各自的油罐；装船时两种油要调和成一定比例。因此，在燃料油供应系统中，除油罐外，还要设置调和罐，油品在罐内用压缩空气搅拌调和。内燃机燃料油、重柴油、渣油可以用钢筋混凝土油罐，轻柴油则必须用金属油罐。

我国燃料油的主要装卸流程如下。

1. 卸车装船流程

燃料油品自罐车卸入油罐，然后采用自流或泵为船舶供应。对于数量很少的某些燃料油品，可以考虑不采用管线装船，而采用自流装桶或自流装汽车罐车，然后为船舶供应的工艺。其流程如图5-8所示。

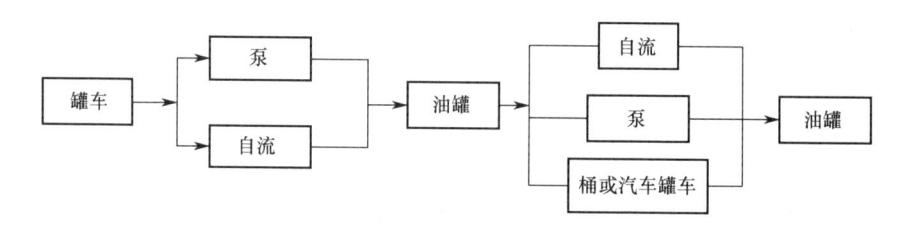

图5-8　燃料油品卸车装船流程

2. 卸船装驳船流程

从油船卸油可用船上的泵。若储油区离码头不远、高度差不大，可用油船上的泵直接将油输送至储油区；若储油区离码头较远或高度差较大，一般在岸上设置缓冲油罐，利用船上的泵先将油料输入缓冲罐，然后由中继泵将缓冲罐中的油料输送至储油区。

向船装油一般采用自流方式。某些港口的地面油库因油罐与油船高度差小、距离远，需用泵装油。

油船装卸流程应满足下列基本要求：可同时装卸不同的油料而互不干扰；管线和泵可相互备用；发生故障时能迅速切断油路，并具备有效的放空设施。

油船装卸油必须在码头上设置装卸油管路，每种油料单独设置一组装卸油管路，在集油管线上设置若干分支管路，分支管路的间距一般为10m左右。分支管路的数量和直径，集油管、泵吸入管的直径等，应根据油船、油驳的尺寸、容量和装卸油速度等具体条件确定。在具体配置时，一般将不同油料的几个分支管路（装卸油短管）设置在一个操作井或操作间内。平时将操作井盖上盖板，使用时打开盖板，接上耐油软管。卸船装驳船流程如图5-9所示。

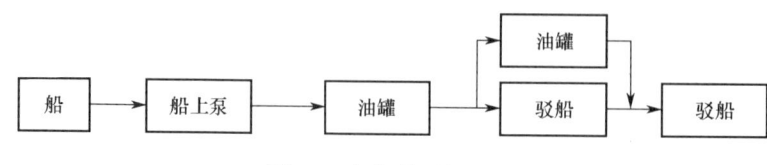

图5-9　卸船装驳船流程

3. 油品调和装船流程

油品调和装船流程如图 5-10 所示。

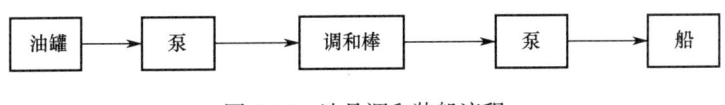

油罐 → 泵 → 调和棒 → 泵 → 船

图 5-10　油品调和装船流程

4. 倒罐流程

倒罐流程如图 5-11 所示。

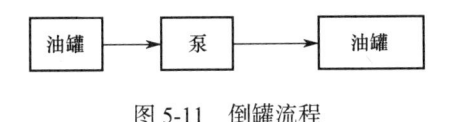

油罐 → 泵 → 油罐

图 5-11　倒罐流程

无论是原油和成品油的装卸流程，还是燃料油的装卸流程，在装卸作业结束后，管线内的剩油都需要扫回油罐，或者将输油臂内的残油扫入油船，即所谓的扫线作业。扫线的目的是防止油品在管线内凝结，避免和下次来油混淆，检修安全。

扫线介质主要有热水、海水、蒸汽、压缩空气。热水和海水置换有利于把位于四处的管线内的剩油清扫干净。但无论是热水、海水还是蒸汽，都会增加油品的含水率，影响炼油厂的作业。除汽油外，其他成品油、原油、燃料油品均可用压缩空气扫线。但对留线布置纵断面上呈下垂凹形的地方，压缩空气不易将此部位的剩油扫清，因此在留线布置时要注意尽可能避免在纵断面上呈现下垂凹形的死角。

在我国某些油港也有用打循环的方法使原油在管线内不断地流动，以防止油凝结在管线内。采用这种方法可以不设置别的扫线装置，以减少投资，但油泵需要不间断地运转，从而增加了营运费用。因此，从经济方面分析，采用打循环的方法是否合理，需要根据具体条件进行比较论证。

四、石油装卸注意事项

油轮（油驳）是运输散装石油及其他液体货物的专用船（驳），机舱一般采用尾机型。为减少自由液面对船（驳）稳性的影响，货舱由多个纵向、横向油密舱壁分隔成许多舱间，各油舱均由管路连通起来。为适应油品的特性，船上设有输油管系和油泵间、货油加热系统、甲板洒水系统、通气系统、灭火系统、洗舱系统和惰性气体系统。由于油轮积载、装卸等环节与一般干货船有所不同，应掌握其特点，以利安全。

1. 装油前的准备工作

（1）油轮靠泊后，应用电阻较小的铜线把船体和陆岸地线连接起来，以导出静电。

（2）排净压载水。在更换装油品种时，应在装油前做好油舱和管系的清洗工作。清洗油舱及排水时应遵照我国及国际防止船舶造成污染的条例和公约。

（3）对所有闸门阀、阀门杆进行全开全关检查，尤其要检查通海阀是否关紧，避免装船时海水进入船舱或货油流出船舱。装多种货油时，应重点检查分隔舱的腰节阀，避免发生混油情况。

（4）安装好输油软管。连接船和岸的输油管应有足够的长度，以适应船舶的升降和可能产生的移动。

(5)打开装油舱的量孔盖,罩上防火网,以便排气和观察舱内进油情况。

(6)白天挂好装卸危险品的信号旗,晚上打开装卸危险品的信号灯。

2. 装船

(1)航次任务确定以后应制订油船积载计划,包括各种货油的分舱装载方案、装油步骤、注意事项及安全措施等。确定各舱的装油重量及分配与装载顺序时,应考虑以下因素。

① 船舶装载时,凡装油的油舱在留足膨胀余量的前提下,均应尽量装满,以减少自由液面对船舶稳性的影响。

② 船舶满载且舱容有富余时,一般应在船中处留出空舱(注意不能过于集中),以减少船舶中垂弯曲。

③ 根据船舶航行时对吃水的要求,可留少量油舱不装满,以调节船舶的吃水差。

④ 装船的顺序从强度和吃水差的要求出发,大致是先装中部货舱,以减少中拱,再装前部货舱,使船尾吃水有所减少,然后均匀装载。通常每艘油船均有合理的货油配置、装卸顺序方案及空航时的压载方案,可供参考。

(2)装油一般使用岸上油泵,开始时装油速度要慢,经检查确认货油已正常流入指定油舱并无漏油现象后,方可逐渐提高装油速度。在装油的全过程中,舱面观察口不能离人,要经常测定装油进度、压力,以便及时做好装下一舱的准备。

(3)装船时各舱均应留有足够的膨胀裕位,以免发生溢油和胀坏船体等事故。

(4)全船装油完毕,算出本航次实际装油数量,核对岸方交油数量,办理好交接手续。为油品质量交接的需要,装油时要以适当的方法选取货油样品加以封存。船装完油品后,应立即加盖密封,除原油外,石油成品油还应加铅封。

(5)装完油后,首先应切断管线的气密开关,然后拆除软管并防止管内油的溅出,最后拆除地线,待接到港方的货油单证后,即可起航。

3. 卸油

(1)油轮靠泊后,接好地线、软管。卸油时一般使用船上的油泵。

(2)卸油前应会同岸上有关人员测量各油舱的空当、温度和比重并计算油量,选取货油样品进行质量分析。计算油量和样品分析结束前,不准卸油。

(3)按顺序卸油并做好清舱工作,卸油结束后,观测油脚数量并提出处理方法。

(4)在卸油过程中应注意调整岸上缆绳及显示装卸危险品信号,做好防火、防爆、防溢、防混、降温(或加热)、防毒及防污染等工作。

4. 防火、防爆、防毒工作

(1)油船必须具有船舶检验部门签发的足以证明油船的布置、结构和设备均符合安全要求的检验合格证书或入级证书,以及相应的安全证书,才能投入营运。

(2)凡进入作业现场的人员,禁止携带引火、引爆物品,禁止在作业区吸烟;禁止穿戴钉鞋;在装卸现场作业的人员不得穿着和更换尼龙、化纤服装;禁止使用明火照明、煮饭、取暖;不得在油船甲板上放置、使用聚焦的玻璃制品(蒸馏水瓶、放大镜、老视眼镜等)。

(3)在装卸、压载、洗舱、除气时,禁止下列作业:一切电焊、气焊等明火作业;使用明火炉灶;敲铲铁锈;无线电发报;蓄电池充电;用电扇通风,等等。

(4)防止摩擦和碰击发生火花。油轮严禁使用钢丝缆绳;使用工具时要轻拿轻放、谨慎操作；船上吊运物品时，必须停止装卸油品，关阀封舱；两船并靠装卸作业时，要加垫足够的软靠把；甲板上和泵间应使用有色金属工具或铜皮包裹工具；开闭油舱盖时，应轻、缓、稳，防止撞击；对可移动的物件要绑扎牢固。

（5）靠近油舱、泵间、油漆间、蓄电池间、输油管存放所、主甲板等处，禁止使用非防爆式灯具和可能产生电火花的电气设备。不准在避雷针、防爆灯、电灯泡上涂漆。一切电气设备都要保证绝缘。

（6）防止易燃物品燃烧。受潮或带油污的擦拭材料（如棉纱头）要存放在封闭的铁盒内；船用易燃品（如香蕉水、油漆、松香水、汽油等）必须指定专人集中保存在危险品室内；禁止在电气设备或蒸气管、排气管、炉舱上烘烤衣服及其他易燃物品；禁止用汽油及其他一级油制品清洗机件。

（7）排除可燃气体，防止油气燃烧或爆炸。油气经常积压在低处，需要良好的通风才能排出。未经洗舱、排气、测爆和确认没有可燃气体，不能在甲板和舱内进行电、气焊等明火作业。船载货油或油已卸空但舱内仍有可燃气体时，应按规定悬挂危险品信号。在系泊和装卸作业时，还应显示慢车信号。

（8）杜绝任何油品与高温管系、电缆接触。船上洒漏的残油和污油要立即擦拭干净。

（9）严禁与油船无关的船舶系靠一起，系靠船舶的烟囱不得冒火星，也不准有任何明火。遇有雷电、烟囱冒火或附近有火警，危及安全时，应立即停止作业。

（10）装卸石油产品时，应把靠近油舱的船员房间的门窗关好，防止油气进入舱室，引起中毒及火灾事故。

（11）工作人员接拆油管、测量油面高度时，必须戴好防护口罩，因特殊情况需要进入未除气舱室时，必须使用安全索和呼吸器，确定联系信号，备妥急救器材，每次工作时间不得超过30min，并派人在舱口看守；当人员进入曾注入蒸汽、惰性气体或其他缺氧的舱室时，应先充分通风除气，确认无害后才能进入。

（12）装卸完毕，要将软管、输油臂内的油除净，关紧油管阀门，加盖封舱，办完正常手续后，无特殊情况要及时离泊。

任务三　油港管理

任务导入

石油在开采、运输和加工过程中会产生含油污水，含油污水如果不做回收处理，不仅会造成浪费，而且会对环境造成污染。含油污水被排到江、河、湖、海等水体后，油层会覆盖水面，阻止空气中的氧向水中扩散，藻类进行光合作用受到限制，从而影响水生动植物的正常生长，使水生动植物有油味或毒性，甚至使水体变臭，破坏水资源的利用价值。如果牲畜饮了含油废水，通常会感染致命的食道病。如果用含油废水灌溉农田，油分及其衍生物将覆盖土壤和植物的表面，堵塞土壤的孔隙，阻止空气透入，使果实有油味，或者使土壤不能正常进行新陈代谢和微生物新陈代谢，严重时会造成农作物减产或死亡。另外，由于溢油的漂移和扩散，会荒废海滩和海滨旅游区，造成极大的环境危害和社会危害。但更主要的危害是石油中含有致癌烃，致癌烃被鱼、贝富集并通过食物链危害人体健康。那么，应该怎样处理油港污水呢？

子任务一　油港污水处理

一、必须处理的污水

1. 油船压舱水

保护和改善环境是关系到国计民生、子孙后代的大事。随着海上石油运输业务的不断发展，人们日益重视石油运输对海洋的污染问题。为了防止含油压舱水对水域的污染，必须对含油压舱水进行处理。

空载油船外出装油时，为了保证航行时船舶的稳定，必须在油舱内充水压载，多数压舱水重量约为所装油重量的30%。到装油港后，必须用船泵将压舱水排到岸上污水处理厂进行处理。从油轮排出的压舱水，含油量为2～5g/L，还有泥沙等杂质。含油压舱水如果在水域中任意排放，将造成严重污染。因此，国际防海洋污染法规定，严禁油轮在世界任何水域排放含油压舱水。

2. 其他污水

油港在生产过程中产生的含油污水，如油罐脱水、油罐加热器排出的冷凝水、泵房和阀室的积水、污水处理厂本身在生产过程中所产生的含油污水，以及油罐区和铁路装卸区的雨水等，都应排至污水处理厂，处理后再排放。

二、含油污水的处理方法

含油污水的处理方法一般有物理处理法、化学处理法和生物处理法。

1. 物理处理法

物理处理法的种类有很多，常用的有利用比重差使油水分离。也有利用气泡吸附油珠上浮的布气法和利用离心作用使油水分离的方法。还有利用吸附过滤作用使油水分离的过滤法。

2. 化学处理法

化学处理法是加凝聚剂（界面活性剂）生成絮状物以吸附油珠，使油水分离。通常采用的有浮选池和混凝沉淀池两种。

3. 生物处理法

生物处理法主要是利用微生物的作用分解油，可使用活性去污染法（又称曝气法）等。

三、含油污水处理方法和工艺流程的选择

含油污水的处理方法和工艺流程的选择，主要取决于含油污水的性质和排放标准的规定。原油压舱水的含油量虽然为2‰～5‰，但其中绝大部分是浮上油和分散油，乳化油很少，在目前国家规定的10mg/L的排放标准下，一般采用物理方法就能够达到标准。

污水处理厂污水处理工艺流程主要有如下两种。

第一种：油轮→隔油池→调节池→油水分离池→排放。

第二种：油轮→隔油池→调节池→油水分离池→过滤池排放污泥。

以上流程要求隔油池设计的规模能将粒径150μm以上的油珠隔出，以利于后续的处理，隔出的油要及时检出。

调节池有两个作用,一是储水,二是进一步隔油,所以调节池规模的设计应考虑在满足储水量的基础上,增加水在其中的行程量,使更小的油珠有充分的时间上浮。

油水分离池是指用波纹板组构成的油水分离装置,如图 5-12 所示。它由很多块用玻璃纤维增强聚酯树脂波纹板组装而成,并且相互平行地装在玻璃纤维或不锈钢制成的框架内。板组以 45°斜角安装在混凝土油水分离池中,能分离粒径极小的油珠与淤泥。聚集的油珠沿着波纹板的底面上升,凝聚的淤泥沿着波纹板的上面下沉。和平板相比,波纹板能增加水和板的接触面积,抗挠曲的强度较高。油层达到一定厚度后,经过槽口自动流入集油管。淤泥落到泥浆槽,然后导入污泥池,再定期用泵抽出,送往晒泥地。处理过的水从出水堰流入出水管。在油水分离池中处理过的水,含油量一般可降到 10mg/L 以下。

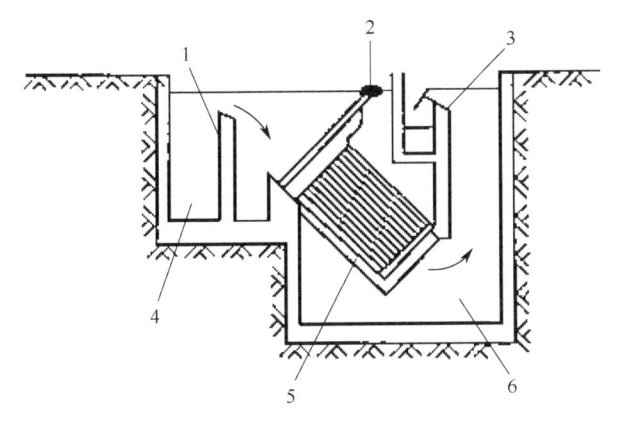

图 5-12 油水分离池

注:1—进水堰;2—集油管;3—出水堰;4—沉砂槽;5—波纹板组;6—污泥间

过滤池可除去污水中小颗粒分散油和部分乳化油。由于目前国产原油凝固点较高,黏度较大,滤池反冲洗要使用热水,所以过滤一般只用普通重力式滤池。滤料多采用砂和卵石垫层,采用焦炭过滤效果也较好,但不能采取反冲洗,因此采用过一段时间后重新更换焦炭的方式。

四、含油污水处理厂设计中应注意的问题

含油污水处理厂设计中应注意以下问题。

(1)压舱水的处理方法,根据污水的水质和排放标准,首先采用物理处理法。一般物理处理法简单易行、管理方便、运营费用低,且不产生二次污染。

(2)在设计压舱水处理工艺流程时,尽量采用重力流,避免压力流。因为使用泵会加剧油水的乳化,特别是含油量较大的污水。

(3)处理压舱水关键的一环是隔出大块油和粒径较大的油珠,以利于后续的处理。

(4)压舱水处理厂应尽量靠近码头、管线路,这样不仅压舱水排得快,而且能降低乳化程度,降低投资和处理费用。

子任务二 油库防火防爆措施

油库失火爆炸的基本条件是有浓度合适的油气混合气,且有足够能量的火源。因此,油库防火防爆的基本方法有 3 个:一是控制油气混合气体浓度;二是消除火源或把火源能

量控制在油气混合气的最小着火能量以下；三是避免两者相遇。此外，还要尽量减少火灾和爆炸的损失，主要方法是采用适当的耐火等级、防火间距、泄爆方式和消防措施等。

一、做好油库选址与布置

油库选址与布置应符合《小型石油库及汽车加油站设计规范》（GB 50156-92）规定的防火要求。根据油蒸气扩散所能达到的最大距离、火灾时火焰的辐射强弱、不同油品的火灾危险性大小、油罐形式、消防条件和灭火操作要求、建筑物的耐火等级及经济节约等因素，在建设和布局油库时要做好如下几个方面的工作。

1. 油库中建筑物之间的防火间距要适当

建筑物之间的防火间距主要是根据各建筑物的耐火等级、有无油气散发和有无明火而定的，并要考虑油蒸气污染环境的因素。一般在装车、装船和灌桶作业时，从入孔向外散发的油气扩散范围为 1.5～2.5m，向油轮装汽油，在泵流量为 250m^3/h，在入孔下风侧 6.1m 处可测到油气。据英国有关资料，在装车时，在 7.6m 以外安装非防爆电器是安全的。

如果油区内油罐储存的是易燃油，一个油罐的总储量为 1～50m^3，根据有关规定，耐火等级为一二级、三级、四级，易燃油的储油罐与周围建筑物之间的防火间距分别是 12m、15m、20m。

2. 油库区中的建筑物应达到规定的耐火等级要求

根据建筑材料在明火或高温作用下的变化特征，一般将建筑物构件分为非燃烧体、难燃烧体和燃烧体 3 类。

非燃烧体是指用金属、砖、石、混凝土等非燃烧材料制成的构件。这种构件在空气中受到火烧或高温作用时不起火、不燃烧、不碳化。

难燃烧体是指用难燃材料制成的构件，或者用燃烧材料作为基层而用非燃烧材料作为保护层的构件。沥青混凝土、经防火处理的木材、板条抹灰墙等都属于难燃烧体。难燃烧材料是指在空气中受到火烧或高温作用时难起火、难碳化，当火源移走后燃烧或微燃立即停止的材料。

燃烧体是指用燃烧材料制成的构件，如木柱、木梁、胶合板等。这种构件在明火或高温作用下会立即起火或燃烧，且火源移走后仍能够继续燃烧或微燃。

建筑物的耐火等级是由组成建筑物的主要构件的燃烧性能和耐火极限决定的。所谓耐火极限，是指对建筑物构件进行耐火试验时，从受到火的作用起到失去支持能力或发生穿透裂缝或背火面温度升高到 220℃止的这段时间。

油库建筑物的耐火等级应根据其所处场所的火灾危险性、火灾后产生的破坏性和危害性而定。为保证油库防火安全，油库建筑物在火灾高温作用下要求其基本构件能在一定时间内破坏小，不传播火灾，延缓和阻止火势蔓延，为疏散人员、物资和扑灭火灾赢得时间。因此，设计油库建筑物时，应根据生产和储存物品的火灾危险性、建筑物的业务用途、所处位置等因素正确选择相应的耐火等级，并结合建筑物构件来源，因地制宜地选用符合耐火极限要求的建筑构件。具体建筑物的耐火等级要求可参照有关设计规范。

二、严格控制油气混合气的浓度

浓度合适的油气混合气是油库起火和爆炸的基本条件，因此，要严格控制油气混合气的浓度，使之达不到油气燃烧爆炸的浓度，具体措施如下。

1. 减少油气排放

减少油气排放是油库防火的关键。油库中的油气排放源可分为两大类。一类是非事故性排放源，即油库在正常作业和油料在储存过程中的正常排放，如油库在进行油料收发、输转及加注作业过程中的大呼吸，油料在储存过程中的小呼吸，油罐、油桶及管道等设备在清洗时的油料蒸发，泵房、洞库等的通风排气等。这类油气排放源往往是场所比较固定的或可预见的，因而危险性较小。另一类是事故性排放源，最常见的就是油料和油气的泄漏。事故性油气排放，由于其场所和油气浓度的不确定性，失火爆炸的可能性较大，控制措施主要有如下几个。

（1）保持设备的良好、严密。储存和输送油料的设备应保持严密性和足够的承压能力，防止破损泄漏；阀门、油泵等设备应保持密封良好。储输油设备应做好防腐工作，防止腐蚀穿孔和破损泄漏。

（2）严格作业规程。收发油料严禁超出油罐、油桶、油罐车等容器在当时油温下的安全装油高度，防止油料在储存、运输过程中因油温升高而溢出或在作业过程中出现冒油事故。清洗油罐及检修设备时，应做好封堵工作，应封堵所有相连的管道，如输油管、呼吸管、通风管等，防止油料和油蒸气大量外溢。清洗作业用过的沾油的纱、布、垃圾等，应放在带盖的不燃材料制成的桶内，及时清洗或处理。

（3）应正确设置防火堤、拦油堤等，防止泄漏油料及火灾的蔓延和扩散。

2. 通风

油库中要做到完全没有油气是不可能的，通风是防止油气积聚的主要辅助措施之一，也是防毒、防潮和改善劳动环境的重要措施。通风的方式有机械通风和自然通风两种。采用哪种方式应根据场所的特点而定，应自然通风优先，以能满足换气次数要求和作业方式所允许的特殊要求为原则。一般情况下，油库各场所的通风设施应符合下列有关设计规范的要求。

（1）油库的生产性建筑物应采用自然通风进行全面换气。当自然通风不能满足要求时，可采用机械通风。

（2）易燃油料的泵房和灌油间，除采用自然通风外，还应设置排风机组进行定期排风，其换气次数不应小于10次/h，计算换气量时，房高按4m计算。定期排风耗热量可不予补偿。对于地上泵房，当外墙下部设有百叶窗、花格墙等常开孔口时，可不设排风机组。

（3）洞库内，应设置固定式机械通风。在一般情况下宜采用机械排风、自然进风。机械通风的换气量应按一个最大罐室的净空间、一个操作间及油泵房、风机房同时进行通风确定。油泵房的机械排风系统宜与罐室的机械排风系统联合设置；洞内通风系统宜设置备用机组。

（4）人工洞石油库的洞内应设置清洗油罐的机械排风系统。该系统宜与油罐室的机械排风系统联合设置。

（5）人工洞石油库内排风系统的出口和油罐的呼吸管出口必须引至洞外，距洞口的水平距离不应小于20m，且宜高于洞口。

（6）洞内的柴油发电机间应采用机械通风。柴油机排烟管的出口应引至洞外，并高于洞口。

（7）为爆炸危险场所服务的排风系统的机组和活动件应符合电气防爆要求和防雷、防静电要求，机组应采用直接传动或联轴器传动方式。

3. 加强油蒸气浓度检测及自动报警

在储油洞库、罐间、罐区的适当位置应随时检测油蒸气浓度，并能自动报警。在清洗油罐、油罐车作业前，在进入操作阀井、管沟等油蒸气容易积聚、通风不畅的场所前，或者在爆炸危险场所内进行明火或其他危险作业前，都应进行严格的油蒸气浓度检测，确认油蒸气浓度在作业方式所允许的范围内后，方可进行作业。

三、严格控制引燃引爆源

油库引燃引爆源主要有外来火源的进入，金属撞击火花，电焊、气焊等作业明火，电气设备火花，电气化线路、电化学腐蚀、阴极保护等引起的杂散电流火花，雷电、静电放电等。因此，要严禁外来火源进入防火禁区；防止金属撞击产生火花；严格管理明火作业；防止静电、雷电和杂散电流引燃引爆；安装阻火器，防止火源进入。

经典案例

某港口油品装卸工艺技术要求

一、适用范围

本标准规定了油品的装卸方案和装卸操作方法与技术要求，适用于××港石化码头公司油品的装卸作业。

二、包装形式

散装。

三、规格

液体。

四、比重

0.6～0.98（水为1）。

五、装卸方案

装卸过程为船⇆库、库→库、船→船。

六、操作方法与技术要求

1. 作业前必须具备的条件

作业环境应保证：雷雨天气禁止原油、石脑油、汽油等易燃油品作业；当预报期内风力≥6级（以港口当地气象台预报为准）时，禁止连接或拆卸输油臂，当输油臂作业中遇强潮、强风暴等特殊情况时，严禁操作输油臂并应及时通知船方系好缆绳，以防漂移；易燃油品作业区域无热加工作业；夜间作业照明照度符合国家标准《港口装卸区域照明照度及测量方法》（JT/T 557—2014）；参加作业的设备应处于完好状态，所有电气设备都应符合相应的防爆等级。

参加作业人员应做到：特种作业人员要持证上岗；操作人员按规定着装；禁止将火种带入作业现场；进入作业现场的人员禁止带入非防爆类电气设备；满足配工要求；油品作业时应使用防爆工具。

2. 船舶靠泊系缆与连接

操作人员系缆时应注意使油轮油口中心与在用输油臂中心的偏差不大于 1 米；带缆人员应穿好救生衣，戴好安全帽；接静电接地线，要求牢固，保证接触良好；船与输油臂或船与软管的连接应保证紧固，无滴漏；连接过程中必须使用防爆工具。

3. 油品装卸前准备

在油品装卸前，码头调度值班员通知船（库）方做好装卸船前的准备工作，待准备工作就绪后，通知码头调度值班员并记录。按《油品装卸工艺作业票》开闭阀门，阀门开闭应做到按要求开闭到位；阀门开启时应做到先确认后开启；阀门关闭时应做到先关闭后确认。操作班值班班长最后确认无误，报告调度值班员，对设备的操作要详细记录以备查询。开泵作业前，输油臂下第一道阀门应关闭。用软管接卸的船舶与输油臂接卸的船舶类同。

4. 油品装卸

码头调度值班员通知库区或船方开泵作业，操作人员将输油臂下阀门完全开启，注意观察温度和压力变化，开泵后根据安全需要，倾听流油的声音，观察视镜，确认管道畅通并通报调度值班员。

油品的初始流速应缓慢，直至船（库）方的油品液位达到正常安全高度。输油速度应由调度值班员与船（库）方联系后确定。

5. 巡回检查

在输油过程中要检查作业管线及其他相关管线是否有跑、冒、滴、漏等现象。巡查作业线上的压力、温度变化。输油臂作业时，检查其工作范围是否在网络区域内，随时让船方收紧缆绳。用软管作业的船舶，应根据潮位及船吃水变化，调整软管的松紧度，并做好软管的垫、栓事宜。

机电设备发生直接影响安全生产的故障或发现有故障迹象时，必须停机，由操作班值班班长组织检查，并采取有效的补救措施，同时向主管部门汇报。

6. 停泵

油品装卸作业即将结束时，听调度指令，码头和库（船）方做好停泵准备，达到作业量时停泵。油品装卸结束后，关闭相应的阀门，将输油臂外臂内的油品放回船舱。用软管作业的船舶，应排净软管内的油品。

7. 抽残与扫线

抽残：将输油臂内臂及立柱内的油用排空泵扫至相应管线内，开启低点阀，确认输油臂内无油后停止抽残。

扫线：必要时（根据调度指令）可用氮气将公用管线内的油品吹扫至用户管线内，检查吹扫过的管线，确认干净后，关闭所有阀门，关掉气源。

8. 拆连接与拆除静电接地线

拆连接：拆连接过程中使用的工具必须是防爆工具；拆连接过程中所洒漏的油品必须及时清除。

拆除静电接地线：拆下的静电接地线应盘好放置。

9. 船舶解缆离泊

操作人员必须穿好救生衣，戴好安全帽。

10. 其他

当进行过驳作业时，要备齐软管。作业中应注意：①软管内清洁无残油、杂物，法兰端面应清洁、平整，无硬划痕；②软管连接时需加密封垫，上齐螺栓，对角均匀拧紧；③连接好的软管应用棕绳或吊带两点吊起；④油品装卸由值班业务员与船方配合完成并向调度值班员汇报；⑤根据安全需要，对软管进行垫、栓。

项目训练

一、选择题

1. 石油可分为（　　）和（　　）两大类。
   A. 原油　　　　B. 石油产品　　　C. 汽油　　　　D. 沥青
2. 油料按照储运方式的不同分为（　　）和（　　）两种。
   A. 桶装　　　　B. 车装　　　　　C. 散装　　　　D. 整装
3. 油罐从建筑形式上可分为（　　）等各种不同形式。
   A. 地上　　　　B. 地下　　　　　C. 半地下　　　D. 半地上
4. 石油的装卸设备主要包括（　　）。
   A. 输油泵　　　B. 管线　　　　　C. 附加设备　　D. 输油臂
5. 蒸汽管伴热保温的措施有（　　）。
   A. 内伴热　　　B. 外伴热　　　　C. 内伴随　　　D. 外伴随
6. 石油码头作业包括（　　）。
   A. 卸船进罐　　B. 装船　　　　　C. 船-船直取　　D. 车-船直取
7. 油船装卸方式可分为（　　）。
   A. 靠码头直接装卸　　　　　　　B. 通过水下管道装卸（海上泊地装卸）
   C. 水上直接装卸　　　　　　　　D. 单点系泊装卸
8. 按照水下输油管道连接软管作业的处理方式，油船通过水下管道的装卸方式可分为（　　）。
   A. 浮沉方式　　B. 常设浮标方式　C. 水下方式　　D. 多点系泊方式
9. 油轮进行水上直接装卸时，效率较高。例如，10万吨级油船的自卸油时间为（　　），5万吨级油船的自卸油时间为（　　）。
   A. 18~30小时　B. 12~22小时　　C. 10~17小时　D. 5~12小时
10. 处理油污水的方法包括（　　）。
    A. 物理处理法　B. 化学处理法　　C. 生物处理法　D. 自然净化法

二、判断题

1. 石油属于液体危险货物，具有易燃、易爆、毒害等多种危险特性。（　　）
2. 在装油过程中万一发生溢油事故，应立即关闭阀门。（　　）
3. 石油码头库场只需配置一些加热、加压设备及储存用的油罐等。（　　）
4. 由于油船货舱体积大，空气中的含水率很低，因此货舱中的水蒸气不必除去。（　　）
5. 沥青在运输和装卸时，以件杂货处理。（　　）

6. 油气混合气只有遇到火才会爆炸。   （   ）
7. 不同品种的石油产品一旦混在一起，就不易分离。   （   ）
8. 油品装卸用输油泵的作用是产生压能，使油品在压差的作用下流动。 （   ）
9. 蒸汽管内伴热比外伴热传热面大，热效率较高。   （   ）
10. 水下方式既可用于多点系泊方式中，也可用于单点系泊方式中。 （   ）

三、简答题
1. 石油的特性有哪些？
2. 装卸危险货物要注意哪些事项？
3. 油品储运中发生爆炸的原理是什么？
4. 油料的扩散性及其对火灾危险的影响主要表现在哪几个方面？
5. 油管为什么需要伴热？具体措施有哪些？
6. 油库的防火防爆措施有哪些？

四、实训题
1. 请绘出原油和成品油装船的流程图。
2. 请绘出原油和成品油卸船的流程图。
3. 请绘出燃料油卸车装船的流程图。

附录 A

集装箱货物托运单

集装箱货物托运单（货主留底）（B/A）
场站收据十联单　第一联

SHIPPER			D/R NO.		抬头
CONSIGNEE					集装箱货物托运单
NOTIFY PARTY			货主留底		第一联
PRE-CARRIAGE BY ××× × PLACE OF RECEIPT					
OCEAN VESSEL VOY.NO. PORT OF LOADING					
PORT OF DISCHARGE PLACE OF DELIVERY				FINAL DESTINATION FOR THE MERCHANT'S RETERENCE	
CONTAINER NO.	SEAL NO.	NO. OF CONTAINERS OR PKGS	KIND OF PACKAGES: DESCRIPTION OF GOODS	GROSS WEIGHT	MEASUREMENT
TOTAL NUMBER OF CONTAINERS OR PACKAGES(IN WORDS)					
FREIGHT &CHARGES		REVENUE TONS	RATE	PRE	PREPAID	COLLECT
EX.RATE	PREPAID AT		PAYABLE AT		PLACE OF ISSUE	
	TOTAL PREPAID		NO. OF ORIGINAL B/L THREE			
SERVICE TYPE ON RECEIVE	SERVICE TYPE ON DELIVERY		REETER TEMPERATURE REQUIRED		F	C
TYPE OF GOODS	ORDINARY, REETER, DANGEROUS, AUTO			危险品	CLASS: PROPERTY: IMDG CODE PAGE: UN NO.	
	LIQUID, LIVE ANIMAL, BULK					
可否转船		可否分批				
装期		效期				
金额：						
制单日期：						

附录 A　集装箱货物托运单

集装箱货物托运单（船代留底）(B/N)
场站收据十联单　第二联

SHIPPER		D/R NO.			抬头	
CONSIGNEE		集装箱货物托运单				
NOTIFY PARTY		船代留底			第二联	
PRE-CARRIAGE BY ×××× PLACE OF RECEIPT						
OCEAN VESSEL VOY. NO. PORT OF LOADING						
PORT OF DISCHARGE PLACE OF DELIVERY				FINAL DESTINATION FOR THE MERCHANT'S RETERENCE		
CONTAINER NO.	SEAL NO.	NO. OF CONTAINERS OR PKGS	KIND OF PACKAGES: DESCRIPTION OF GOODS	GROSS WEIGHT	MEASUREMENT	
TOTAL NUMBER OF CONTAINERS OR PACKAGES(IN WORDS)						
FREIGHT & CHARGES	REVENUE TONS		RATE	PRE	PREPAID	COLLECT
EX.RATE	PREPAID AT		PAYABLE AT		PLACE OF ISSUE	
	TOTAL PREPAID		NO. OF ORIGINAL B/L THREE			
SERVICE TYPE ON RECEIVE	SERVICE TYPE ON DELIVERY		REETER TEMPERATURE REQUIRED		F	C
TYPE OF GOODS	ORDINARY, REETER, DANGEROUS, AUTO		危险品		CLASS: PROPERTY: IMDG CODE PAGE: UN NO.	
	LIQUID, LIVE ANIMAL, BULK					
可否转船	可否分批					
装期	效期					
金额：						
制单日期：						

运费通知（1）

场站收据十联单　第三联

SHIPPER			D/R NO.		抬头
CONSIGNEE			集装箱货物托运单		
NOTIFY PARTY			运费通知（1）		第三联
PRE-CARRIAGE BY ×××× PLACE OF RECEIPT					
OCEAN VESSEL VOY. NO. PORT OF LOADING					
PORT OF DISCHARGE PLACE OF DELIVERY				FINAL DESTINATION FOR THE MERCHANT'S RETERENCE	
CONTAINER NO.	SEAL NO.	NO.OF CONTAINERS OR PKGS	KIND OF PACKAGES: DESCRIPTION OF GOODS	GROSS WEIGHT	MEASUREMENT
TOTAL NUMBER OF CONTAINERS OR PACKAGES (IN WORDS)			SAY _____ ONLY		
FREIGHT & CHARGES		REVENUE TONS	RATE	PRE	PREPAID	COLLECT
EX. RATE	PREPAID AT		PAYABLE AT		PLACE OF ISSUE
	TOTAL PREPAID		NO. OF ORIGINAL B/L THREE		

运费通知（2）
场站收据十联单　第四联

SHIPPER	D/R NO.		抬头
CONSIGNEE	集装箱货物托运单		
NOTIFY PARTY	运费通知（2）		第四联
PRE-CARRIAGE BY ×××× PLACE OF RECEIPT			
OCEAN VESSEL VOY. NO. PORT OF LOADING			
PORT OF DISCHARGE PLACE OF DELIVERY		FINAL DESTINATION FOR THE MERCHANT'S RETERENCE	
CONTAINER NO.	SEAL NO.	NO.OF CONTAINERS OR PKGS	KIND OF PACKAGES: DESCRIPTION OF GOODS	GROSS WEIGHT	MEASUREMENT
TOTAL NUMBER OF CONTAINERS OR PACKAGES(IN WORDS)		SAY _____ONLY			
FREIGHT & CHARGES	REVENUE TONS	RATE	PRE	PREPAID	COLLECT
EX. RATE	PREPAID AT	PAYABLE AT		PLACE OF ISSUE	
	TOTAL PREPAID	NO. OF ORIGINAL B/L THREE			

场站收据（装货单）(S/O)
场站收据十联单　第五联

SHIPPER	D/R NO.	抬头
CONSIGNEE	装货单	
NOTIFY PARTY	场站收据副本	第五联
PRE-CARRIAGE BY ×××× PLACE OF RECEIPT		
OCEAN VESSEL VOY. NO. PORT OF LOADING		
PORT OF DISCHARGE PLACE OF DELIVERY	FINAL DESTINATION FOR THE MERCHANT'S RETERENCE	

CONTAINER NO.	SEAL NO.	NO.OF CONTAINERS OR PKGS	KIND OF PACKAGES: DESCRIPTION OF GOODS	GROSS WEIGHT	MEASUREMENT
TOTAL NUMBER OF CONTAINERS OR PACKAGES(IN WORDS)		SAY _____ONLY			
CONTAINER NO.	SEAL NO.		PKGS	CONTAINER NO. SEAL NO. PKGS	
				RECEIVED CCCCCCCBY TERMINAL	
FREIGHT & CHARGES	PREPAID AT		PAYABLE AT	PLACE OF ISSUE	
	TOTAL PREPAID		NO. OF ORIGINAL B/L THREE		

大副联（场站收据副本）
场站收据十联单　第六联

SHIPPER	D/R NO.	抬头
CONSIGNEE	场站收据副本（COPY OF DOCK RECEIPT）	
NOTIFY PARTY	大副联 (FOR CHIEF OFFICE)	第 六 联
PRE-CARRIAGE BY ×××× PLACE OF RECEIPT		
OCEAN VESSEL VOY. NO. PORT OF LOADING		

PORT OF DISCHARGE PLACE OF DELIVERY		FINAL DESTINATION FOR THE MERCHANT'S RETERENCE	
CONTAINER NO.	SEAL NO.	NO.OF CONTAINERS OR PKGS	KIND OF PACKAGES: DESCRIPTION OF GOODS	GROSS WEIGHT	MEASUREMENT
TOTAL NUMBER OF CONTAINERS OR PACKAGES (IN WORDS)		SAY _____ ONLY		
CONTAINER NO.	SEAL NO.		PKGS	CONTAINER NO. SEAL NO. PKGS RECEIVED CCCCCCCBY TERMINAL
FREIGHT & CHARGES	PREPAID AT		PAYABLE AT	PLACE OF ISSUE
	TOTAL PREPAID		NO. OF ORIGINAL B/L THREE	

场站收据（D/R）

场站收据十联单　第七联

SHIPPER	D/R NO.	抬头
CONSIGNEE	场站收据	
NOTIFY PARTY	DOCK RECEIPT	第七联
PRE-CARRIAGE BY ×××× PLACE OF RECEIPT		
OCEAN VESSEL VOY. NO. PORT OF LOADING		
PORT OF DISCHARGE PLACE OF DELIVERY	FINAL DESTINATION FOR THE MERCHANT'S RETERENCE	

CONTAINER NO.	SEAL NO.	NO. OF CONTAINERS OR PKGS	KIND OF PACKAGES: DESCRIPTION OF GOODS	GROSS WEIGHT	MEASUREMENT
TOTAL NUMBER OF CONTAINERS OR PACKAGES (IN WORDS)			SAY _____ ONLY		
CONTAINER NO.	SEAL NO.		PKGS		CONTAINER NO. SEAL NO. PKGS RECEIVED CCCCCCCBY TERMINAL
FREIGHT & CHARGES	PREPAID AT		PAYABLE AT		PLACE OF ISSUE
	TOTAL PREPAID		NO.OF ORIGINAL B/L THREE		

附录 A 集装箱货物托运单

货代留底
场站收据十联单 第八联

SHIPPER			D/R NO.	抬头
CONSIGNEE				货代留底
NOTIFY PARTY				第八联
PRE-CARRIAGE BY ×××× PLACE OF RECEIPT				
OCEAN VESSEL VOY. NO. PORT OF LOADING				
PORT OF DISCHARGE PLACE OF DELIVERY			FINAL DESTINATION FOR THE MERCHANT'S RETERENCE	
CONTAINER NO.	SEAL NO.	NO. OF CONTAINERS OR PKGS	KIND OF PACKAGES: DESCRIPTION OF GOODS	GROSS WEIGHT	MEASUREMENT
TOTAL NUMBER OF CONTAINERS OR PACKAGES (IN WORDS)			SAY _____ ONLY		
FREIGHT & CHARGES	项目	数量	费率（含转运费）		
	20'				
	40'				
	BAF				
	DDC				
	附加费				
EX. RATE	PREPAID AT		PAYABLE AT	PLACE OF ISSUE	
	TOTAL PREPAID		NO. OF ORIGINAL B/L THREE		

191

货代负责的单证之出口
场站收据十联单 第九联

上海中远国际货运有限公司 COSCO SHANGHAI INTERNATIONAL FREIGHT CO.,LTD.	OUT 出场
集装箱发放/设备交接单 EQUIPMENT INTERCHANGE RECEIPT	

NO.

用箱人/运箱人（CONTAINER USER/HAULIER）	提箱地点（PLACE OF DELIVERY）
发往地点（DELIVERED TO）	返回/收箱地点（PLACE OF RETURN）

船名/航次 （VESSEL/VOYAGE NO.）	集装箱号 （CONTAINER NO.）	尺寸/类型 （SIZE/TYPE）	营运人 （CNTR.OPTR.）

提单号 （B/L NO.）	铅封号 （SEAL NO.）	免费期限 （FREE TIME PERIOD）	运载工具牌号（TRUCK,WAGON,BARGE NO.）

出场目的/状态（PPS OF GATE-OUT/STATUS）	进场目的/状态（PPS OF GATE-IN/STATUS）	出场日期（TIME-OUT）

出场检查记录（INSPECTION AT THE TIME OF INTERCHANGE）

普通集装箱 （GP CONTAINER）	冷藏集装箱 （RF CONTAINER）	特种集装箱（SPECIAL CONTAINER）	发电机（GEN SET）
正常（SOUND） 异常（DEFECTIVE）	正常（SOUND） 异常（DEFECTIVE）	正常（SOUND） 异常（DEFECTIVE）	正常（SOUND） 异常（DEFECTIVE）

除列明者外，集装箱及集装箱设备交接单时完好无损，铅封完好无损。
THE CONTAINER/ASSOCIATED EQUIPMENT INTERCHANGED IN SOUND CONDITION AND SEAL INTACT UNLESS OTHERWISE STATED.

用箱人/运箱人签署　　　　　　　　　　码头/堆场值班员签署
（CONTAINER USER/HAULIER'S SIGNATURE）　　（TERMINAL/DEPOT CLERK'S SIGNATURE）

附录 A　集装箱货物托运单

货代负责的单证之出口
场站收据十联单　第十联

SHIPPER			D/R NO.		抬头		
CONSIGNEE			\multicolumn{4}{c	}{配舱回单（2）}	第十联
NOTIFY PARTY							
PRE-CARRIAGE BY ×××× PLACE OF RECEIPT							
OCEAN VESSEL VOY. NO. PORT OF LOADING							
PORT OF DISCHARGE PLACE OF DELIVERY				FINAL DESTINATION FOR THE MERCHANT'S RETERENCE			
CONTAINER NO.	SEAL NO.	NO.OF CONTAINERS OR PKGS	KIND OF PACKAGES: DESCRIPTION OF GOODS	GROSS WEIGHT		MEASUREMENT	
TOTAL NUMBER OF CONTAINERS OR PACKAGES(IN WORDS)							
FREIGHT & CHARGES		REVENUE TONS	RATE		PRE	PREPAID	COLLECT
EX.RATE	PREPAID AT		PAYABLE AT		PLACE OF ISSUE		
	TOTAL PREPAID		NO. OF ORIGINAL B/L THREE				
SERVICE TYPE ON RECEIVE	SERVICE TYPE ON DELIVERY		REETER TEMPERATURE REQUIRED		F		C
TYPE OF GOODS	ORDINARY, REETER, DANGEROUS, AUTO		危险品		CLASS: PROPERTY: IMDG CODE PAGE: UN NO.		
	LIQUID, LIVE ANIMAL, BULK						
可否转船	可否分批						

附录 B

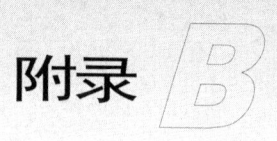

装箱单样本

××××× CORP.

装箱单
Packing List

L/C No.:   INV No.:

Contract No.:   Date:

Messrs: ×× CORP.   Shipment Date:

From: SHENZHEN TO××（港口）   Terms of Payment:

唛头号码 Marks&No.	品名 Description	数量 QTY(pcs)	件数 Package (ctns)	单件 净重 @KGS	单件 毛重 @KGS	单件 体积 @CBM	总净重 N.W.(kgs)	总毛重 G.W.(kgs)	体积 Volume (cbm)
	××（产品英文名）××（产品中文名） ××××（产品规格） ××（产品英文名）××（产品中文名） ××××（产品规格） ××（产品英文名）××（产品中文名） ××××（产品规格） ××（产品英文名）××（产品中文名） ××××（产品规格） ××（产品英文名）××（产品中文名） ××××（产品规格） ××（产品英文名）××（产品中文名） ××××（产品规格）								
	TOTAL: REMARKS:		××CTNS				××KGS	××KGS	××CBM

附录 C

集装箱发放/设备交接单样本

中国远洋运输（集团）有限公司　OUT 出场

集装箱发放/设备交接单

EQUIPMENT INTERCHANGE RECEIPT

NO.

用箱人/运箱人（CONTAINER USER/HAULIER）	提箱地点（PLACE OF DELIVERY）		
来自地点（DELIVERED TO）	返回/收箱地点（PLACE OF RETURN）		
航名/航次(VESSEL/VOYAGE NO.)	集装箱号（CONTAINER NO.）	尺寸/类型（SIZE/TYPE）	营运人（CNTR.ORTR.）
提单号（B/L NO.）	铅封号（SEAL NO.）	免费期限（FREE TIME PERIOD）	运载工具牌号（TRUCK, WAGON, BARGE NO.）
出场目的/状态（PPS OF GATE-OUT/STATUS）		进场目的/状态（PPS OF GATE-IN/STATUS）	出场日期（TIME-OUT）

出场检查记录（INSPECTION AT THE TIME OF INTERCHANGE）

普通集装箱（GP CONTAINER）	冷藏集装箱（RF CONTAINER）	特种集装箱（SPECIAL CONTAINER）	发电机（GEN SET）
□ 正常 □ 异常	□ 正常 □ 异常	□ 正常 □ 异常	□ 正常 □ 异常

损坏记录及代号（DAMAGE & CODE）	BR 破损（BROKEN）	D 凹损（DENT）	M 丢失（MISSING）	DR 污箱（DIRTY）	DL 危标（DGL ABEL）
左侧（LEFT SIDE）	右侧（RIGHT SIDE）	前部（FRONT）	集装箱内部（CONTAINER INSIDE）		
顶部（TOP）	底部（FLOOR BASE）	箱门（REAR）	如有异状，请注明程度及尺寸（REMARK）		

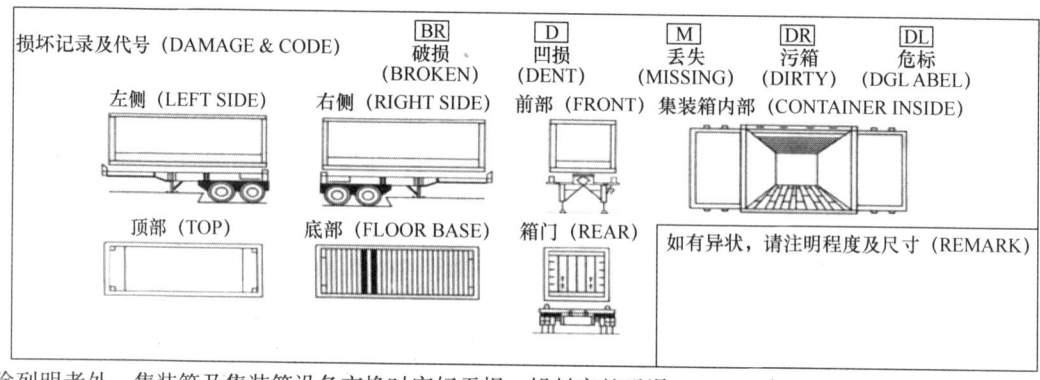

除列明者外，集装箱及集装箱设备交换时完好无损，铅封完整无误。

THE CONTAINER/ASSOCIATED EQUIPMENT INTERCHANGED IN SOUND CONDITION AND SEAL INTACT UNLESS OTHERWISE STATED.

用箱人/运箱人签署　　　　　　　　　　　　码头/堆场值班员签署

(CONTAINER USER/HAULIER'S SIGNATURE)　　(TERMINAL/DEPOT CLERK'S SIGNATURE)

中国远洋运输（集团）有限公司　IN 进场

集装箱发放/设备交接单

EQUIPMENT INTERCHANGE RECEIPT

NO.

用箱人/运箱人（CONTAINER USER/HAULIER）	提箱地点（PLACE OF DELIVERY）
来自地点（DELIVERED TO）	返回/收箱地点（PLACE OF RETURN）

航名/航次（VESSEL/VOYAGE NO.）	集装箱号（CONTAINER NO.）	尺寸/类型（SIZE/TYPE）	营运人（CNTR.ORTR.）

提单号（B/L NO.）	铅封号（SEAL NO.）	免费期限（FREE TIME PERIOD）	运载工具牌号（TRUCK, WAGON, BARGE NO.）

出场目的/状态（PPS OF GATE-OUT/STATUS）	进场目的/状态（PPS OF GATE-IN/STATUS）	出场日期(TIME-OUT)

进场检查记录（INSPECTION AT THE TIME OF INTERCHANGE）

普通集装箱（GP CONTAINER）	冷藏集装箱（RF CONTAINER）	特种集装箱（SPECIAL CONTAINER）	发电机（GEN SET）
□ 正常 □ 异常	□ 正常 □ 异常	□ 正常 □ 异常	□ 正常 □ 异常

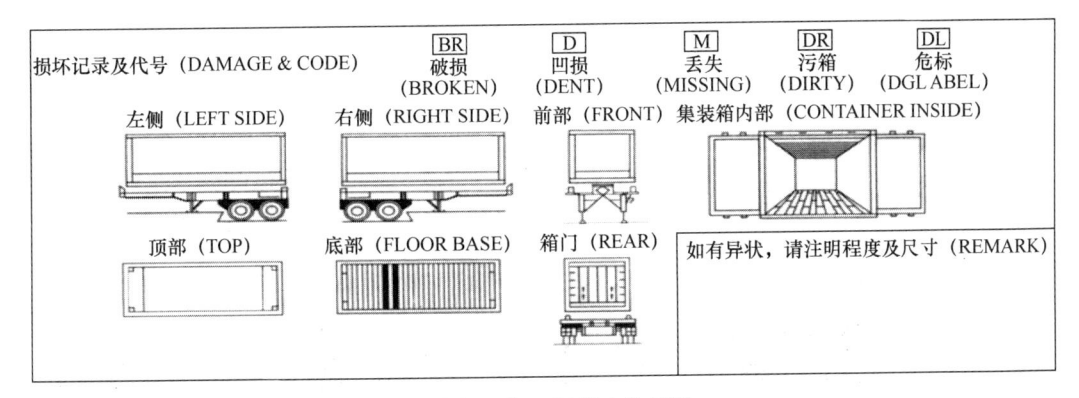

损坏记录及代号（DAMAGE & CODE）	BR 破损（BROKEN）	D 凹损（DENT）	M 丢失（MISSING）	DR 污箱（DIRTY）	DL 危标（DGL ABEL）

左侧（LEFT SIDE）　右侧（RIGHT SIDE）　前部（FRONT）　集装箱内部（CONTAINER INSIDE）

顶部（TOP）　底部（FLOOR BASE）　箱门（REAR）　如有异状，请注明程度及尺寸（REMARK）

除列明者外，集装箱及集装箱设备交换时完好无损，铅封完整无误。
THE CONTAINER/ASSOCIATED EQUIPMENT INTERCHANGED IN SOUND CONDITION AND SEAL INTACT UNLESS OTHERWISE STATED.

用箱人/运箱人签署　　　　　　　　　　码头/堆场值班员签署

(CONTAINER USER/HAULIER'S SIGNATURE)　　(TERMINAL/DEPOT CLERK'S SIGNATURE)

附录 D

《海港总平面设计规范》（节选）

5 装卸工艺

5.1 一般规定

5.1.1 装卸工艺设计应进行多方案的技术经济比较，满足加快车船周转、各环节生产能力相匹配和降低营运成本的要求。应积极采用先进科学技术和现代管理方法，保证作业安全、减少环境影响、降低能耗和改善劳动条件。

5.1.2 装卸机械设备应根据装卸工艺的要求选型，并综合考虑技术先进、经济合理、安全可靠、能耗低、污染少、维修简便等因素。设备可视运量增长分期配置。

5.1.3 装卸件杂货宜发展成组和集装化，装卸设备能力应相适应。

5.1.4 当货类单一、流向稳定、运量有一定规模时，可按专业化码头设计。

5.1.5 必须在港口进行的计量、配料、保温、解冻、熏蒸、取制样和缝拆包等作业时，应在设计时一并考虑。

5.1.6 危险品码头的装卸工艺设计，应符合现行国家标准《建筑设计防火规范》(GBJ16)及国家现行标准的有关规定。

5.1.7 采用大型移动式装卸机械时，应设置检修和防风抗台装置。

5.2 件杂货、多用途码头的装卸机械选型和工艺布置

5.2.1 装卸机械的选型应适应多种货物装卸作业的要求，在货种、包装形式和流量流向较稳定的情况下，可配置专用机械。

5.2.2 件杂货码头装卸船机械的选型应根据货物吞吐量、货种、船型和码头型式等因素确定，并注意发挥船机的作用。采用船机作业时，应满足船舶满载低水位装卸作业的要求；采用岸机作业时，宜考虑门座起重机或装卸桥，其吊臂的最大工作幅度至少应达到设计船型舱口的外侧。

5.2.3 件杂货码头前沿不宜设铁路装卸线。

5.2.4 件杂货码头水平运输机械的选型，应根据运距、组关型式、货件重量等因素确定，通常情况下，运距在150m以内时，宜采用叉车；运距较长时，宜采用拖挂车。

5.2.5 库场装卸作业机械的选型，应根据货种、组关型式、货件重量及堆放型式等因素确定，通常情况下宜选用流动机械。

5.2.6 件杂货码头前方作业地带的宽度，应根据装卸船机械、工艺布置及作业方式确定。采用轨道式起重机时，其宽度不宜大于50m；采用船机或流动机械时，其宽度不宜大

于30m。

5.2.7 采用轨道式起重机装卸船的件杂货码头，起重机海侧轨道中心线至码头前沿的距离不应小于2m，采用固定式起重机装卸船的件杂货码头，固定式超重机械旋转中心至码头前沿线的距离应保证起重机旋转时不碰船体。

5.2.8 仓库与道路之间的引道长度，流动机械进出库时，可取4.5m，汽车进出库时，可取6.0m。

5.2.9 仓库的跨度和净高按库内作业机械类型和货物堆高确定，单层仓库的跨度不应小于18m，单层和多层仓库的底层净高不应小于6m，多层仓库的楼层净高不应小于5m。

5.2.10 仓库库门尺度应根据进出库作业机械的类型确定。通常情况下，净宽不应小于4.2m，净高不应小于5m。

5.2.11 铁路中心线至库墙边的距离，应根据作业方式及所选用的机械确定，采用叉车、牵引车作业时，宜取7.75～9.75m；采用轮胎式起重机作业时，可增大至11.75m。

5.2.12 仓库站台设置全遮式雨篷时，雨篷支柱内侧至铁路中心线和篷内的净空高度应符合铁路建筑限界的有关规定。

5.2.13 当集装箱年运量不大，并需兼顾装卸件杂货时，码头的装卸工艺系统设计可按多用途码头要求考虑，必要时宜留有今后改造成集装箱码头的可能。

5.2.14 多用途码头装卸船机械的选型，应根据年运量、船型、货种和流向等因素及发展趋势综合分析确定，宜采用集装箱装卸桥、多用途门机和门座起重机等。起重机海侧轨道离码头前沿的距离不宜小于3m。

5.2.15 多用途码头前方作业地带的宽度，应满足该码头多种流动机械作业的要求，不宜小于40m。

5.2.16 多用途码头的水平运输和堆场装卸机械应根据货种相应配置，其数量按年运量经技术经济比较后确定。

5.2.17 多用途码头的堆场布置应满足集装箱和件杂货装卸作业的需要，不宜设置永久性仓库。

5.3 煤炭、矿石码头的装卸机械选型和工艺布置

5.3.1 装船机械的选型和工艺布置应满足下列要求。

5.3.1.1 装船机械的选型应根据船型、运量、货种和码头布置等因素比较确定。

5.3.1.2 装船机的主要参数应满足船舶装舱的要求。移动式装船机轨道长度应满足装船机在检修情况下另一台装船机能到首尾舱装舱的要求。为便于检修及船舶供给，码头上可设单行车道。

5.3.1.3 专业化装船泊位宜采用效率高、台数少的工艺系统。

5.3.1.4 装船系统设计，宜对装船机在换舱移机过程中引起的作业中断采取措施。

5.3.2 卸船机械的选型和工艺布置应满足下列要求。

5.3.2.1 卸船机械的选型应根据船型、运量、货种、物料特性和水位等因素比较确定。

5.3.2.2 卸船机的主要参数应根据设计船型及水位确定。移动式卸船机轨道长度应保证首尾舱卸货要求，并考虑带式输送机长度、卸船机检修位置等因素。码头上应有停放清舱机和抓斗的位置。

5.3.2.3 专业化卸船泊位宜采用"少机"方案。在特定条件下，可考虑自卸船工艺方案。

5.3.3 堆场机械的选型和工艺布置应满足下列要求。

5.3.3.1 堆场堆取料机械的选型应根据堆存量、物料特性、堆取料方式和机械性能等因素比较确定。轨道式堆取料机的轨道宜高出地面。

5.3.3.2 堆料能力应与卸船、卸车能力相匹配，取料能力应与装船、装车能力相匹配。料堆应按不同品种分别堆存，料堆堆底间距应根据取料方式确定，在堆场四周应留有通道。

5.3.3.3 煤炭、矿石的堆存应以地面堆场为主。特殊情况下，经比较可采用其他型式。

5.3.4 装车设备的选型和工艺布置应符合下列规定。

5.3.4.1 装车设备的选型应根据装车量、物料特性和堆场工艺布置等因素比较确定。

5.3.4.2 采用单斗装载机装火车时，料堆宜顺铁路线布置，在料堆与铁路中心线之间应留 8～10m 的通道和操作场地；采用抓斗起重机装火车时，料堆宽度一般在起重机工作幅度范围内，在料堆与铁路中心线之间应留有 6～7m 的通道和操作场。

5.3.4.3 采用单斗装载机、抓斗起重机、履带式斗轮取料机或其他连续性设备装汽车时，应设操作场地、停车场和道路。

5.3.4.4 装车存仓采用高架式存仓装车时，存仓阀门出料漏斗口至轨面或地面的净空高度必须满足机车车辆或汽车的建筑限界要求。

5.3.5 煤炭卸车机械选型和工艺布置应符合下列规定。

5.3.5.1 煤炭卸车设备的选型应根据卸车量、车型、物料特性、工艺布置和自然条件等因素比较确定。

5.3.5.2 采用翻车机卸车时，翻车机的选型应根据系统能力、车型确定。港口铁路应根据卸车工艺、车型及运行组织确定，并应相应配置空、重车线。翻车机下部存仓容量宜按两次翻车量考虑，存仓应设防堵装置。对寒冷地区，经论证可在存仓上部设置冻煤破碎装置。

5.3.5.3 采用螺旋卸车机卸车时，应注意采取必要措施，满足环保和职业安全卫生的要求。卸车线长度、股道数应根据车辆运行组织、卸车能力和工艺布置确定。当在一条卸车线上配置三台以上螺旋卸车机车时，应考虑设备便于维修。螺旋卸车线的存仓容量，原则上一个车位长度 4m 不宜小于 60t，存仓应设防堵装置。当设置漏斗时，应注意解决给料不均匀的问题。存仓或漏斗的一端或两端应留有检修场地，在轨道端部应设安全装置。

5.3.6 带式输送机的设计应考虑输送量、物料特性、工作环境、卸料给料方式和工艺布置等因素。驱动电机和带的规格不宜过多。带式输送机的能力应与装卸工艺系统设备的最大能力相匹配，不宜小于装卸设备额定能力的 1.2 倍。

5.3.7 对受粉尘浓度影响可能引起爆炸的场所，应有报警装置和防爆措施。对自燃、易燃货物应限制堆存高度和堆放时间，并采取必要措施。

5.3.8 散货装卸船如需平、清舱时，应配备相应的设备，并有起吊措施。所配备的能力和数量应满足作业需要。

5.3.9 采用电子皮带秤计量时，应考虑维修、检验和标定设施。

5.4 木材码头的装卸机械选型和工艺布置

5.4.1 木材码头装卸船机械的选型应根据船型、运量、木材种类和工艺布置等因素比较确定。

5.4.2 采用岸用起重机装卸时，其起重量不宜小于10t，其吊臂的最大工作幅度应满足船舶甲板货物的装卸要求。

5.4.3 水平运输和堆拆机械可采用木材装载机。运距较远时，水平运输宜采用拖挂车。对超长、超重原木和成材的装卸，宜配置相应的大型拖挂车和大型装卸机械。

5.4.4 码头前方作业地带的宽度，不宜小于30m。

5.4.5 堆场布置应满足装卸作业、分品种堆放和消防的要求，对接卸进口木材的码头应设成材堆场。

5.5 散粮码头的装卸机械选型和工艺布置

5.5.1 装船机械、卸船机械和装卸船联合机械的选型，应根据船型、运量品种、码头布置及港口对机械的具体要求等因素比较确定。

5.5.2 装船机械的选型和工艺布置应满足下列要求。

5.5.2.1 装船机的主要参数应满足船舶装舱的要求。装船溜管宜为无绳伸缩式或末端带布裙罩。移动式装船机轨道长度，应满足装船机在检修状态下另一台装船机能满足到首尾舱装舱作业的要求。为便于检修及船舶供给，码头上可设单行车道。

5.5.2.2 专业化装船泊位宜采用效率高、台数少的工艺系统。

5.5.3 卸船机械的选型和工艺布置应满足下列要求。

5.5.3.1 卸船机的主要参数应根据设计船型及水位确定，并应具备与所配清舱机械相应的起吊设施。

5.5.3.2 移动式卸船机轨道长度应满足首尾舱作业的要求，并考虑卸船机检修位置。码头上应有停放清舱机械和抓斗的位置。

5.5.4 水平输送机械的选型应根据品种、运距及输送能力等因素比较确定。

5.5.5 提升机械的选型应根据平面布置、提升高度及输送能力等因素比较确定。在平面布置许可的条件下，宜采用上行倾斜带式输送机。受平面布置限制时，可采用斗式提升机，该机应设置在工作楼外。采用斗式提升机时，应配备完好的速度检修、打滑、测温和过热保护等安全装置，壳体上应设泄爆孔盖。设置在工作楼内的垂直提升机宜采用带式提升机。

5.5.6 散粮的堆存宜以筒仓为主。特殊情况下，经比较可采用房式和半球仓等其他方式。筒仓的选型应根据品种、船型和堆存期等因素比较确定，品种多、堆存期短的宜选用圆筒群仓；品种单一、堆存期长的宜选用大直径单筒仓。

5.5.7 筒仓的容量应根据运量平面布置、船型、品种、堆存期等因素计算确定。

5.5.8 散粮码头的装卸工艺流程应具备入仓、出仓和倒仓等工艺流程，工艺流程系统应密封可靠，并应配备完善的吸尘系统。吸尘系统的布置应根据工艺流程和平面布置等因素确定。

5.5.9 装车方式及设备的选择应根据物料特性、车型及平面布置等因素比较确定。在采用仓式堆存装车时，可利用重力装车，装车溜管或出料漏斗口至轨面或地面的净空高度必须满足机车车辆或汽车的建筑限界要求。铁路装车线的长度应根据装车能力、车型和车辆运行组织等因素确定。

5.5.10 卸车方式及设备的选型应根据物料特性、车型和平面布置等因素比较确定。卸车线长度应根据卸车能力、车型和车辆运行组织等因素确定。

5.5.11 筒仓的谷物分选、测温、干燥和熏蒸等辅助设施的设置，应根据温度、湿度、用途和储存期等因素综合分析确定。

5.5.12 对大型散粮码头的筒仓，宜采用可编程序控制器进行工艺流程、计量、温度、筒仓内湿度和粉尘浓度等自动化控制与计算机管理，设置工业电视集中监控。

5.5.13 圆筒群仓仓顶房的设置，应根据所在地的温差、降水量、仓顶输送机械的型式与维修保养等因素比较确定。

5.5.14 散粮码头应设置商检计量与取制样设施。

5.5.15 散粮专业化码头装卸工艺设计应符合国家现行环保、防爆等有关标准的规定。

5.6 集装箱码头的装卸机械选型和工艺布置

5.6.1 集装箱码头装卸船作业应配备岸边集装箱装卸桥。岸边集装箱装卸桥的使用性能和技术参数应满足到港集装箱船舶及不同规格的集装箱装卸作业和工艺布置要求，并留有一定的发展余地。岸边集装箱装卸桥的主要技术参数应满足下列要求。

5.6.1.1 岸边集装箱装卸桥的起重量，应能吊起到港最大重量集装箱或到港船舶最重的舱盖板，其吊具下的起重能力不应小于30.5t。

5.6.1.2 应根据不同工艺布置、水平运输作业方式及保证设备具有足够的稳定性来确定岸边集装箱装卸桥的轨距，其轨距不应小于16m。

5.6.1.3 岸边集装箱装卸桥的外伸距，应保证最大设计集装箱船舶在横倾3°时能够装卸船舶甲板以上顶层最外侧的集装箱。

5.6.1.4 岸边集装箱装卸桥的内伸距，应根据工艺布置要求确定，并应能吊放集装箱船最大尺寸舱盖板，其内伸距不应小于8.5m。

5.6.1.5 岸边集装箱装卸桥的起升高度，应满足到港最大集装箱船舶空载设计高水位和满载设计低水位时全部集装箱的装卸作业。

5.6.2 集装箱码头的水平运输机械，宜采用集装箱拖挂车、集装箱跨运车或其他运输机械。

5.6.3 集装箱码头堆场作业及装卸车作业机械，应根据泊位的通过能力、集疏运方式、陆场面积和不同的工艺布置形式，经技术经济论证，可选用轮胎式集装箱龙门起重机、轨道式集装箱龙门起重机、集装箱跨运车、集装箱正面吊运车、集装箱叉车、集装箱空箱堆箱机和其他装卸机械。

5.6.4 集装箱码头工艺布置应满足下列要求

5.6.4.1 多泊位的集装箱码头工艺应考虑连续布置。

5.6.4.2 岸边集装箱装卸桥海侧轨道中心线至码头前沿的距离，应根据到港船舶靠泊及装卸工艺布置的需要确定，不宜小于3m。对改造的集装箱码头可结合原有码头结构和工艺布置情况，选择适宜的距离，不宜小于2.5m。码头前方作业地带宽度应根据工艺布置的需要确定，不宜小于45m。

5.6.4.3 集装箱码头堆场垂直于岸线的宽度应根据集装箱吞吐量和工艺方案确定，不宜小于400m。辅助设施宜设在码头堆场的后方，形成各自独立的区域。

5.6.4.4 集装箱堆场内主要通道宽度应根据运输车辆和堆场装卸机械运行和作业要求确定，不宜小于25m。

5.6.4.5 堆场作业采用轮胎式集装箱龙门起重机时，跨间除堆放集装箱外，还应留有集装箱拖挂车通道，其宽度不宜小于 3.5m。相邻两台轮胎式集装箱龙门起重机运行跑道中心距不宜小于 3.6m，跑道端部应设置转向设施；采用集装箱跨运车时，两行集装箱之间应留出跨运车通道，其宽度宜为 1.5～1.6m；采用集装箱正面吊运车和集装箱叉车时，堆场内作业通道不宜小于 15m。

5.6.5 当集装箱码头确需设置集装箱拆装箱库时，集装箱拆装箱库应布置在集装箱堆场外。拆装箱库的布置形式应根据集疏运条件和机械设备的作业方式确定。根据铁路、公路集疏运货物的比例，设置相应的铁路拆装箱库和公路拆装箱库，其布置应符合下列规定。

5.6.5.1 拆装箱库设站台时，火车装卸货物站台的高度应高出轨面 1.10m，站台边缘至相邻铁路中心线的距离为 1.75m；汽车装卸货物站台高度为 1.2m；拆装箱作业站台高度和宽度应根据工艺布置和设备情况确定，高度宜为 1.2～1.5m，其宽度不宜小于 6m，并设置一定数量的渡板。集装箱站台前应设置停放集装箱拖挂车的场地及一定数量的拆装箱作业场地，其宽度不宜小于 30m。

5.6.5.2 拆装箱库不设站台时，库外应设置一定数量的拆装箱作业场地，其宽度不宜小于 36m。

5.6.5.3 拆装箱作业机械宜采用集装箱箱内作业叉车。

5.6.5.4 拆装箱库宜采用大跨度结构，库门大小应满足通行机械作业的需要。

5.6.6 集装箱码头设置冷藏集装箱堆场时，冷藏箱堆场应布置在重箱堆场区。每两排冷藏箱间应设电源插座和检查平台。冷藏集装箱的箱位数应根据冷藏箱的运量确定。冷藏箱的堆高宜为 2～4 层。

5.6.7 集装箱码头危险品箱应根据危险品箱的运量及危险品种类，按照国家有关危险品货物装卸和存放的条例确定存放场地和存放方式，并按照国家有关规定配置相应的消防和安全措施。

5.6.8 超限箱的存放方式应根据到港超限箱数量确定。超限箱宜布置在重箱堆场的两端。到港超限箱数较多时，宜设置超限箱专用堆场。

5.6.9 集装箱堆场的箱位应根据不同工艺布置合理编排，并标明位置和编码。

5.6.10 堆场流动机械及车辆运行通路应根据工艺要求设计，宜按单向环行车流布置，并应设置明显的车辆运行路线标志。

5.6.11 集装箱码头出入口应设置检查桥和单据传递设施。出入口通道数量应根据进出码头的集装箱车辆数量确定。出入口通道宜按照"一岛一道"设计。检查桥的净空高度应根据最大到港集装箱与最高底盘车的组合高度设置，其净空高度不宜小于 5m。出入口处还应设置特种车辆或超标车辆的通行车道。集装箱码头的出入口处可根据装卸作业和货主的需要，设置必要的计重设施。出入口内外侧应留有足够的停车场地。

5.6.12 集装箱码头应配备计算机管理系统。

5.6.13 集装箱码头作业区应与其他码头作业区隔离开，并设置必要的封闭设施。

5.7 原油码头装卸工艺

5.7.1 对与长输送管道系统配套建设的原油码头，其油库宜同管道输送系统的末站或首站合设。

5.7.2 原油码头装卸工艺流程设计时，应符合下列规定。

5.7.2.1 有条件时宜采用自流装船。

5.7.2.2 卸船时应充分利用油船泵压输油至油库，在管线较长、高差较大或其他特殊情况下，可设置加压泵和相应工艺设施。

5.7.2.3 港口区原则上不宜设置原油脱水处理设施。

5.7.2.4 当采用流量计计量时，装油港宜在装船前计量，中转性卸油港宜在发油前计量。

5.7.3 输油泵应按下列要求选型。

5.7.3.1 根据油品性质和卸船效率及供油参数确定。宜选用密封性良好的离心泵，并使其在高效区工作。

5.7.3.2 输油泵的电机应选用防爆型，有困难时应采取有效的防爆措施。

5.7.3.3 输油泵的流量应根据装卸效率、机组台数和泵型等因素综合考虑。

5.7.3.4 输油泵的扬程，应满足在设计流量下原油从起点至终点所需的压头。计算时，宜考虑15～20m的富裕压头。

5.7.4 输油泵应采用自流灌泵，并充分利用泵的吸程。校核泵的吸程时，并应留有0.5m的富裕量。

5.7.5 输油泵房和阀室应采用地上建筑，有困难时，可采用半地下建筑。

5.7.6 输油管线的布置应符合下列规定。

5.7.6.1 陆上输油管线应沿道路呈带状布置，并减少交叉。管道应采用低支墩明敷，特殊情况下可采用埋地敷设。

5.7.6.2 在引堤或栈桥上敷设管线，宜沿引堤或栈桥一侧或两侧布置。当管线较多需分层布置时，大管径管线及检修频繁的管线应布置在下层，两层管线的净距不应小于0.8m，下层与地面的净距，不应小于0.4m。

5.7.7 输油管道的平均经济流速可采用下表中的数值。

输油管道的平均经济流速

运动粘度（$10^{-6}m^2/s$）	吸入管道流速（m/s）	排出管道流速（m/s）
1～10	1.5	3.0
10～30	1.3	2.5～3.0
30～75	1.2	2.5
75～150	1.1	2.0～2.5
150～450	1.0	2.0
450～900	0.8	1.5～2.0

5.7.8 输油管线的穿越和跨越应符合下列规定。

5.7.8.1 输油管线穿越铁路时，应加设套筒或涵洞。套管顶距轨顶的距离不得小于1.0m，两端伸出路基边坡不得小于2.0m。

5.7.8.2 输油管线穿越主要道路宜加设套管。套管顶距路面不得小于0.8m，套管两端伸出路肩不得小于1.0m。

5.7.8.3 套管内的输油管不应有连接焊口。

5.7.8.4 输油管线宜与铁路、道路直交。

5.7.8.5 输油管线跨越港区铁路、道路时，轨顶或路面以上的净空高度应符合下列规定：

（1）对港区铁路，蒸汽及内燃机车为5.5m，电气机车为6.5m，并符合铁路建筑限界要求；

（2）对港区道路为5.0m，并符合道路建筑限界要求。

5.7.9 港区输油管线的热伸长，当利用自然补偿不能满足要求时，应设置补偿器，补偿器应按有关规定设置固定支座，陆域管线应采用方形补偿器；引堤、栈桥上的管线宜采用波纹补偿器、套筒伸缩节或其他形式的补偿器。

5.7.10 输油工艺设施在码头上的布置应符合下列规定。

5.7.10.1 输油管宜布置在操作平台的中部。输油臂的口径、台数和布置等可按下表确定。

油船泊位输油臂及布置参数

油船泊位吨级DWT(t)	输油臂口径（mm）	输油臂台数（台）	输油臂中心与操作平台边缘距离（m）	输油臂间距（m）	输油臂驱动方式
10 000	DN200	2～3	1.5	2.0～2.5	手动
20 000	DN200～250	3	2.0	2.0～2.5	手动或液压驱动
30 000	DN250	3	2.0	2.5～3.0	手动或液压驱动
50 000	DN300	3～4	2.0～2.5	3.0～3.5	液压驱动
80 000	DN300	4	2.0～2.5	3.0～3.5	液压驱动
100 000	DN300或DN400	4	2.0～2.5	3.5	液压驱动
150 000	DN400	4	2.5	3.5	液压驱动
200 000	DN400	4	2.5	3.5	液压驱动
≥250 000	DN400	4～5	2.5	3.5	液压驱动

注：对卸泊港，输油臂台数可按表列数字减少一台。

5.7.10.2 输油管与阀室或其他建筑物之间应有足够距离。

5.7.10.3 两侧靠船的码头，输油管线布置在码头中部。

5.7.10.4 码头上应设扫线、消防和通信等设备。大吨位码头应设登船梯。

5.7.11 油罐设备、输油管线和输油臂等应按有关规定设置防雷和接地装置。输油管应设绝缘法兰，码头上应设供油船使用的接地装置。

5.7.12 油罐的数量及罐容应根据码头等级、工艺要求、施工条件、材料来源和平面布置等因素综合确定。油罐选型宜选用金属浮顶罐。油罐应设置温度、液位等控制仪表，报警装置及其他必要的附件。

参 考 文 献

[1] 陈长英. 港口业务与操作[M]. 北京：电子工业出版社，2017.

[2] 顾永才. 港口物流[M]. 北京：首都经济贸易大学出版社，2022.

[3] 刘善平. 港口装卸工艺[M]. 北京：人民交通出版社，2021.

[4] 赵娜. 港口管理[M]. 北京：中国财富出版社，2021.

[5] 方照琪. 集装箱运输管理与国际多式联运[M]. 北京：电子工业出版社，2020.

[6] 赵宁. 集装箱码头数字化营运管理[M]. 上海：上海科学技术出版社，2019.

[7] 宋光. 国际物流[M]. 北京：北京交通大学出版社，2018.

[8] 真虹. 港口装卸工艺学[M]. 北京：人民交通出版社，2015.

[9] 孙铮，张明齐. 港口企业装卸实务[M]. 北京：对外经济贸易大学出版社，2011.